国家社科基金一般项目
"基于犯罪嫌疑人权利保障的监察委员会调查权研究"(批准号:17BFX055)结项成果

监察调查的法治逻辑

以涉罪被调查人的权利保障为视角

周长军 冯俊伟 韩晗 著

图书在版编目(CIP)数据

监察调查的法治逻辑：以涉罪被调查人的权利保障为视角／周长军，冯俊伟，韩晗著. —北京：北京大学出版社，2024.6
ISBN 978-7-301-35093-5

Ⅰ.①监… Ⅱ.①周… ②冯… ③韩… Ⅲ.①监察—政治制度—研究—中国 Ⅳ.①D630.9

中国国家版本馆 CIP 数据核字（2024）第 108194 号

书　　　名	监察调查的法治逻辑——以涉罪被调查人的权利保障为视角 JIANCHA DIAOCHA DE FAZHI LUOJI—YI SHEZUI BEIDIAOCHAREN DE QUANLI BAOZHANG WEI SHIJIAO
著作责任者	周长军　冯俊伟　韩晗　著
责 任 编 辑	潘菁琪　方尔埼
标 准 书 号	ISBN 978-7-301-35093-5
出 版 发 行	北京大学出版社
地　　　址	北京市海淀区成府路 205 号　100871
网　　　址	http://www.pup.cn　http://www.yandayuanzhao.com
电 子 邮 箱	编辑部 yandayuanzhao@pup.cn　总编室 zpup@pup.cn
新 浪 微 博	@北京大学出版社　@北大出版社燕大元照法律图书
电　　　话	邮购部 010-62752015　发行部 010-62750672 编辑部 010-62117788
印　刷　者	大厂回族自治县彩虹印刷有限公司
经　销　者	新华书店
	650 毫米×980 毫米　16 开本　18.75 印张　225 千字 2024 年 6 月第 1 版　2024 年 6 月第 1 次印刷
定　　　价	89.00 元

未经许可，不得以任何方式复制或抄袭本书之部分或全部内容。
版权所有，侵权必究
举报电话：010-62752024　电子邮箱：fd@pup.cn
图书如有印装质量问题，请与出版部联系，电话：010-62756370

目 录

导 论 …………………………………… 001

第一章 监察调查权的性质和特征 ………… 006
  一、监察调查权的性质 ……………………… 007
  二、监察调查权的特征 ……………………… 014

第二章 监察调查权运行的程序分离原则 …… 021
  一、程序分离及其内在法理 ………………… 023
  二、监察委员会运行中的程序分离 ………… 030
  三、监察委员会运行中的程序衔接 ………… 039

第三章 监察立案程序改革与涉罪被调查人权利保障 …………………………… 046
  一、问题的提出 ……………………………… 047
  二、涉罪立案程序的规范功能 ……………… 048
  三、一体化立案模式：监察立案的实践遵循 ……………………………………… 051
  四、二元化立案模式：质疑与回应 ………… 056
  五、监察立案的制度优化 …………………… 063

第四章　监察调查管辖与涉罪被调查人权利保障 …………… 070
一、监察调查指定管辖与涉罪被调查人权利保障 ……… 071
二、监侦互涉案件的管辖与涉罪被调查人权利保障 …… 096

第五章　监察调查权运行的程序构造与权利保障 …………… 110
一、监察委员会调查职务犯罪程序的实践模式及
　　评析 ……………………………………………………… 111
二、"三角结构"：监察委员会调查职务犯罪程序的理性
　　建构 ……………………………………………………… 119
三、监察委员会调查职务犯罪程序中的律师介入 ……… 129

第六章　监察调查措施的法律规制与权利保障 …………… 136
一、常规获取信息类调查措施的运用与规制 …………… 137
二、人身自由限制类调查措施的运用与规制 …………… 143
三、财物权益限制类调查措施的运用与规制 …………… 154
四、隐私秘密探测类调查措施的运用与规制 …………… 165
五、完善监察调查措施的宏观思考 ……………………… 168

第七章　监察调查证据的诉讼衔接与权利保障 …………… 171
一、证据是一种法律程序产品 …………………………… 173
二、监察调查与刑事侦查的程序环境比较 ……………… 180
三、监察证据与刑事证据衔接的合理路径 ……………… 187
四、监察证据与刑事证据衔接实践中的问题 …………… 191
五、监察调查证据与刑事证据衔接困境的突破 ………… 198

第八章　监察调查中涉罪被调查人的认罪认罚从宽权利 …… 202
一、问题的提出 …………………………………………… 203

二、监察调查程序中认罪认罚从宽制度适用的法规范
　　　　分析 ………………………………………………… 207
　　三、监察调查程序中被调查人认罪认罚从宽权利保障
　　　　方面的问题 …………………………………………… 212
　　四、权利保障视野下职务犯罪案件认罪认罚从宽制度
　　　　的完善 ………………………………………………… 216

第九章　监察调查中涉罪被调查人的平等处置权利 ………… 222
　　一、纪检监察机关的强势反腐与移送追诉职务犯罪
　　　　数量的急剧下降 ……………………………………… 223
　　二、"四种形态"的转化运用 ………………………………… 231
　　三、"四种形态"转化运用中非罪化处置的法律规制 …… 235

参考文献 …………………………………………………………… 239
附　录　国家监察体制改革中的纪法衔接问题 ……………… 257
后　记 ……………………………………………………………… 287

导　论

　　监察委员会的设立是加强党对反腐败工作统一领导,建立集中统一、权威高效监察体系的重大政治改革,对提升反腐败能力、强化公权力监督、促进国家治理体系和治理能力现代化具有重大的现实意义。

　　2016年11月7日,中共中央办公厅印发《关于在北京市、山西省、浙江省开展国家监察体制改革试点方案》(以下简称《试点方案》);2016年12月25日,第十二届全国人民代表大会常务委员会第二十五次会议通过《全国人民代表大会常务委员会关于在北京市、山西省、浙江省开展国家监察体制改革试点工作的决定》(以下简称《试点决定》)。此次深化国家监察体制改革的目标与原则,是"建立党统一领导下的国家反腐败工作机构";"实施组织和制度创新,整合反腐败资源力量,扩大监察范围,丰富监察手段,实现对行使公权力的公职人员监察全面覆盖,建立集中统一、权威高效的监察体制"。按照《试点方案》与《试点决定》的设计,党的纪律检查委员会、监察委员会合署办公,并"将试点地区人民政府的监察厅(局)、预防腐败局及人民检察院查处贪污贿赂、失职渎职以及预防职务犯罪等部门的相关职能整合至监察委员会"。"试点地区监察委员会按照管理权限,对本地区所有行使公权力的公职人员依法实施监察;履行监督、调查、处置职责,监督检查公职人员依法履职、秉公用权、廉洁从政以及道德操守情况,调查涉嫌贪污贿赂、滥用职权、玩忽职守、权力寻租、利益输送、徇私舞弊以及浪费国家资财等职务违法和职务犯罪行为并作出处置决定,对涉嫌职务犯罪的,移送检察机关依法提起公诉。"2018年3月全国人大通过的《中华人民共和国监察法》(以下简称《监察法》)第11条规定:"监察委员会依照本法和有关法律规定履行监督、调查、处置职责:(一)对公职人员开展廉政教育,对其依法履职、秉公用权、廉洁从政从业以及道德操守情况进行监督检查;(二)对涉嫌贪污贿赂、滥用职权、玩忽职守、权力寻租、利益输送、徇私舞弊以及浪费国家资财等职务违法和职务犯罪进行调查;(三)对违法的公职人员依法作出政务处分决定;对履行职责不力、失职失责的领导人员进行问责;对涉嫌职务犯罪的,将调查结果移送人民检察院依法审查、提起公诉;向监察对象所在单位提出监察建议。"同时,该法增加了技术调查、通缉、限制出境等措施,并对监察范围和管辖、监察职责、监察权限、监察程序等进行制度化。

由上可见,从2016年年底国家监察体制改革试点启动,到2018年《监察法》正式颁布实施,再到2020年《中华人民共和国公职人员政务处分法》(以下简称《公职人员政务处分法》)、2021年《中华人民共和国监察官法》(以下简称《监察官法》)、2021年《中华人民共和国监察法实施条例》(以下简称《监察法实施条例》)等配套法律、法规相继通过施行,《中国共产党纪律检查机关监督执纪工作规则》(以下简称《监督执纪规则》)也于 2019 年 1 月 1 日起施行,国家监察体制改革不断深化。从现有规范文件来看,监察委员会与党的纪律检查委员会合署办公,不仅地位高,而且权力面广、影响力大,"对所有行使公权力的公职人员进行监察",履行监督、调查、处置职责,有权采取谈话、询问、查询、调取、勘验检查、鉴定、讯问、留置、冻结、搜查、查封、扣押、通缉、技术调查、限制出境 15 项调查措施,基本上涵盖了监察体制改革前原纪律检查机关的调查措施、行政监察机关的调查措施以及检察机关对职务犯罪的侦查措施。

监察委员会位高、权重、面广的制度设计充分彰显了中央强力反腐的决心和态度,有助于监察委员会集中整合反腐败资源力量,便于腐败案件查处过程中纪检监察活动与刑事诉讼活动的衔接,大大提升了反腐败工作的效能,对促进国家治理体系和治理能力现代化具有重大的现实意义。但与此同时,应该看到,与《中华人民共和国刑事诉讼法》(以下简称《刑事诉讼法》)对于侦查的规定相比,《监察法》《监察法实施条例》对于监察调查程序的设计较为粗疏和空泛,监察调查程序具有很强的内部自运行色彩,监察调查权行使的制度环境颇为宽松和便利,因而监察体制改革推进过程中也面临一些需要研究解决的问题和风险,涉罪被调查人的权利保障存在薄弱之处。主要表现在:其一,对涉嫌违纪、职务违法、职务犯罪的被调查人,并未在监察立案之初区隔为不同的程序轨道探究其涉嫌的违纪违法或犯罪事实,而是按照统一的监察调查程序和调查措施展开调查,呈现出党纪调查、政纪调查与刑事调查的程序混同和手段混用。从公权力行使的比例原则来看,党纪调查、政纪调查与刑事调查这三种职权行使对被调查人的权利限制程度不同,因此需要遵循的程序规则有别。比如,为避免对被调查人权利的不必要侵害,刑事调查的程序要求应当远高于党纪调查和政纪调查。在以往这三种职权分别由不同机关行使时,尚且存在以较为宽松的职务违法调查程序或党纪调查程序规避严格刑事侦查程序的适用,或者以"双规""两指"等措施为刑事侦查活动的开展争取时间的现象,因而在对党纪调查、职务违法调查与刑事侦查的职能进行整合,并交由与纪律检查机关合署办公的监察委员会统一行使后,更可能会出现为方便办案而规避刑事侦查程序适用的情形,并且同一机关内部的程序和手段转化更易实现也更具隐蔽性,被调查人难以发现因而无法实现救济,社会公众也难以进行监督和制约。尽管按照现行制度设计,监察委员会要接受人大监督,但相关法律对权力机关介入监察案件处理的制度渠道并未明确,因而人大能否有效发挥对监察委员会的监督功能,就相当存疑。其二,监督执纪"四种形态"的不当转化,尤其是对于一些证据确实充分的严重职务犯罪案件的被调查人过度从宽,逾越刑法规定做出罪处理,以政务处分或纪律处分终结案件等。

如何防范监察体制改革可能遭遇的上述风险或问题,在提高反腐效能的同时,避免监察调查权力的过度膨胀和滥用,防止监察调查权力的非法治化运行,为涉罪被调查人提供最低程度的正当程序保障,以更好地维护涉罪被调查人的合法权利,减少冤假错案的发生,进而实现高效反腐与法治反腐的统一?或者说,作为一项极具中国特色的制度创新和重大政治改革,监察体制改革如何妥善处理权力与权利的关系,防止"只转权力,不转权利"、顾此失彼?[①] 毫无疑问,这些构成了监察体制改革背景下我国法学界需

[①] 参见熊秋红:《监察体制改革中职务犯罪侦查权比较研究》,载《环球法律评论》2017年第2期。

要研究的紧要课题。

正是基于此问题意识,本书以涉罪被调查人权利保障为视角,坚持理论联系实际,合理运用监察法学、刑事诉讼法学、党内法规学、宪法学、行政法学、证据法学等多学科的知识和分析工具,从监察调查权的性质和特征、监察调查权运行的程序分离原则、监察立案程序改革、监察调查管辖模式优化、监察调查权运行的程序构造、监察调查措施的法律规制、监察调查证据的诉讼衔接、涉罪被调查人的认罪认罚从宽权利、涉罪被调查人的平等处置权利等方面,对监察委员会调查权(以下简称"监察调查权")这一横跨多领域的主题进行深入的研究,阐发监察委员会调查权运行的程序分离原则和监察委员会调查职务犯罪的程序构造,探究监察调查证据的诉讼衔接原理,分析并破解监察立案、监察调查管辖、监察调查措施等领域存在的问题,阐释涉罪被调查人的认罪认罚从宽权利和平等处理权利,旨在推进监察调查权运行的法治化和规范化,实现在正当监察程序中高效追诉职务犯罪的目的。

第一章
监察调查权的性质和特征

提　要：根据《监察法》的规定，监察机关具有监督、调查和处置三项职能。其中，监察调查权是违纪调查、职务违法调查和职务犯罪调查的复合性权力。相较于刑事侦查权，监察调查权具有鲜明的特点，主要表现在主体上的党政合一性、职能上的多元复合性、观念上的政治性和政策性、手段上的丰富性和程序上的层层审批性。

根据《监察法》的规定，监察机关具有监督、调查和处置三项职能。调查权作为监察权的一部分，从行使对象上看，既针对公职人员涉嫌职务犯罪的行为，又面向公职人员的违纪和职务违法行为；从行使手段上看，囊括了监察体制改革之前党纪调查、职务违法调查和职务犯罪侦查的绝大多数手段。就此而言，监察调查权与刑事侦查权在权力特性、行使原则和程序规范等方面不尽相同,既有很大的相似性和关联性,也有较多的差异性,需要深入研究。

一、监察调查权的性质

关于监察权的性质,学界曾有很大争论,存在独立国家权力(独立于立法权、司法权、行政权之外)说、行政权说、立法权说等不同观点。[①]

随着2018年对《宪法》的修正以及《监察法》的颁布,监察权的性质之争趋于平息。2018年3月11日修正后的《宪法》第三章第七节用5个条文专门规定了监察委员会的性质、组成、组织体系等,并在第127条规定"监察委员会依照法律规定独立行使监察权,不受行政机关、社会团体和个人的干涉",从而在国家机构上,形成了人民代表大会之下的"一府一委两院"的架构,监察权成为与立法权、行政权、司法权并列的第四种独立权力。同年颁布的《监察法》第1条规定:"为了深化国家监察体制改革,加强对所有行使公权力的公职人员的监督,实现国家监察全面覆盖,深入开展反腐败工作,推进国家治理体系和治理能力现代化,根据宪法,制定本法。"第3条规定:"各级监察委员会是行使国家监察职能的专责机关,依照本法对所有行使公权力的公职人员(以下称公职人员)进行监察,调查职务违法和职务犯罪,开展廉政建设和反腐败工作,维护宪法和法律的尊严。"第11条进一步规定:"监察委员会依照

[①] 参见张建伟:《法律正当程序视野下的新监察制度》,载《环球法律评论》2017年第2期。

本法和有关法律规定履行监督、调查、处置职责。"据此,监察委员会被定位为反腐败工作机构,代表党和国家行使监督权,是政治机关,不是行政机关和司法机关。① 概而言之,监察权虽然具有行政和司法的某些特征,但本质上不同于既有权力理论和制度框架中的行政权、司法权和立法权,是在这些权力类型之外建构的一种独立的国家权力。

监察调查权作为监察权的核心权能,是当下学界关注和探讨的重点。对于监察调查权的性质,在学术界尽管存在双重属性说②、准司法性权力说③等不同的认识,但复合性权力说是大多数学者的观点。复合性权力说认为,监察委员会的调查权是以前纪委调查权、行政监察权以及检察院职务犯罪侦查权之整合,或者说,监察委员会的调查权同时兼具党纪调查、政纪调查和刑事调查三种性质。④ 如前所述,目前监察委员会与纪律检查委员会合署办公,因而事实上同时行使着党纪调查权,所以双重属性说显然存在不足。另一方面,根据相关规范性文件的规定,监察委员会不仅可以采取讯问、查封、扣押、勘验检查、鉴定、通缉等具有司法性质的措施,还可以采取谈话、限制出境等非司法性质的措施,因而准

---

① 参见《积极探索实践 形成宝贵经验 国家监察体制改革试点取得实效——国家监察体制改革试点工作综述》,载《光明日报》2017年11月6日第1版。

② 双重属性说认为,监察委员会的调查权具有行政调查权和刑事侦查权的双重性质。参见秦前红、石泽华:《监察委员会调查活动性质研究:以山西省第一案为研究对象》,载《学术界》2017年第6期。

③ 准司法性权力说认为,监察委员会虽然不是司法机关,但是其在监察调查过程中会适用刑事诉讼法中规定的如讯问、查封、扣押、勘验检查、鉴定、通缉等具有司法性质的措施。

④ 参见童之伟:《对监察委员会自身的监督制约何以强化》,载《法学评论》2017年第1期;陈光中:《关于我国监察体制改革的几点看法》,载《环球法律评论》2017年第2期;熊秋红:《监察体制改革中职务犯罪侦查权比较研究》,载《环球法律评论》2017年第2期;陈瑞华:《论监察委员会的调查权》,载《中国人民大学学报》2018年第4期;等等。

司法性权力说也存在问题。笔者也认为,正是由于监察委员会的设立是为了实现对所有公职人员的全面监督,所以监察调查权是违纪调查、职务违法调查和职务犯罪调查的复合性权力。

第一,监察委员会享有违纪调查权。如前所述,监察委员会与党的纪律检查机关采用合署办公的模式,党的纪律检查机关有权直接办理国家监察委员会受理的职务违法和职务犯罪案件,监察委员会的监察活动也涵盖了对身为中共党员的公职人员的党纪监察,党权与国权共同行使,体现出具有我国反腐特色的党政关系。① 根据《监察法》的规定,监察委员会有权调查被监察人是否存在违背依法履职、秉公用权、廉洁从政等行为;按照既往纪检监察工作的规范和实践,对于违纪行为的调查处理一般称为"检查",《监察法》沿用了这一表述。因此,监察委员会享有针对被监察人是否存在违背依法履职、秉公用权、廉洁从政从业的行为以及道德操守情况进行监督检查的权力。此外,从《监察法实施条例》第172—191条和《监督执纪规则》第11条的规定来看,监察委员会与党的纪律检查机关共同设立监督检查、审查调查、案件监督管理、案件审理等内部机构,其中"审查调查部门主要负责对涉嫌严重违纪或者职务违法、职务犯罪问题线索进行初步核实和立案审查调查"。从惩戒的类型来看,纪检监察机关在查清被调查人的违纪事实后,如果被调查人是党员,则纪检监察机关可以按照《中国共产党纪律处分条例》(以下简称《纪律处分条例》)第8条的规定,根据案情分别给予警告、严重警告、撤销党内职务、留党察看或开除党籍等纪律处分。

---

① 参见张建伟:《法律正当程序视野下的新监察制度》,载《环球法律评论》2017年第2期;左卫民、安琪:《监察委员会调查权:性质、行使与规制的审思》,载《武汉大学学报(哲学社会科学版)》2018年第1期;陈瑞华:《论国家监察权的性质》,载《比较法研究》2019年第1期。

第二,监察委员会享有职务违法调查权。所谓职务违法,根据《监察法实施条例》第23条的规定:"是指公职人员实施的与其职务相关联,虽不构成犯罪但依法应当承担法律责任的下列违法行为:(1)利用职权实施的违法行为;(2)利用职务上的影响实施的违法行为;(3)履行职责不力、失职失责的违法行为;(4)其他违反与公职人员职务相关的特定义务的违法行为。"第24条还规定:"监察机关发现公职人员存在其他违法行为,具有下列情形之一的,可以依法进行调查、处置:(一)超过行政违法追究时效,或者超过犯罪追诉时效、未追究刑事责任,但需要依法给予政务处分的;(二)被追究行政法律责任,需要依法给予政务处分的;(三)监察机关调查职务违法或者职务犯罪时,对被调查人实施的事实简单、清楚,需要依法给予政务处分的其他违法行为一并查核的。"在监察对象的范围上,根据《监察法》第3条和第15条的规定,监察机关的监察对象是所有行使公权力的公职人员,具体包括:(1)中国共产党机关、人民代表大会及其常务委员会机关、人民政府、监察委员会、人民法院、人民检察院、中国人民政治协商会议各级委员会机关、民主党派机关和工商业联合会机关的公务员,以及参照《中华人民共和国公务员法》管理的人员;(2)法律、法规授权或者受国家机关依法委托管理公共事务的组织中从事公务的人员;(3)国有企业管理人员[①];(4)公办的教育、科研、文化、医疗卫生、体

---

① 参见《监察法实施条例》第40条对此进一步明确为国家出资企业中的下列人员:一是在国有独资、全资公司、企业中履行组织、领导、管理、监督等职责的人员;二是经党组织或者国家机关,国有独资、全资公司、企业,事业单位提名、推荐、任命、批准等,在国有控股、参股公司及其分支机构中履行组织、领导、管理、监督等职责的人员;三是经国家出资企业中负有管理、监督国有资产职责的组织批准或者研究决定,代表其在国有控股、参股公司及其分支机构中从事组织、领导、管理、监督等工作的人员。

育等单位中从事管理的人员;(5)基层群众性自治组织中从事管理的人员①;(6)其他依法履行公职的人员②。由此,实现了国家监察的全面覆盖。从惩戒的类型来看,监察机关在查清被调查人的职务违法事实后,对涉嫌职务违法的人员依据《公职人员政务处分法》的规定分别给予警告、记过、记大过、降级、撤职、开除等政务处分。

第三,监察委员会享有职务犯罪调查权。从《监察法》及相关规定来看,监察委员会可以"调查"国家公职人员"涉嫌贪污贿赂、滥用职权、玩忽职守、权力寻租、利益输送、徇私舞弊以及浪费国家资财等职务违法和职务犯罪行为",并未使用"侦查"一词。但从学理上分析,正如陈光中教授指出的,"针对职务犯罪的特殊调查,相当于原来的职务犯罪的刑事侦查"③。具体言之,这一观点的主要理由包括:

首先,在职能设定上,《试点决定》中规定,"将试点地区人民

---

① 参见《监察法实施条例》第42条对此进一步明确为该组织中的下列人员:一是从事集体事务和公益事业管理的人员;二是从事集体资金、资产、资源管理的人员;三是协助人民政府从事行政管理工作的人员,包括从事救灾、防疫、抢险、防汛、优抚、帮扶、移民、救济款物的管理,社会捐助公益事业款物的管理,国有土地的经营和管理,土地征收、征用补偿费用的管理,代征、代缴税款,有关计划生育、户籍、征兵工作,协助人民政府等国家机关在基层群众性自治组织中从事的其他管理工作。

② 参见《监察法实施条例》第43条对此进一步明确为下列人员:一是履行人民代表大会职责的各级人民代表大会代表,履行公职的中国人民政治协商会议各级委员会委员、人民陪审员、人民监督员;二是虽未列入党政机关人员编制,但在党政机关中从事公务的人员;三是在集体经济组织等单位、组织中,由党组织或者国家机关,国有独资、全资公司、企业,国家出资企业中负有管理监督国有和集体资产职责的组织,事业单位提名、推荐、任命、批准等,从事组织、领导、管理、监督等工作的人员;四是在依法组建的评标、谈判、询价等组织中代表国家机关,国有独资、全资公司、企业,事业单位,人民团体临时履行公共事务组织、领导、管理、监督等职责的人员;五是其他依法行使公权力的人员。

③ 陈光中:《关于我国监察体制改革的几点看法》,载《环球法律评论》2017年第2期。

政府的监察厅(局)、预防腐败局及人民检察院查处贪污贿赂、失职渎职以及预防职务犯罪等部门的相关职能整合至监察委员会"。从文本解释来看,《试点决定》中并未规定将政府的监察机构、预防腐败机构与人民检察院查处贪污贿赂、失职渎职以及预防职务犯罪等部门"转隶"至监察委员会,其核心是要求将上述部门的"相关职能"纳入其中。根据《监察法》第11条和《监察法实施条例》第26—31条之规定,监察机关依法有权调查以下几类犯罪:(1)涉嫌贪污贿赂犯罪;(2)公职人员涉嫌滥用职权犯罪;(3)公职人员涉嫌玩忽职守犯罪;(4)公职人员涉嫌徇私舞弊犯罪;(5)公职人员在行使公权力过程中涉及的重大责任事故犯罪;(6)公职人员在行使公权力过程中涉及的其他犯罪,包括破坏选举罪等。

同时,需要指出的是,监察委员会对检察机关目前有权进行侦查的两类职务犯罪也具有调查权。具体来说,根据2018年10月修正后的新《刑事诉讼法》第19条以及最高人民检察院2018年11月发布的《关于人民检察院立案侦查司法工作人员相关职务犯罪案件若干问题的规定》的规定,人民检察院依法享有两类侦查权:一是人民检察院在对诉讼活动实行法律监督中,发现司法工作人员涉嫌利用职权实施的下列侵犯公民权利、损害司法公正的犯罪案件,可以立案侦查(共14个罪名):非法拘禁罪,非法搜查罪,刑讯逼供罪,暴力取证罪,虐待被监管人罪,滥用职权罪,玩忽职守罪,徇私枉法罪,民事、行政枉法裁判罪,执行判决、裁定失职罪,执行判决、裁定滥用职权罪,私放在押人员罪,失职致使在押人员脱逃罪,徇私舞弊减刑、假释、暂予监外执行罪。二是对于公安机关管辖的国家机关工作人员利用职权实施的重大犯罪案件,需要由人民检察院直接受理的时候,经省级以上人民检察院决定,可以由人民检察院立案侦查。对于立法给检察机关保留的有权进行侦查的这两类犯罪,并未同时排除监察机关的调查权。也就是说,检察机关和监察机关都可以进行侦查或调查。落实到具体案件中,则需要这两个机关进行沟通和协调。

其次,在调查权限上,《监察法》第11条明确规定,监察委员会有权"对涉嫌贪污贿赂、滥用职权、玩忽职守、权力寻租、利益输送、徇私舞弊以及浪费国家资财等职务违法和职务犯罪进行调查"。其中使用了"调查"一词而非"侦查"。从语义上看,在中英文的语境中,前者的含义都要大于后者。在英文中,虽然investigation也包含有"侦查"的意思,但是criminal investigation被更广泛地运用于对"刑事侦查"的界定。在中文语境中,"调查"一词被用于描述所有领域调查核实的活动,而"侦查"一词被特定为针对刑事案件的专门调查活动。一些中文著作中也将刑事侦查称为"刑事调查"[1]。笔者认为,"调查"之用语本身并不排斥"侦查",我国香港廉政公署的相关文件中也使用了"调查权"一词,其中包含了诸多的刑事诉讼中的侦查权限。

最后,在调查措施上,是否有权适用刑事侦查措施,也是辨认相关主体是否享有或实际享有职务犯罪侦查权的重要方面。按照我国刑事诉讼法的规定,只有在刑事立案后,法定主体才可以适用刑事诉讼法上的强制性侦查措施,否则属于违法办案。但在不存在独立的刑事立案程序的国家或地区,按照强制侦查原则的要求,侦查机关一旦发现足够的犯罪嫌疑,就必须启动刑事侦查。在这些国家或地区,刑事侦查是一种事实行为[2],表现为一定刑事侦查

---

[1] 薛钦峰:《警察刑事调查权之滥用》,载《司法改革杂志》1999年第2期。
[2] 参见傅美惠:《侦查法学》,中国检察出版社2016年版,第14页。

措施的采取,尤其是强制性侦查措施的启动,如讯问、查封、冻结、扣押、搜查、监听、监视等。根据《监察法》《监察法实施条例》的规定,监察机关在初步核实中,可以依法采取谈话、询问、查询、调取、勘验检查、鉴定措施,立案后可以采取讯问、留置、冻结、搜查、查封、扣押、通缉措施、技术调查、限制出境措施。因此,虽然《监察法》《监察法实施条例》使用了"监察措施"的概括表述,但仍可辨别出其中包含了部分刑事侦查措施。

综上分析,监察委员会实际上享有违纪调查权、职务违法调查权和职务犯罪调查权的复合性权力。当然,这只是基于对监察委员会调查权的静态分析进行的界定。倘若从动态角度来观察,则不难发现,监察委员会的调查权在运作实践中是可以相对分离的,比如,在监察调查过程中,当有证据证明被调查人涉嫌职务犯罪依法应当追究刑事责任时,此后监察委员会开展的调查活动实质上就类似于侦查活动,尽管在现行法背景下,可供监察委员会选择的调查手段较之于刑事侦查机关更为丰富而已。概言之,静态来看,监察委员会的调查权是一种复合性权力,涵括了违纪调查权、职务违法调查权和职务犯罪调查权;动态来看,监察委员会的调查权在具体办案过程中常常是可以区分为违纪调查权、职务违法调查权或刑事调查权的。

二、监察调查权的特征

与刑事侦查权相比,监察委员会的调查权具有以下基本特征:

第一,主体上的党政合一性和职能上的多元复合性。《监察法》第3条规定:"各级监察委员会是行使国家监察职能的专责机关,依照本法对所有行使公权力的公职人员进行监察,调查职务违法和职务犯罪,开展廉政建设和反腐败工作,维护宪法和法律的尊严。"《监察法实施条例》第 3 条则规定:"监察机关与党的纪律检查机关合署办公,坚持法治思维和法治方式,促进执纪执法贯通、有效衔接司法,实现依纪监督和依法监察、适用纪律和适用法律有机融合。"这就明确了监察机关与党的纪律检查机关合署办公的模式,确立了监察机关调查职能的多元复合性,即一体化地行使违纪调查、职务违法调查和职务犯罪调查,由此自然对监察委员会的行权观念、行为方式、制约机制和工作作风都产生了直接的影响。

伴随着监察机关与纪律检查机关合署办公模式的确立,党和监察部门就建立起了一种"党政同构"的形态,强化了党对监察工作的领导。借此机制,党的纪律检查机关就可以直接参与职务违法、职务犯罪案件的办理,从而更有效地将党的组织目标和治理理念传输和贯穿于监察工作的开展过程中,比"党管政法"的力度更大、深度更足。与此同时,监察机关和纪律检查机关虽然秉持着对不同程度的腐败分子适用不同类型责任的治理理念,但重心却从针对权力的反腐转向了针对人的反腐。①

第二,观念上的政治性和政策性。《监察法实施条例》第 2 条规定:"坚持中国共产党对监察工作的全面领导,增强政治意识、大局意识、核心意识、看齐意识,坚定中国特色社会主义道路自信、理论自信、制度自信、文化自信,坚决维护习近平总书记党中央的核心、全党的核心地位,坚决维护党中央权威和集中统一领导,把党的领导贯彻到监察工作各方面和全过程。"第 4 条规

---

① 参见刘艳红:《〈监察法〉与其他规范衔接的基本问题研究》,载《法学论坛》2019 年第 1 期。

定,监察机关应当"坚持惩前毖后、治病救人,坚持惩戒与教育相结合,实现政治效果、法律效果和社会效果相统一"。由此可见,监察工作的开展特别强调政治意识和"惩前毖后、治病救人""纪严于法、纪在法前"的政策实施,与刑事诉讼法强调的打击犯罪与保障人权相统一的理念存在重大区别。比如,全国政法队伍教育整顿期间,就出台了《关于全国政法队伍教育整顿期间适用"自查从宽、被查从严"政策的意见》。而所谓"自查从宽、被查从严",就是一项特殊的办案政策,是指在政法队伍教育整顿工作中,对主动自查、主动坦白、真心悔过的,依纪依法给予从轻、减轻处理,而对拒不主动交代违纪违法问题的,坚决依纪依法从严查处、绝不姑息。①

从监察程序的设计来看,监察调查权就具有鲜明的政治性色彩。这可以线索处置为例加以说明。线索处置情况直接决定了是否启动监察调查程序。权威机关在对《监察法》第37条关于线索处置规定的解释中,明确强调了政治性考量的重要性,指出"在处置具体问题线索时,要提高政治站位,把握'树木'与'森林'的关系,不能只分析具体的线索和案件,只见'树木',不见'森林'"②。《监察法实施条例》第174条规定:"监督检查部门应当结合问题线索所涉及地区、部门、单位总体情况进行综合分析,提出处置意见并制定处置方案,经审批按照谈话、函询、初步核实、暂存待查、予以了结等方式进行处置,或者按照职责移送调查部门处置。"其中,"暂存待查"实为案件承办部门在对时机、条件等因素考量过

---

① 参见《自查从宽 被查从严》,https://m.thepaper.cn/baijiahao_12231002,2021年4月15日访问。
② 中共中央纪律检查委员会、中华人民共和国国家监察委员会法规室编写:《〈中华人民共和国监察法〉释义》,中国方正出版社2018年版,第181页。

后,作出搁置线索的处置方式,而其中对时机和条件的把握,可从政治角度予以解读。① 换言之,可能就要考虑到被调查人的行为是否受到了大环境的因素影响、是否对主犯的查处做出了贡献等因素。

进一步讲,我们需要跳出传统刑事诉讼法的眼光,来认识和理解《监察法》关于职务犯罪调查程序的规定及其实施。监察制度是我国《宪法》和《监察法》创立的一种有别于司法制度的国家制度,不能完全采用刑事诉讼法的思维解释监察法的有关规范。这是因为,单从《监察法》的适用范围来讲,监察机关调查处理的案件类型和管辖事项是很多的,包括监察监督、违纪调查、职务违法调查和职务犯罪调查等,而且调查终结后进入司法程序的案件占比非常小,绝大多数的监察调查案件是通过党纪处分、政务处分的方式结案的,不会进入刑事诉讼程序。在此背景下,倘若所有的监察调查行为都采用刑事诉讼法的标准来规范,显然不能适应监察工作的实际需要,也不利于监察案件的公正高效解决。② 总而言之,在监察案件的办理中,既要强调法律思维和专业技能,遵循监察规律,提高监察工作的科学性,又要强化政治意识和政治思维,充分发挥党"附带政治方向和政治立场的政治势能"③来提高监察工作的政治性和效率性,双向促进,实现《监察法》的立法初衷。

当然,从程序法理和监察规律着眼,监察程序法应当保有程序

---

① 参见叶青、程衍:《关于独立监察程序的若干问题思考》,载《法学论坛》2019年第1期。

② 这一观点受到了山东省东营市人民检察院田开封副检察长的启发,特此表示感谢。

③ 贺东航、孔繁斌:《中国公共政策执行中的政治势能——基于近20年农村林改政策的分析》,载《中国社会科学》2019年4期。

性规则的基本属性,而程序的本质在于控权,因而随着改革的不断深入,应逐步减少监察程序中负责人审批的环节,并且明确程序启动、中止和终止的客观标准,恢复法律对调查程序的控制。①

第三,手段上的丰富性。根据《监察法实施条例》第55条的规定,"监察机关在初步核实中,可以依法采取谈话、询问、查询、调取、勘验检查、鉴定措施;立案后可以采取讯问、留置、冻结、搜查、查封、扣押、通缉措施。需要采取技术调查、限制出境措施的,应当按照规定交有关机关依法执行。"如前所述,这些基本涵括了原纪律检查机关的调查措施、行政监察机关的调查措施以及检察机关对职务犯罪的侦查措施,除留置措施等仅适用于被调查人涉嫌严重职务违法或者职务犯罪的案件外,其他措施基本上可由监察委员会在办案过程中根据需要依法灵活适用。

第四,程序上的层层审批性。与刑事诉讼法强调实体真实与正当程序并重、公正优先兼顾效率的诉讼理念不同,《监察法》第2条强调要致力于"构建集中统一、权威高效的中国特色国家监察体制"。《监察法实施条例》贯彻这一理念,在第6条规定:"监察机关坚持民主集中制,对于线索处置、立案调查、案件审理、处置执行、复审复核中的重要事项应当集体研究,严格按照权限履行请示报告程序。"《监督执纪规则》第10条对纪检监察重要事项办理中的请示报告制度有更为细致的规定:"纪检监察机关应当严格执行请示报告制度。中央纪委定期向党中央报告工作,研究涉及全局的重大事项、遇有重要问题以及作出立案审查调查决定、给予党纪政务处分等事项应当及时向党中央请示报告,既要报告结果也要

---

① 参见叶青、程衍:《关于独立监察程序的若干问题思考》,载《法学论坛》2019年第1期。

报告过程。执行党中央重要决定的情况应当专题报告。地方各级纪检监察机关对作出立案审查调查决定、给予党纪政务处分等重要事项,应当向同级党委请示汇报并向上级纪委监委报告,形成明确意见后再正式行文请示。遇有重要事项应当及时报告。纪检监察机关应当坚持民主集中制,对于线索处置、谈话函询、初步核实、立案审查调查、案件审理、处置执行中的重要问题,经集体研究后,报纪检监察机关相关负责人、主要负责人审批。"

监察机关和党的纪律检查机关合署办公的组织建制不仅强化了党对监察工作的领导,而且衍生出集体决策的政治要求,监察机关由此构建了统一决策、一体运行的办案机制。正如有学者所指出的,不同于检察院的检察长负责制,也不同于法院的主审法官责任制,监察机关在具体业务办理中遵循集体决策原则,集体决策具体表现为监察事项的集体领导、讨论和负责。① 具体而言,在监察活动中,从是否立案、如何规划调查方案、是否采取留置措施②到调查结束后如何处置等重要事项,均由监察委员会领导人员集体研究决定。以监察委员会案件审理部门对案件如何进行处置的决策机制为例,首先,由案件审理部门的"室务会议"集体审议形成审理报告,此时会根据"四种形态"的要求,对案件提出具体的处理意见。其次,审理报告经主管领导批准后,报经纪委常委会会议审议通过。再次,对给予同级党委委员、候补委员,同级纪委委员、

---

① 参见叶青、程衍:《关于独立监察程序的若干问题思考》,载《法学论坛》2019年第1期。
② 参见《监察法》第39条规定:"监察机关主要负责人依法批准立案后,应当主持召开专题会议,研究确定调查方案,决定需要采取的调查措施。"第42条规定:"对调查过程中的重要事项,应当集体研究后按程序请示报告。"第43条规定:"监察机关采取留置措施,应当由监察机关领导人员集体研究决定。"第31条和第32条则规定了经集体研究可以在移送人民检察院时提出从宽处罚的建议。

监委委员处分的,在同级党委审议前,应当与上级纪委监委沟通并形成处理意见,而且"需报同级党委审批的,应当在报批前以纪检监察机关办公厅(室)名义征求同级党委组织部门和被审查调查人所在党委(党组)意见"①。最后,案件审理部门代拟呈报同级党委的请示稿,报纪检监察机关批准后,以纪委名义呈报同级党委审批,待同级党委审议通过后,即可下达相关处理决定。可见,监察委员会对于监察案件的处理结论往往需要经过系统内外的多道审批,包括呈报同级党委审批,尽管由此导致办案效率降低,有些本应移送司法机关进行刑事追诉的案件倘若同级党委基于政治考量等不予批准的处理也值得关注和研究,但这种决策机制有助于确保案件处理的政治性、审慎性和稳妥性。毕竟职务犯罪具有高度的特殊性与敏感性,因而经过多道程序的严格控制,采取一种集体决策与责任机制能够在一定程度上避免办案人员个人原因所带来的案件处置结论上的不妥当问题,增强监察机关的监督能力和反腐能力。

---

① 《中国共产党纪律检查机关监督执纪工作规则》第55条、第56条。

第二章
监察调查权运行的程序分离原则

提　要：从约束公权力运行的角度出发，程序对于法治具有基础性意义。在不同主体或者同一主体享有或行使多种权力时，为了促进不同程序目的、程序功能的有效实现，应当遵循程序分离原则。程序分离原则是指为了保障特定程序目的之实现，不同法律程序应当相互独立，不得出现程序混淆等情形，其实质在于保障权力正确行使，防范权力滥用。监察委员会调查权的运行应当遵循程序分离原则，具体包括形式上的、积极的程序分离和实质上的、消极的程序分离。前者要求，监察委员会的违纪违法调查和职务犯罪调查应当分别适用不同的法律程序；后者要求，监察委员会的违纪违法调查和职务犯罪调查在具体实践中要重视程序主体的分离、程序事项的分离和调查措施的分离，执法主体不得实施程序混淆、借用、规避等行为。当然，鉴于违纪、职务违法与职务犯罪具有行为上的牵连性,两种调查权在打击腐败方面具有目的上的一致性,因而在监察调查权运行过程中,为促进监察体制改革目的之实现,还应重视两种调查程序的有效衔接:建立岗位、人员交流机制;加强不同调查人员的统一培训;建立不同调查处室的衔接机制;重视不同证据的衔接和统一证据保管库的建设;建构违反政纪、国法行为人信息档案库。

习近平总书记强调:"要健全权力运行制约和监督体系,有权必有责,用权受监督,失职要问责,违法要追究,保证人民赋予的权力始终用来为人民谋利益。"[1]《监察法》推动反腐权力从"分散"走向"集中"之后,如何通过法律程序促进监察委员会权力的有效运行具有重要意义。在这一背景下,我国监察体制改革中面临的重要问题是,如何通过法律程序促进权力之间的分工,如何通过一定法律程序原则的贯彻和具体法律程序的设计确保权力规范运行。

从当前研究来看,学者对监察体制改革的意义、相关立法的调整、监察委员会的权力配置、权力制约等方面做了细致讨论。相关讨论深化了对上述问题的认知,丰富了其制度内涵,但仍有深入讨论之必要。本章将立足于监察体制改革的完善,以监察委员会的调查权为分析对象,在阐述程序分离及其内在法理的基础上,对国家监察体制改革中的程序分离与衔接进行分析,以期推进相关问题的研究。

---

[1] 中共中央文献研究室编:《十八大以来重要文献选编(上)》,中央文献出版社2014年版,第92页。

一、程序分离及其内在法理

从约束公权力运行的角度出发,程序对于法治具有基础性意义。有论者甚至认为,程序决定了法治与人治的差异。[①] 法律程序运行应遵循程序公开、程序透明、程序参与、权利保障等基本原则。除了上述原则,在不同主体或者同一主体享有或行使多种权力时,为了促进不同程序目的、程序功能的有效实现,还应遵循程序分离原则。

(一)程序分离及其意义

"程序的本质是控权。"[②]在法治的语境下,法律程序的存在具有重要意义。对此,我国诉讼法学者的论述多局限于诉讼法与实体法之间的关系上。持工具主义观点的学者主张,法律程序运行的目的在于促进实体法的实现;持内在价值论的学者主张,法律程序有其独立存在的意义,如彰显程序正义、吸纳当事人不满等。[③]从程序与法治之间的关系观察,程序的意义在于对公权恣意的限制。"程序的实质是管理和决定的非人情化,其一切布置都是为了限制恣意、专断和过度的裁量。"[④]程序为公权力的行使划定了空

[①] See Justice William O. Douglas, Comment in Joint Anti-Fascist Refugee Comm. v. Mcgrath, 341 U.S.123, 179 (1951).
[②] 谢佑平主编:《程序法定原则研究》,中国检察出版社 2006 年版,第 62 页。
[③] 参见雷磊:《法律程序为什么重要?反思现代社会中程序与法治的关系》,载《中外法学》2014 年第 2 期。
[④] 季卫东:《法治秩序的建构》(增补版),商务印书馆 2019 年版,第 55 页。

间,对公权力的行使形成了外在限制。在此背景下,即使一个人犯下了故意杀人等严重罪行,也应当按照《刑事诉讼法》的规定,通过刑事诉讼程序追诉犯罪,这是刑事程序法治要义之所在。

在不同主体或者同一主体享有、行使多种不同权力时应遵循程序分离原则,属于法律程序运行的基本要求。由于以往的研究更多从内部视角研究法律程序,因此,对这一原则的论述并不多见。在我国学者的论著中,仅在未成年人刑事诉讼程序中论述了"程序分离"原则,其论述重心在于,刑事诉讼中对未成年人犯罪嫌疑人、被告人和成年人犯罪嫌疑人、被告人原则上应分案处理。① 在上述语境中,程序分离是指办理未成年人刑事案件时,应当适用特别刑事诉讼程序(指未成年人刑事诉讼案件程序)的规定,以促进未成年人特殊诉讼权益保障(如惩罚与教育结合、促进未成年人早日回归社会)目的之实现。在更一般的意义上,程序分离原则是指为了保障特定程序目的之实现,不同法律程序应当相互独立,不得出现程序混淆等情形,其实质在于保障权力正确行使,防范权力滥用。

在程序分离原则之下,民事、行政、刑事案件的处理应当遵循不同的法律程序,不同法律程序之间不可以相互越界、相互混淆。这也是我国法治建设过程中的基本经验之一。最典型的例证是,要求公安机关"不得以刑事手段插手经济纠纷"②,其内在法理在于,刑事手段的行使必须以案件属于刑事案件为前提。刑事诉讼法上的强制措施、侦查措施都必须在刑事立案后,在符合法律

---

① 参见刘军主编:《刑事诉讼法原理与实务》,中国政法大学出版社2014年版,第322页。
② 相关规定可参见《公安部关于严禁公安机关插手经济纠纷违法抓人的通知》《公安部关于公安机关不得非法越权干预经济纠纷案件处理的通知》。

规定的条件下行使,更为重要的是,刑事手段的行使必须以实现刑事追诉为目的。"以刑事手段插手经济纠纷"混淆了刑事程序和民事程序之间的界限,违背了刑事诉讼的立法目的,是滥用刑事诉讼权力的典型,不仅属于严重的违法行为,也严重违背了依法治国的基本要求。在司法实践中,还存在着另外的问题,即公安机关通过行政手段办理刑事案件。[①] 早在1992年,公安部针对实践中存在的公安机关滥用收容审查等行为,就强调不得使用收容审查的方式办理外国人在我国涉嫌犯罪的案件。[②] 为了规避办案责任制可能带来的不利后果,一些公安机关将本应立案侦查的刑事案件先作为行政案件来处理。实践中还存在将行政法上的检查、扣押等措施用作办理刑事案件手段等情形。[③] 类似做法在美国、日本等国司法实践中也屡见不鲜。上述做法违背了程序分离原则的要求。

综上所述,程序分离原则对于确保公权力规范运行具有重要意义。季卫东教授指出,"程序的对立物是恣意,因而分化和独立才是程序的灵魂"[④]。这里所指的"分化和独立",不应当仅指程序内部"权力与权利"的分化和独立,还应当包括法律程序之间的"分化和独立"。在同一主体享有多项不同性质的权力时,应当贯彻程序分离原则的基本要求。

[①] 参见洪家殷:《行政调查与刑事侦查之界限》,载《东吴法律学报》2013年第1期。
[②] 参见《公安部关于严禁公安机关插手经济纠纷违法抓人的通知》。
[③] 参见左卫民:《规避与替代——搜查运行机制的实证考察》,载《中国法学》2007年第3期。
[④] 季卫东:《法律程序的意义》(增订版),中国法制出版社2012年版,第24页。

(二)程序分离的基本要求

从工具主义立场出发,如果法律程序存在的最终目的就是实现一定的实体法目标,不同法律程序的分离并无实际意义。但是,在现代法治之下,法律程序除了工具价值还具有内在价值,本身彰显着独立的价值。程序分离有助于强化对权力运行的外在约束,有助于促进权力之间的分工与制约,有助于防范权力运行中可能存在的权力恣意。违反程序分离原则会带来三个方面的不利影响:一是难以彰显每一个法律程序的独立价值,导致法律程序功能紊乱。不同性质的权力行使需要适用不同的法律程序,不同法律程序中程序主体的权力(利)、义务并不相同。在民事程序中,当事双方具有平等的权利义务,刑事诉讼中控辩双方的权力(权利)义务天然具有不平等性。不同法律程序有着不同的程序目的,如果将刑事诉讼中严格的证据规则适用于民事诉讼中,将妨碍民事诉讼纠纷解决目的的实现;如果要求行政执法中执行司法裁判中的证据规则,也将严重损害行政效率。①

二是难以有效保障程序相对人的各项权利。这可以区分为三点:(1)不同法律程序中,程序相对人的法律地位并不相同,如行政相对人、犯罪嫌疑人、被告人等,具有不同的法律地位。(2)不同法律程序中,程序相对人享有的程序权利也不相同,如在刑事诉讼中,犯罪嫌疑人在被侦查机关第一次讯问或者采取强制措施之日起有权聘请辩护人,为其提供必要的法律帮助。但在行政执法程序中,行政相对人并无类似权利。(3)不同法律程序中,程序相

---

① See William H. Kuehnle, Standards of Evidence in Administrative Proceedings, 49 N.Y.L.Sch.L.Rev.829,845(2004—2005).

对人享有的程序救济权利也不同。

三是难以促进程序公正的实现。程序公正有两个基础性要求,即程序参与和程序控制①,多种法律程序不分离,会带来缺乏有效程序参与和程序控制的问题,使法律程序的内在价值(程序公正)大打折扣。

为了彰显程序的内在价值和外在价值,程序分离原则包括两方面的要求(见图1)。

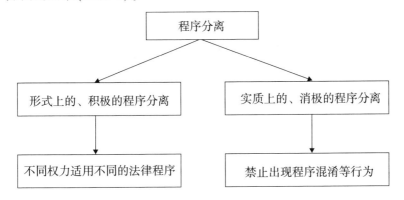

图1 程序分离原则的基本要求

一是形式上的、积极的程序分离,即立法上应当针对不同的权力制定不同的法律程序规则并分别适用,如针对行政执法,制定《行政程序法》,在治安处罚、行政许可等领域,还存在针对特定领域的执法程序规定。根据我国法律规定,公安机关同时具有行政执法权和刑事侦查权,为了有效区分不同权力的行使,公安部分别制定了《公安机关办理行政案件程序规定》和《公安机关办理刑事案件程序规定》,在办理行政案件、刑事案件时分别适用不同的法

---

① 参见[日]谷口安平:《程序的正义与诉讼》(增补本),王亚新、刘荣军译,中国政法大学出版社2002年版,第12—13页。

律程序规定。《公安机关办理行政案件程序规定》中还对案件性质无法确定时的法律程序选择问题作了规定。形式上的或者积极的程序分离属于广义的立法层面事项,强调相关主体(广义的立法者)应当积极制定相关法律程序并以一定形式(如法律、法规、规章、规定或其他规范性文件等方式)呈现,是程序分离原则第一层次的要求。

二是实质上的、消极的程序分离,即在法律实践层面,各类法律适用主体应当保障不同法律程序在运行中的实质独立,不得实施程序混淆、程序借用等行为。实质上的、消极的程序分离反对的是损害程序分离原则的行为;鼓励法律适用主体实施一定行为促进不同法律程序之间的区分。仍以警察权为例,为了促进实质上的程序分离的实现,法国、日本等国通过行政警察和司法警察的组织区分[1],我国公安机关通过内部机构(刑事侦查大队、经济侦查大队、治安大队等)的区分,使被调查人可通过对警察组织或者公安机关内部机构及其人员身份的识别,较容易地判断警察行使的到底是行政权还是刑事司法权力。上述做法有利于保障实质上的、消极的程序分离原则得以贯彻。实质的程序分离原则反对以下实践:第一,程序之间的混淆。是指将不同性质的法律程序相互混淆,其实质是权力混淆、权力越位。例如,我国司法实践中公安机关与其他行政机关进行的联合执法活动就存在着权力越位、程序混淆等情形。[2] 第二,程序之间的借用。是指借用其他法律程

---

[1] 参见陈景发:《论行政调查与犯罪侦查》,载《警大法学论集》1998年第3期。

[2] 参见吴鹏、范学臣:《"联合执法"的问题及完善路径》,载《中国行政管理》2006年第5期。

序的措施实现本法律程序的目的。① 较为典型的是前面提及的借用较为宽松的行政执法措施办理刑事案件的行为。② 第三,程序之间的规避。在同一法律程序中,由于法律上对于不同程序主体的权利保障不同,司法实践中还存在着程序规避的情形,也属于权力滥用的情形。主要表现为通过故意将涉案人归入某一程序主体,实现规避涉案人本应享有的权利保障的目的。例如,在刑事诉讼中,将本应作为犯罪嫌疑人的某甲列为证人。由于证人负有真实作证的义务,其难以行使"沉默权"等犯罪嫌疑人享有的权利。上述做法弱化对某甲的诉讼权利保障,使其在法律程序中处于不利境地,属于比较典型的"程序规避行为"。在同一主体享有多种不同权力时,程序分离原则可以进一步区分为内部的程序分离和外部的程序分离。前者是指同一权力主体内部不同权力适用程序的分离;后者是指该权力主体与其他权力主体之权力适用程序的分离。比较而言,内部的程序分离规范的重点是实质的程序分离的违反;在外部的程序分离方面,虽然"联合执法""提前介入"等做法也可能违反实质程序分离,但其重心在于不同法律程序之间的外部制约。

需要重点说明的是,上述对程序分离原则的论述更多停留在理论层面,忽略了实体法目标、法律程序运行成本等多元影响因素,因此,具有一定局限性。虽然不同法律程序在具体程序目的上

---

① 需要说明的是,这里所说的程序借用,仅指故意借用其他程序措施以规避法律规定的行为。在实践中,公安机关先以行政案件处理,后来发现相关行为涉嫌犯罪而转为刑事案件的,是正常的执法行为。

② 实践中,公安还可以借用治安拘留措施"以拘代侦",利用审批劳教的权力"以劳代侦"。参见刘忠:《读解双规侦查技术视域内的反贪非正式程序》,载《中外法学》2014年第1期。

存在差异,但在程序设计、程序运行中不应当将程序分离原则绝对化。程序分离原则存在着割裂法律程序、提高法律适用成本等内在缺陷。在具体实践中,法律程序的设计,一方面,应当遵循程序分离原则;另一方面,鉴于违纪、违法、犯罪等不同行为存在彼此交错之现实情形,以及不同法律程序在程序目的上具有深层次上的一致性(如对公正之追求)或者构建统一、高效法律制度之目标,必须重视不同法律程序的有效衔接问题,只有这样,才能有效实现共同追求之制度目标。鉴于学者对监察委员会与检察机关、公安机关、审判机关等机关之间的外部程序分离问题已经做了诸多探讨,限于篇幅,本部分不将其纳入讨论范围。

二、监察委员会运行中的程序分离

在监察体制改革过程中,中央明确要求要强化对监察机关权力行使的监督和制约。[1] 贯彻程序分离原则,有助于促进监察机关依法履职,规范权力运行,也有助于提高办案质量,强化国家对腐败行为的治理。[2]

具体而言,监察委员会运行中的程序分离包括两个方面:

(一) 形式上的、积极的程序分离

诚如前述,监察委员会在办案上享有针对所有公职人员的违

---

[1] 参见沈思:《国家监察体制改革中法治保障初步思考》,载《中国纪检监察报》2017年2月15日第8版。
[2] 参加吴建雄:《监察委员会的职能定位与实现路径》,载《中国党政干部论坛》2017年第2期。

纪违法调查权和针对国家工作人员职务犯罪行为的刑事调查权。按照程序分离原则的要求,两种权力的法律依据和法律性质等方面都有所不同,应分别适用不同的法律程序。对此,在国家监察体制改革之前,我国制定了《行政监察法》《刑事诉讼法》等法律、法规,并分别适用于职务违法调查和刑事侦查领域(见表1)。

表1 职务违法调查与刑事侦查比较

	法律依据	程序性质	程序目的	程序结构	程序主体	调查措施	程序权利	程序结果	程序救济
职务违法调查	《行政监察法》及相关规定	行政程序范畴	促进行政高效、廉洁	两方结构	监察人员—监察对象	询问、查询、冻结、调取等	被监察部门、人员有权陈述、申辩	政务处分:警告、记过、记大过、降级、撤职、开除	申诉、申请复核
刑事侦查	《刑事诉讼法》及司法解释、规章	刑事司法范畴	打击犯罪、保障人权	准三方结构	侦查机关—犯罪嫌疑人—监督机关	讯问、搜查、技术侦查等	犯罪嫌疑人享有多种诉讼权利	可能带来刑罚	申请侦查监督、提出证据排除申请等

从表1的对比可知,对于职务违法调查权和刑事侦查权的行使,立法机关分别制定了不同的法律依据:一是《行政监察法》及相关规定;二是《刑事诉讼法》及相关司法解释、(公安部的)规章、其他法律文件等。[①] 职务违法调查与刑事侦查在程序性质、程序

---

① 参见最高人民法院、最高人民检察院等出台的《关于实施刑事诉讼法若干问题的规定》。

目的、程序结果方面的差异,决定了两者在具体制度方面的差异。在程序性质、程序目的方面,职务违法调查属于行政权的运行范畴,刑事侦查属于刑事司法权的运行范畴。前者的运行目的是促进行政的高效与廉洁,"保证政令畅通,维护行政纪律,促进廉政建设,改善行政管理,提高行政效能"①;后者的运行目的是查明犯罪事实、查获犯罪嫌疑人,在此基础上实现惩罚犯罪与保障人权的双重目的。在程序结果方面,行政监察程序可能带来一定的政务处分,而刑事侦查可能导致犯罪嫌疑人、被告人承受刑罚的不利后果。刑事侦查措施比职务违法调查措施的种类更多(如讯问、匿名侦查、控制下交付等),对涉案人的宪法权利也更具有侵入性(如各类技术侦查措施的使用)。按照程序法理,某一法律程序运行及其结果所涉权益愈是重大,其程序设计愈应严格。②因此,刑事诉讼程序更为严格,行政监察程序与之相比,较为宽松。由于刑事诉讼涉及犯罪嫌疑人、被告人权益重大,国际刑事司法文件中也更为关注犯罪嫌疑人、被告人基本诉讼权利的保障,根据《公民权利和政治权利国际公约》第14条、《欧洲人权公约》第6条的规定,犯罪嫌疑人、被告人享有无罪推定、获得律师帮助、获得免费翻译、不被强迫自证其罪等基本诉讼权利。我国《刑事诉讼法》中也对犯罪嫌疑人、被告人享有的各项诉讼权利作了规定。而在行政监察程序中,被监察人员并不享有无罪推定、获得律师帮助、获得免费翻译、不被强迫自证其罪等权利。根据行政正当程序的要求,其享有的一项重要权利是陈述意见的权利,我国《行政监察法》第34条也规定,被监察部门和人员

---

① 《行政监察法》第1条。
② 参见陈瑞华:《程序正义理论》,中国法制出版社2010年版,第6页。

有权进行陈述和申辩。

不过,就目前的监察委员会运行状况来看,监察立案和调查程序呈混沌状态。2019年起施行的《监督执纪规则》第37条规定:"经过初步核实,对党员、干部以及监察对象涉嫌违纪或者职务违法、职务犯罪,需要追究纪律或者法律责任的,应当立案审查调查。"《监察法》第39条则规定:"经过初步核实,对监察对象涉嫌职务违法犯罪,需要追究法律责任的,监察机关应当按照规定的权限和程序办理立案手续。"据此,党纪立案与监察立案(既指向职务违法,也指向职务犯罪),尤其是职务违法立案与职务犯罪立案具有鲜明的"混合性",在规范层面缺乏独立的职务犯罪立案和调查程序。

从贯彻程序分离原则,促进权力规范行使的角度出发,监察委员会运行中应当重视两种调查权运行程序的不同。具体言之,应当分别规定职务违法调查程序和职务犯罪调查程序,在相关立法上,可以在相关法律文件的基础上规定新的职务违法调查程序和职务犯罪调查程序,并重视后者与刑事诉讼程序的衔接。对此后文有详论,故在此不具体展开。

(二)实质上的、消极的程序分离

实质上的和消极的程序分离强调的是违纪违法调查和职务犯罪刑事调查在具体实践中相互分离,执法主体不得实施程序混淆、程序借用、程序规避等行为。这对于监察委员会运行的程序化、规范化具有重要意义。为了实现两者的实质分离,在监察委员会运行中,应当重视如下三个方面:

1. 程序主体的分离

违纪违法调查、职务犯罪调查在程序主体上应当保持分离。

主要包括三个方面的要求:一是违纪违法调查主体与职务犯罪调查主体相互区分。在检察机关反贪污贿赂部门、反渎职侵权部门、职务犯罪预防部门的相关职能"转隶"监察委员会之后,为了确保案件质量,要求职务犯罪调查与违纪违法调查应当分别由监察机关不同内设部门的人员承担,相互之间原则上不能混同和替代。二是违纪违法调查主体与职务犯罪调查主体相互独立。这里所谓的相互独立是指违纪违法调查主体不得参与职务犯罪调查主体才有权实施的程序活动,反之亦然。三是违纪违法调查主体与职务犯罪调查主体地位平等。① 这一要求与中央对纪检监察工作的要求是一致的。

2. 程序事项的分离

如前所述,根据《监察法》的规定,监察委员享有违纪违法调查权和职务犯罪调查权。在监察委员会享有复合性调查权的情形下,可以借鉴公安机关的做法,通过内部机构或办案机构的分立,区分监察委员会调查中的不同程序事项,以贯彻实质上的、消极的程序分离原则。这就涉及监察委员会内部机构设置的问题,《监察法》颁布以前,主要存在四种学术主张:一是主张在监察委员会内部设立职务犯罪侦查局,并具有一定的办案独立性;②二是从监察委员会履行法律职能的角度出发,主张监察委员会内部设立综合监察部门、预防腐败部门、审计部门,综合监察部门负责监察工作,后两个部门分别负责预防腐败犯罪和财务监督工作;③三是从违纪、违法到犯罪的行为发展过程出发,认为监察委员会应设立廉政

---

① 参见何家弘:《中国反腐治标论》,载《法学杂志》2015年第10期。
② 参见何家弘:《监察体制改革应坚守法治底线》,https://www.sohu.com/a/131146316_380930,2022年3月1日访问。
③ 参见马怀德等:《聚焦国家监察体制改革》,载《浙江人大》2016年第12期。

监督部、调查部、预防部、案件管理与审查部四个业务部门;①四是从资源整合的角度出发,认为在调查权行使上不需新增设内部机构,直接赋予各纪检监察室政务违纪违法调查权、职务犯罪侦查权。②

从国家监察体制改革推行初期的各地实践情况来看,根据"监督、审查、案管、审理"相对分离的思路,纪检监察机关内部普遍设立执纪监督、执纪审查、案件监督管理和案件审理等部门。其中,执纪监督部门负责联系地区和部门的日常监督;执纪审查部门负责违纪案件和违法犯罪案件的初步核实和立案查办;案件监督管理部门负责案件管理、线索管理及对执纪审查活动的监督等;案件审理部门负责做出处理决定。申言之,监察委、纪委内设的执纪审查部门统一行使党纪调查、职务违法调查与职务犯罪调查权力,并没有专门负责职务犯罪调查的内设机构。正是在这种背景下,国家监察体制改革试点期间,从检察机关"转隶"到监察委员会的反贪反渎检察人员往往被拆散后分配到监察机关的各个内设机构。据报道,山西省纪委、监察委建立起执纪监督、执纪审查、案件审理相互协调、相互制约的工作机制,共设10个纪检监察室,其中1—8室为执纪监督部门,9—10室为执纪审查部门。③ 浙江省纪委、监察委按照全融合要求,对原有纪检监察室人员和浙江省检察院转隶人员作整合安排,重点加强案件监督管理部门、执纪审查部门和

---

① 参见吴建雄、李春阳:《健全国家监察组织架构研究》,载《湘潭大学学报(哲学社会科学版)》2017年第1期。
② 参见刘夏:《论我国反腐败机构的整合与完善——以监察体制改革为视角》,载《理论导刊》2017年第2期。
③ 参见张磊:《做好深度融合大文章——山西开展国家监察体制改革试点工作纪实(下)》,载《中国纪检监察报》2017年6月8日第1版。

案件审理部门人员力量,把熟悉纪律审查和职务犯罪调查的业务骨干充实到执纪审查部门,把熟悉法律知识和诉讼业务的干部充实到案件审理室。① 而从《监察法实施条例》关于监察程序的规定来看,目前的监察委员会主要有以下业务性内设机构:信访举报部门、案件监督管理部门、监督检查部门、案件调查部门、案件审理部门。② 以中央纪委国家监委为例,其内设的与案件办理有关的业务性职能部门主要包括:信访室(负责受理对党的组织、党员违反党纪行为和对行使公权力的公职人员职务违法、职务犯罪行为等的检举、控告等)、第一至第十一监督检查室(主要履行依纪依法监督职责)、第十二至第十六审查调查室(主要履行执纪审查和依法调查处置职责)、案件监督管理室(负责对监督检查、审查调查工作全过程进行监督管理,履行线索管理、组织协调、监督检查、督促办理、统计分析等)、案件审理室(主要负责审理违反党纪和职务违法、职务犯罪案件)等。③ 因此,总体而言,与上述第四种学术主张相近,没有单独分设违纪违法调查室和职务犯罪调查室。

笔者认为,为了有效贯彻党中央提出的"法治反腐"的要求,应当通过监察委员会内设机构的分立促进实质程序分离的实现,保障不同调查权的独立行使,其核心是分别设置政务违纪违法调

---

① 参见吕玥等:《使"反腐败"铁拳威力更大——浙江开展国家监察体制改革试点工作纪实(下)》,载《浙江日报》2017年11月17日第1版。
② 参见《监察法实施条例》第172—191条。
③ 参见《组织机构》,https://www.ccdi.gov.cn/xxgkn/zzjg/202104/t20210412_40535.html,2021年9月1日访问。

查机构和职务犯罪调查机构(见图2)。①

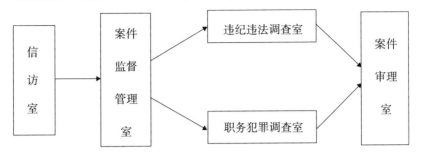

图2 监察委员会办案基本流程构想

当然,这种改革方案在实践中可能存在难以高效应对当下腐败行为复杂性和反腐任务艰巨化的问题,作为一种过渡,近期也可以考虑采取另一种制度设计方案,即在监察委员会同一审查调查室内部设立不同的办案组织,分别行使违纪违法调查权和职务犯罪调查权,并设立较为严格、健全的内部工作机制,以规范不同调查权的运行。

3.调查措施的分离

根据《监察法》的规定,监察委员会可采取谈话、讯问等10多项调查措施。其中,讯问、询问、查封、冻结、搜查、扣押、勘验、检查、鉴定、通缉在《刑事诉讼法》上有所规定。《监察机关调查处理政纪案件办法》在"调查"一章中规定了询问、调取、查核、暂停支付、勘验、检查、鉴定等调查措施。"留置"被认为是一种新的调查

---

① 考虑到合署办公的需要,监察委员会的内设机构参考了纪检监察部门的内设机构设置,一些内设机构名称继续沿用。参见《中央纪委公布最新组织机构图及职责简介 内设27个部门》,http://fanfu.people.com.cn/n/2014/0317/c64371-24650193.html,2017年4月11日访问。有论者还主张设立职务犯罪侦查合作部门,参见沈思:《国家监察体制改革中法治保障初步思考》,载《中国纪检监察报》2017年2月15日第8版。

措施。笔者赞同在"调查措施"这一名称上,应当将违纪违法调查与职务犯罪调查相区分,以免在实践中带来职务犯罪调查中规避本应遵循的严格法律程序的行为。

除此之外,在相关立法中,还应当对不同性质的调查措施作适当区分。具体言之,一是不同程序中的调查措施应有所区别,即使是同一名称的调查措施也应加以区分。例如,党纪调查程序中的鉴定与刑事诉讼中的鉴定有所不同。根据《刑事诉讼法》的规定,司法鉴定是由公安司法机关指派或聘请的鉴定人运用专门知识对诉讼中涉及的专门性问题进行鉴别、判断并提供鉴定意见的活动。在鉴定人方面,我国对司法鉴定人实行登记注册制,不属于鉴定人名录的主体不得担任鉴定人,对司法鉴定意见应当着重审查鉴定机关和鉴定人的资质、鉴定程序的合法性等方面。由于在证明目的、证明对象、证明标准等方面都有所不同,党纪调查程序中的鉴定则无须像司法鉴定一样严格。如果要求党纪调查程序中的鉴定履行司法鉴定的严格手续,将严重损及程序效率。二是在分别规定的基础上,违纪违法调查措施、刑事调查措施的设定应当遵循比例原则。由于程序性质、程序目的的不同,违纪违法调查措施对于监察对象的权利干预应当小于刑事调查措施对于被追诉人的权利干预,违纪违法调查措施应当比刑事调查措施更为宽松。三是不同程序中的调查措施服务于不同的调查目的。违纪违法调查措施的适用是为了发现违反党纪或者违反相关行政法律的事实,而刑事调查措施则是为了发现犯罪事实以有效惩罚犯罪,因此,不宜将违纪违法调查措施用于刑事调查目的。《最高人民检察院关于人民检察院在办理直接立案侦查案件工作中加强安全防范的规定》第10条也作出过类似规定:"不得借用其他机关的行政、纪律措施控制犯罪嫌疑人、被告人,不得参与其他机关对违法违纪人员的看管。"

三、监察委员会运行中的程序衔接

根据程序法理,任何法律程序的目的都包含程序的内在目标和外在目标两个方面①,法律程序的设计和运行除了应当具有"善"的品质,必然以实现一定实体目标为己任。我国监察体制改革的重要目标就是通过非刑事手段和刑事手段并用,形成反腐败的合力②,构建集中统一、权威高效的国家监察体系。因此,在强调监察委员会运行遵循程序分离的同时,还应当重视违纪违法调查与职务犯罪刑事调查的程序衔接,以促进上述改革目标的实现。具体言之,包括如下几方面:

(一)人员方面,建立岗位、人员交流机制

为了强化违纪违法调查与职务犯罪调查的衔接,在各级监察委员会,可以由一名副主任主管调查工作,既包括违纪违法调查,也包括对职务犯罪的调查。上述做法并不违背程序分离原则,程序分离要求的是法律依据的分离(形式上的程序分离)和程序之间的相互独立,不得出现程序混淆、程序规避等行为(实质上的程序分离)。在我国司法实践中,公安机关负责人统管治安工作和刑事侦查工作,法院副院长可以同时分管民事审判和刑事审判工作,类似做法长期存在,并不违反程序分离的要求。另外,建立不同调

---

① 参见孙笑侠:《程序的法理》,商务印书馆2005年版,第66—67页。
② 参见吴建雄、李春阳:《健全国家监察组织架构研究》,载《湘潭大学学报(哲学社会科学版)》2017年第1期。

查科室的领导、工作人员的工作交流机制。违纪违法调查室领导在一定期限后可以担任职务犯罪调查室领导,职务犯罪调查室领导也可担任违纪违法调查室领导。在工作人员方面,职务犯罪调查人员可以转任违纪违法调查部门,如果违纪违法调查人员具备职务犯罪调查人员的资格,也可以到职务犯罪调查部门任职。人员交流机制有助于提高调查人员的业务能力。

(二)专业培训方面,加强不同调查人员的统一培训

违纪违法调查与职务犯罪调查的衔接可以进一步区分为两个方面:一是违纪违法案件转化为职务犯罪案件;二是职务犯罪案件转化为违纪违法案件。因此,违纪违法调查人员不仅要掌握党规党纪和行政法律法规方面的规定、证据要求,还应当熟悉刑事诉讼法及其司法解释、相关法律文件的规定。对于职务犯罪调查人员而言,也应当熟悉党规党纪和行政法律、政策与证据要求。为此,最好的方式是加强对不同调查主体的统一知识培训,具体可包括三方面的内容:(1)反腐败领域法律、政策方面,对于党规党纪、党的政策、相关法律规定、国际条约等进行学习;(2)反贪取证技能提升方面,包括侦查学、讯问学、犯罪心理学、物证技术学、司法鉴定、电子取证等方面的知识;(3)金融知识、审计知识等,其中较为重要的是证据收集、保全、保管、运用方面的知识。

(三)工作机制方面,建立不同调查处室的衔接机制

为了加强不同调查主体的通力合作,形成打击腐败犯罪的制度合力,还应当建立不同调查程序的衔接机制。

一是明确案件移送的标准。明确案件移送的标准既有利于促进违纪违法案件与刑事案件在程序起点上的分离,也有利于促进

两类案件的程序衔接。具言之,案件移送包括违纪违法调查中发现涉嫌犯罪的移送和职务犯罪调查中发现违纪违法线索的移送。在违纪违法调查中发现涉嫌犯罪的,应当将案件及时移交其他办案处室,不得继续进行调查,在立法上规定具体时限更好(如3日或5日内)。① 在职务犯罪调查中发现违纪违法线索的,也应当及时移交违纪违法调查部门。这有助于明确划分行政法与刑法的界限,防止出现以政务处分代替刑事责任或以刑事责任代替政务处分情形的出现②,有助于贯彻法律程序的实质分离。

二是明确案件交叉时的办案原则。在监察委员会运行过程中,必然存在某一案件既涉嫌违纪违法也涉嫌犯罪的情形。如果发现违纪违法与涉嫌犯罪有交叉的情形,应当确立如下原则:

第一,分别调查。如果违纪违法行为和涉嫌犯罪行为属于不同行为,办案处室应当及时将犯罪线索移送给相应部门。不同科室可以对同一涉案事实进行分别调查,即刑事调查和违纪违法调查同时进行,并且在证据、信息等方面可以共享。③

第二,协助调查。如果公职人员的违纪违法行为和涉嫌犯罪行为属于同一行为,在违纪违法调查部门将案件移送职务犯罪调查部门后,职务犯罪调查部门可以要求违纪违法调查部门协助调查,但违纪违法调查人员不得使用刑事诉讼手段(刑事调查措施、刑事强制措施),更不得假借违纪违法调查手段获得刑事证据。协

---

① 参见刘勇:《纪检监察机关与检察机关办案衔接制度研究》,江西财经大学2016年硕士学位论文,第27页。
② 参见吴建雄、李春阳:《健全国家监察组织架构研究》,载《湘潭大学学报(哲学社会科学版)》2017年第1期。
③ 也有学者将这一方式称为"并行衔接模式",参见宋小海、孙红:《国家监察体制改革试点的初步研究》,载《观察与思考》2017年第2期。

助调查的方式在我国《行政监察法》（已失效）中也曾有所规定，如《行政监察法》第22条规定，监察机关在办案中可要求有关行政部门、机构协助，但不包括检察机关和审判机关。因此，在"涉嫌犯罪应及时移交职务犯罪调查部门"的移送标准下，实质上确立了同一涉案事实刑事处理优先的原则，这里说的协助调查，仅限于违纪违法调查部门协助职务犯罪调查部门进行案件调查。

第三，联合调查。必要时的联合调查，有助于借助不同调查部门的权限和及时信息沟通的优势，尽快查清案件。既往的法律文件也规定了监察机关与侦查机关在一定条件下可以联合调查。在监察委员会运行过程中，仍可沿用这些联合调查的规定，但必须严格限于特定案件。同时，在联合调查中，违纪违法调查部门和职务犯罪调查部门应严格恪守各自法定权限，以防止出现违反实质程序分离的情形。① 除了上述几个方面，在重大贪腐案件指定管辖、抽调办案人员进行侦查等实践经验的基础上，还可以设立专案调查制度，但需要在立法上严格限定专案调查中的人员构成、职责权限和运行程序等。

（四）证据方面，重视不同证据的衔接和统一证据保管库的建设

完善监察证据的采信规则。职务犯罪立案之后的调查过程中所收集的证据应当属于刑事证据范畴，可以直接移送公诉机关并作为指控证据供法官裁判之用。不过，对于职务犯罪立案之前收集或违纪违法调查过程中收集的证据，应当区分情形进行处理：物证、书证、视听资料、电子数据等实物类证据因客观性较强可以直

---

① 参见刘勇：《纪检监察机关与检察机关办案衔接制度研究》，江西财经大学2016年硕士学位论文，第27—28页。

接进入刑事诉讼程序,作为刑事证据使用。但由于在违纪违法调查阶段,尚不进入刑事诉讼程序,被调查人不具备犯罪嫌疑人、被告人的身份,相关证人也不具备刑事证人的身份①,因此,违纪违法调查阶段收集的被调查人笔录、证人笔录等书面言词类证据应当由职务犯罪调查部门重新收集,不得直接在刑事诉讼中使用。当然,对此应当存在例外,即在被追诉人对相关笔录内容无异议,或者证人因病死亡、无法联系并且相关笔录内容具有可靠性等情形下,可以将上述证据作为刑事证据使用。为此,现行《监察法》第33条关于"监察机关依照本法规定收集的物证、书证、证人证言、被调查人供述和辩解、视听资料、电子数据等证据材料,在刑事诉讼中可以作为证据使用"的规定应当进行相应的修改。

关于统一的证据保管方面,在监察委员会内部设立统一的证据保管库。针对违纪违法证据、刑事证据按照分类保管、专人保管等要求进行妥善保管,既有利于防止相关证据丢失、毁损或者被污染,也有助于促进案件查处的公正性。②

(五)信息档案方面,建构违反政纪、国法行为人信息档案库

这里所说的信息档案包括三个方面:一是人的信息方面,包括涉案人姓名、年龄、职务等基本信息,还包括涉案关系人的信息(如行贿人信息);二是涉案行为的基本信息,主要是指违反政纪国法行为的信息,如行为人在何时何地因何情何故,实施了哪些行为或者收取了哪些财物,重点方面是所属领域、行为方式、行为手段等;

---

① 参见林永翰:《前侦查行为——行政调查与刑事侦查之中间地带》,台湾地区政治大学法律学系2006年学位论文,第117—119页。
② 关于证据保管制度,参见陈永生:《证据保管链制度研究》,载《法学研究》2014年第5期。

三是涉案领域、涉案部门的基本信息,属于何种领域、相关领域的制度建设、所属机构或者部门的制度建设、近几年的廉政情况等。上述信息档案在反腐败过程中具有重要意义,其不仅有助于打击腐败犯罪与行为,也有助于犯罪统计与腐败行为的预防。

首先,这些记录在一定情形下可以作为日后起诉的刑事证据使用。根据证据法基本原理,"品格不得证明行为""一次做贼也不等于终身做贼"。但是,根据《美国联邦证据规则》第404条的规定,虽然品性证据不可以用于证明被追诉人实施了犯罪行为,但可以用作认定犯罪动机、意图、计划等方面的证据。①

其次,这些记录在以后查处相关领域或者相关人员违法违纪案件时,可以作为重要的背景信息,有助于促进案件事实的查清。

最后,这些信息档案,对预防腐败行为、腐败犯罪具有重要作用。通过这些信息可以分析腐败犯罪的多发领域、多发行业、多发年龄段等,可以发现相关单位内部制度建设与腐败犯罪的关联度等,将为我国腐败预防工作的积极开展起到重要作用。

概言之,按照程序分离原则的要求,违纪违法调查与职务犯罪调查这两种不同性质的调查权在运行上应当适当分离,同时鉴于违纪违法与犯罪具有行为上的牵连性,两种调查权在打击腐败方面具有目的上的一致性,因而还应当重视两种调查权运行程序的有效衔接。

---

① 参见〔美〕罗纳德·J.艾伦等:《证据法:文本、问题和案例》(第3版),张保生等译,高等教育出版社2006年版,第261页。

结 语

　　法律程序具有规范权力行使、促进权力分工、防范权力滥用等多重功能。我国的监察体制改革将分散在不同权力体系下的反腐败机构整合成专门的反腐败机构,实现反腐权力从"权力分散"到"权力集中"的制度转变,这一改革对于促进国家治理现代化和全面依法治国的实现具有重要意义。在此改革不断推进的过程中,应当重视监察委员会权力运行中的法律程序分离问题。从理论上说,法律程序的适度分离有助于促进权力分工,有助于规范权力运行,但是这一原则也存在着割裂法律程序、增加法律适用成本等内在缺陷,故不能将其绝对化。因此,在监察委员会的运行过程中,必须重视法律程序的有效衔接,以促进监察体制改革目的之有效实现。

第三章
监察立案程序改革与涉罪被调查人权利保障

提　要：刑事立案程序具有划定权力运行边界、表征犯罪调查活动正式化、明确犯罪嫌疑人权利保障起始点的重要价值。当下监察实践中，监察立案不仅同时开启了职务违法和职务犯罪的调查程序，而且往往与纪委立案相伴随。在这种一体化的立案模式下，实质定性的前置化问题较为突出，立案程序与调查程序的"一对多"现象导致立案功能一定程度上的虚置化，司法办案人员面临程序衔接困境，被调查人的权利保障存在制度"短板"。为此，需要进行监察立案程序改革，建构二元化立案模式，在监察机关内部设立单独的职务犯罪调查机构，实现违纪违法立案与职务犯罪立案的分离，并分类确定违纪违法立案与刑事立案的关系模式，完善立案审批制度，构建独立化的职务犯罪调查程序，从而为违纪违法调查与职务犯罪调查划定相对清晰的边界,合理限定留置、通缉、技术调查等监察措施的适用节点和适用范围,也为监察程序中检察监督、律师介入等问题的解决提供制度支撑,促进监察法与刑事诉讼法的衔接,实现反腐效能与程序法治的有机统一。

一、问题的提出

2018年《监察法》的颁布标志着监察委员会制度的全面推行,也确立了职务犯罪调查程序与普通犯罪侦查程序的制度性区隔。国家监察体制改革推行以来,职务犯罪监察程序与刑事诉讼程序如何衔接,成为法学界与实务界共同聚焦的话题,并在根本上关涉着涉罪被调查人的权利保障和反腐败活动的法治化进程。

在监察程序与刑事诉讼程序的衔接方面,监察立案程序的设计至关重要。根据《监察法》的规定,监察立案表征着监察调查程序的开启,监察机关通过调查活动的开展查明被调查人的行为性质是职务违法还是职务犯罪。但当监察机关认定被调查人的行为构成职务犯罪并移送检察机关审查起诉时,检察机关是否还需要进行刑事立案,这在2018年颁布的《监察法》和随后修正的《刑事诉讼法》中均未做出明确的规定。于是,就存在如下亟待回答的问题:监察机关办理的职务犯罪案件中,是否需要在监察立案之外再进行刑事立案?如果需要,那么监察立案与刑事立案的关系如何?是合二为一,还是前后相继的两个独立程序?如果是两个独立程序,则刑事立案程序如何设置?检察机关在接受监察机关调查终结移送审查起诉的案件后直接办理刑事立案手续,还是先经过审查再决定是否进行刑事立案?而如果是合二为一,则检察机关受理监察机关移送的刑事案件后就可以直接审查起诉,但问题仍然存在:对于检察机关审查起诉前监察机关所适用的强制性调查措施,如何进行制约以防范其滥用?辩护律师能否介入监察调查活动?检察机关能否监督监察调查活动?如此等等。

对这些问题的回答,不仅关系着监察案件中刑事诉讼程序开始时间点的认定,而且更重要的是,关涉着监察调查程序中证据收集的法律规范和采信标准,决定了犯罪嫌疑人的产生时间以及辩护律师、检察机关能否介入监察调查程序开展相关的活动。

当下实践中,监察机关采行的是一体化立案模式,职务违法立案与职务犯罪立案合一,但在证据收集规范标准和被调查人权利保障方面容易受到质疑。学界对监察立案制度的既有研究尚不能充分疏解监察办案人员的观念滞碍,无法有效地解决实践中存在的突出问题。鉴此,本书拟结合实证调研,分析监察案件一体化立案模式的得失,阐释二元化立案模式的理论脉络和法治意义,进而探求我国监察立案制度的优化路径,旨在实现职务犯罪查处效能和办案质量的有机统一。

二、涉罪立案程序的规范功能

监察机关办理的职务犯罪案件中,是否需要在监察立案之外再进行刑事立案,涉及立案程序的规范功能。对于涉嫌犯罪的行为,在正式调查之前设置单独的立案程序,是极具中国特色的制度安排。世界上绝大多数国家并未采行此种制度,我国有学者和实务人员也建议废除之。但笔者认为,在我国目前的法治发展阶段和国情背景下,保持刑事立案程序的设置,仍然极具必要性和重要性。

(一) 程序控制:权力运行边界的明晰化

在我国,保留刑事立案程序,主要目的是实现对刑事办案机关强制性调查权力的有效控制。根据我国法律规定,无论刑事侦查程序还是监察调查程序中,均未采行司法审查与令状制度。对强制性侦查或调查措施的使用之控制,主要依赖刑事立案程序的"门槛"阻挡功能,通过立案程序的设置,将那些对人身自由、财产、隐私等基本权利干预较大的强制性措施限定在刑事立案后使用,从而划定了强制性措施使用权力的边界,有助于防止办案人员滥用强制性侦查或调查措施。正如有学者指出的,"只要我国不采取对强制性侦查行为的外部控制模式,只要不寄希望于通过司法审查和令状原则来解决强制措施的合法性问题,那么利用立案程序来约束可能侵犯公民权利的侦查行为就仍然十分必要"[①]。刑事立案作为一项权力控制的制度设计,其开启需要达到相应的标准且需要履行法定的审批程序,因而可以视为司法审查和令状制度的功能性替代。

(二) 性质转换:犯罪调查活动的正式化

区分罪与非罪是刑事实体法研究的基本问题,区分刑事办案程序与非刑事办案程序则是刑事诉讼程序运行的前提。刑事办案程序正式开启的标志就是立案,故有学者指出,"刑事诉讼的'立案'开启了诉讼程序,缺少立案程序刑事诉讼在逻辑上是无法成立的;具体地说,刑事立案程序所立之案乃侦查与审查起诉的对

---

① 姚莉:《监察案件的立案转化与"法法衔接"》,载《法商研究》2019 年第 1 期。

象,没有案件侦查与审查起诉的基础便不存在了"①。换言之,刑事立案是办案机关调查活动性质发生"质变"的关键节点。刑事立案程序开启前,侦查机关或监察机关也能开展一定的初步调查活动,但这不能视为正式的犯罪调查,而只能归属于一般性的非犯罪调查活动;刑事立案程序开启后,则意味着犯罪调查活动的正式进行,确立了后续审查起诉和刑事审判的"对象"。因此,只有设置刑事立案程序,才能明晰行政调查/监察调查与刑事调查的转换,否则容易发生混同,并衍生出证据转化、强制性措施控制等方面的问题。

(三)身份确立:犯罪嫌疑人权利保障的明确化

刑事立案不仅是刑事追诉权和审判权运行的前提,而且是被调查人身份转换为犯罪嫌疑人的起点。这就标志着,被调查人自此可以行使刑事诉讼法赋予犯罪嫌疑人的诉讼权利,如自行辩护权、会见律师权、申请回避权、不被强迫自证其罪权等。相应地,办案机关应当履行告知和保障义务,使犯罪嫌疑人了解其诉讼权利并有效实现。缺失了刑事立案程序,则对于犯罪嫌疑人的身份是否确立以及何时确立必然会出现不同的认识乃至纷争,被追诉人的诉讼权利行使也会遇到障碍乃至受到侵犯。比如,正是由于相关法律没有规定监察机关办理的职务犯罪案件要进行刑事立案,因而在 2018 年修正《刑事诉讼法》增设第 170 条之前的实践中,当监察机关将调查终结的案件移送检察机关审查起诉后,有些检察机关就明确否定和拒绝律师在被调查人的留置措施转为逮捕前行使会见权。

---

① 陈卫东:《职务犯罪监察调查程序若干问题研究》,载《政治与法律》2018年第 1 期。

三、一体化立案模式：监察立案的实践遵循

(一)一体化立案模式的运行特征

根据《监督执纪规则》《监察法》《监察法实施条例》等规范性文件的规定,监察机关行使职务违法与职务犯罪调查权,与党的纪律检查委员会合署办公,《监督执纪规则》与《监察法》还分别规定了纪委立案与监察立案的程序。从形式上看,这是两套不同的立案程序,但实际上密切相关。具体而言,当纪检监察机关受理案件线索后,会进行初步的筛选与分流,对于大部分情节轻微或者不属于职务违法、职务犯罪的案件,一般仅由纪委立案;如果需要对被调查人给予撤销党内职务(含)以上处分的,则会同时进行纪委立案和监察立案;如果涉及职务违法、职务犯罪的案件,则区分情况处理:被调查人是党员的,同时进行纪委立案与监察立案,但调查活动一起进行,即"刑行纪一体化";被调查人为非党员的,通常只进行监察立案。笔者在调研中了解到,纪委立案不一定会同时进行监察立案,但监察立案一般会伴随着纪委立案。在后一种情况下,监察立案事实上就标志着违纪调查、职务违法调查和职务犯罪调查活动的同时开启,而且据权威机关解释,监察机关调查终结将案件移送检察机关后,检察机关直接审查起诉,不需要再进行立案。① 故本书将其称为一体化立案模式,该模式具有以下特征:

第一,性质具有复合性。在这种立案模式下,不区分案件事实

---

① 参见中共中央纪律检查委员会、中华人民共和国国家监察委员会法规室编写:《〈中华人民共和国监察法〉释义》,中国方正出版社2018年版,第212页。

的性质是职务犯罪还是职务违法,而是作为一个整体的监察事实,监察机关在初步核实后采取统一的监察立案程序开启正式调查,正式调查之前不存在独立的针对职务犯罪的刑事立案程序。

第二,启动标准低于刑事立案。《刑事诉讼法》规定,刑事立案的标准是有犯罪事实,依法需要追究刑事责任;而根据有关的权威解释,监察机关"凡需要立案的,应当已经掌握部分职务违法或者职务犯罪的事实和证据"[①],《监督执纪规则》第 37 条也作出类似规定即"凡报请批准立案的,应当已经掌握部分违纪或者职务违法、职务犯罪事实和证据"。可见,只要被调查的公职人员达到违纪标准,与纪委合署办公的监察委员会就可以进行监察立案,其法定标准比刑事立案标准要低得多。

第三,立案后的调查措施具有混合性。在一体化立案模式下,立案后,原本适用于违纪案件、职务违法案件、职务犯罪案件的调查措施基本上就不再受制于案件性质的限定,而可以根据监察机关的办案需要和便利打通使用。对比分析《监督执纪规则》第 40 条与《监察法实施条例》第 55 条后不难发现,调查活动中既可以适用常规获取信息类的谈话、讯问、询问、勘验检查、鉴定措施,也可以适用限制财物权益类的搜查、查询、调取、查封、扣押、冻结以及秘密探测隐私类的技术调查措施,还可以适用限制人身自由类的留置、限制出境、通缉等措施,整体上不存在违纪调查措施、职务违法调查措施与职务犯罪调查措施的区分,具有适用上的便利性。

(二)一体化立案模式运行中存在的问题

采取一体化的监察立案模式,有助于整合反腐败资源,便利监

---

① 中共中央纪律检查委员会法规室、中华人民共和国国家监察委员会法规室编写:《〈中华人民共和国监察法〉释义》,中国方正出版社 2018 年版,第 186 页。

察机关开展调查活动,进而提高监察机关的办案能力和治罪效能,为反腐败取得压倒性胜利提供有力的制度支撑。不过,调研中发现,一体化立案模式也存在不少亟待重视和解决的问题。

其一,案件性质实质认定的前置化问题较为突出。从目前的办案实践来看,纪检监察机关在案件初步核实阶段,认为有立案必要时,通常先进行纪委立案,但在是否同时出具一套监察立案文书时,往往会考虑到案件性质尤其是后续可能对被调查人做出的处分。如果被调查人行为的危害性达到一定程度,拟给予撤销党内职务(含)以上处分,或者如果被调查人的行为构成职务犯罪欲移送司法机关,则一般会同时做出监察立案决定。由于监察立案需要履行内部审批手续,因而办案人员进行立案汇报时,为提高审批成功率和防范日后出现撤案风险,往往会尽可能地强化初步核实措施的力度以实现定性的准确化。尽管从理论上讲,监察机关在考虑是否立案时,不可避免地会对被调查人的行为性质是违纪、职务违法还是职务犯罪进行预判,这种预判的性质应当是初步的、暂时的和可逆的,但在监察办案实践中出现了对案件"实质定性"的现象。监察机关在立案审批的讨论会议中,往往不仅对被调查人的行为性质而且同时对其处置结果进行议决,以致对后续调查行为乃至案件走向起到了实质性影响,一定程度上有"先定后查"之嫌。

其二,立案程序与调查活动的"一对多"现象导致监察立案一定程度上的功能虚置。如前所论,刑事立案程序与其他性质的立案程序分别对应着不同的调查活动,或者说,立案后授权办案机关采取的调查措施有别。但在一体化立案模式下,往往是违纪、职务违法与职务犯罪的调查一同进行,呈现出立案的"单一性"对应多元化调查活动的现象,立案程序的规范功能由此难以得到充分彰显。比如,根据《监察法》的规定,严重职务违法案件也可以适用留置措施,这就使职务违法与职务犯罪案件在强制调查措施适用上本应具有的区别不复存在。

其三,刑事诉讼的起点不明,导致程序衔接上的认识纷争和程序转换规范困境。传统上,我国刑事诉讼采取程序启动型模式,立案是刑事诉讼的法定起点,未经立案无从谈起刑事诉讼活动的进行。在此背景下,对于监察机关调查终结移送检察机关审查起诉的案件,监察立案能否认定为刑事立案,理论界与实务界均存在较大的认识分歧。肯定意见认为,唯此才能确保刑事公诉案件从立案经调查、起诉、审判到执行的流程完整性;①反对意见则认为,监察机关是政治机关,不是刑事办案机关,也就不能成为刑事立案的主体,因而监察立案程序不能等同于刑事立案程序。② 在持反对意见的论者中,有的主张应当确立"形式立案",即检察机关对监察机关移送的案件不做实质性的过滤审查,以受案代替刑事立案,但须明确受案具有开启刑事诉讼程序的功能。③ 但也有学者建议,在审查起诉环节增设特别立案程序,检察机关对监察机关移送的案件在决定是否刑事立案时要进行实质审查,发挥过滤功能。④ 可谓仁智互见,聚讼纷纭。受此影响,实践中检法机关对于监察机关移送起诉案件的处理常常会面临一些难题,比如,退回补充调查

---

① 参见中共中央纪律检查委员会、中华人民共和国国家监察委员会法规室编写:《〈中华人民共和国监察法〉释义》,中国方正出版社2018年版,第186—216页。
② 参见陈卫东:《职务犯罪监察调查程序若干问题研究》,载《政治与法律》2018年第1期。
③ 参见董坤:《法规范视野下监察与司法程序衔接机制——以〈刑事诉讼法〉第170条切入》,载《国家检察官学院学报》2019年第6期。
④ 参见封利强:《检察机关提前介入监察调查之检讨——兼论完善监检衔接机制的另一种思路》,载《浙江社会科学》2020年第9期。

的性质界定和证据收集标准等,有时甚至无所适从。

其四,被调查人的权利保障存在制度"短板"。首先,一体化立案模式导致职务犯罪调查的启动标准实质性降低,不利于被调查人的权利保障。在一体化立案模式下,监察立案不必达到刑事立案的标准即可开启案件调查,尽管最终会做出刑、行、纪的不同处理,但整个调查过程中是不区分调查活动性质的,从而不仅降低了职务犯罪证据的准入门槛,还加大了非法证据的排除难度,影响了被调查人的权益保障。在这方面,有观点认为,《监察法》在并不严格区分职务违法调查与职务犯罪调查的前提下,会提高职务违法的调查措施门槛,同样有利于保障被调查人的权益。[①] 笔者以为,此判断适用于职务违法调查或许能够成立,但适用于职务犯罪调查就存在问题,因为相对于刑事立案,监察立案的门槛之低是毋庸置疑的,因而职务犯罪调查活动中容易出现权力滥用问题。其次,在纪委与监察委合署办公的背景下,一体化立案模式容易导致党权与国家权力的界分不明,并可能使两种权力之间相互"借力",打破原有权力体系的内部平衡[②],从而动摇权力行使的合法性。最后,在一体化立案模式下,律师难以介入监察调查活动为被调查人提供法律帮助。从实践中监察机关办理的案件情况来看,违纪违法行为占据绝大多数(见表2),此类行为社会危害性低,受到的处理也较轻,轻至谈话函询、提醒批评,重的也不过是职务调整或开除,因而律师介入此类案件调查的必要性和可行性不足,由此削弱了对占比较小(3%—4%)但处置较重的职务犯罪案件的

---

① 参见纵博:《监察委员会调查权运行法治化的若干问题探讨》,载《宁夏社会科学》2018年第3期。
② 参见秦前红、陈家勋:《党政机构合署合并改革的若干问题研究》,载《华东政法大学学报》2018年第4期。

权利保障标准和保障效果。

表2　2018—2021年全国纪检监察机关"四种形态"运用情况①

	第一种形态（万人次/占百分比）	第二种形态（万人次/占百分比）	第三种形态（万人次/占百分比）	第四种形态（万人次/占百分比）
2018年	110.4/63.6	49.5/28.5	8.2/4.7	5.5/3.2
2019年	124.6/67.4	46.3/25	7.2/3.9	6.8/3.7
2020年	133.0/68.1	48.5/24.8	7.1/3.6	6.8/3.5
2021年	148.7/70	49.4/23.2	7.0/3.3	7.4/3.5

四、二元化立案模式：质疑与回应

（一）二元化立案模式的提倡

正是基于对一体化监察立案模式之弊的反思，包括笔者在内的一些学者提出了二元化立案改革思路，建议将一体化的监察立案区分为职务违法立案与职务犯罪立案，以便为职务违法调查与职务犯罪调查划定相对清晰的边界，明确刑事强制措施和技术侦查手段的适用节点和适用范围，推进监察调查活动的法治化。② 具体而言，纪委监委初步核实所受理的腐败问题线索后，对于存在

---

① 参见《2018—2021纪检监察机关查办案件部分数据对比》，西南公法研究微信公众号，2022年2月26日。
② 参见周长军：《监察委员会调查职务犯罪的程序构造研究》，载《法学论坛》2018年第2期。另请参见龙宗智：《监察体制改革中的职务犯罪调查制度完善》，载《政治与法律》2018年第1期；陈瑞华：《论监察委员会的调查权》，载《中国人民大学学报》2018年第4期；姚莉：《监察案件的立案转化与"法法衔接"》，载《法商研究》2019年第1期；等等。

违纪与职务违法行为需要追究党纪政纪责任的公职人员,先进行违纪违法立案;经调查,认为涉嫌存在职务犯罪行为,需要追究刑事责任的,则开启职务犯罪立案程序。如果在进行违纪违法立案时,已经有证据证明被调查人涉嫌职务犯罪,依法需要追究刑事责任的,应当同时进行违纪违法立案与职务犯罪立案;如果在违纪违法立案之后的调查过程中发现职务犯罪线索,则应进行职务犯罪立案并开启调查;如果在职务犯罪立案之后的调查过程中发现了违纪或职务违法线索,则应进行违纪违法立案。违纪违法立案及后续调查活动,适用《监察法》《公职人员政务处分法》《监督执纪规则》等规范性文件的规定;刑事立案及后续调查活动,则适用刑事诉讼法、刑法的规定。

二元化立案模式的建构,为监察机关办理职务犯罪案件中聚讼纷纭的追诉时效、监察证据使用资格、退回补充调查等问题的解决提供了制度依循,为检察机关的监督、律师的介入扫清了实践障碍,有助于破解当下监察法与刑事诉讼法衔接过程中存在的诸多难题。

(二) 对二元化立案模式的质疑

不过,从调研来看,许多法律实务人员认为二元化立案程序烦琐,效率不足,与监察办案实践存在较大脱节,一些学者对此模式也提出了质疑,综括起来,主要有如下五方面的观点:

第一,过于理想化论。此种观点认为,二元化立案模式的理想化色彩较重,很难落实。[①] 具体而言,在监察调查过程中,违纪事实、职务违法事实与职务犯罪事实的发现往往交织在一起,被调查

---

① 参见梁坤、梁斌:《监察调查一体化程序之证成》,载《中国刑警学院学报》2021年第3期。

人涉嫌职务违法抑或是职务犯罪,只有通过开展调查活动才能确定;在调查程序启动前,要求调查人员明确启动何种调查程序,显然对调查人员提出了过高要求,违背了正常的司法认知规律,调查人员也难以作出准确的判断,因而二元化的立案设置不如一体化立案模式更具可行性。

第二,区分标准不合理论。此种观点指出"以不法行为的法律性质(普通违法或犯罪)划分程序规则(行政查处程序或刑事侦查程序)是现下对政府查处行为程序划分的唯一标准"①,但存在标准泛化或僵化的缺陷,是不合理的。因此,以职务违法与职务犯罪的性质区分为标准推行二元化立案模式,也是存在问题的。

第三,法理依据不足论。此种观点质疑监察案件设置刑事立案程序的依据不足,认为将立案作为刑事诉讼成立的必备要件是值得商榷的,从法理上讲,即便没有刑事立案程序,刑事诉讼依然可以进行,因而应当尊重《监察法》对职务犯罪调查及移送起诉的特殊规定,维持现行的一体化立案模式。②

第四,制约效果存疑论。此种观点认为,无论何种立案,归根结底都是监察机关的内部程序,因而即使对违法调查程序和犯罪调查程序进行严格区分,"在实践中做到提高立案标准,立案本身对于各种调查措施的实施仍不构成制约,因为监察调查措施也实行启动便宜主义,所以相当于没有对症下药"③。另有学者以行政

---

① 叶青、程衍:《关于独立监察程序的若干问题思考》,载《法学论坛》2019年第1期。
② 参见纵博:《监察委员会调查权运行法治化的若干问题探讨》,载《宁夏社会科学》2018年第3期。
③ 纵博:《监察委员会调查权运行法治化的若干问题探讨》,载《宁夏社会科学》2018年第3期。

违法调查程序与刑事犯罪调查程序的区分实践为视角加以论证,认为"尽管立法严格区分行政违法与刑事犯罪的调查程序,以强化对二者的程序控制,但司法实践中以违法调查程序调查犯罪,或以犯罪调查程序调查违法等权力失控的现象依然时常发生"①。

第五,调查效率削弱论。此种观点认为,对违法或犯罪的定性需要以查清事实为前提,围绕同一事实分别展开调查会导致大量的重复劳动。② 另有学者指出,单独设立刑事立案程序,党纪调查、政纪调查与刑事侦查的内部划分将会在内部割裂监察权,使监察机关内部机构依据不同程序各行其是,独立的监察权难以形成,反腐力量无法在实质上实现整合,有碍于反腐的调查效率,与监察体制改革的初衷不符。③

(三) 对二元化立案模式质疑的回应

上述质疑尽管有一定的道理,但整体上难以成立,因而有必要给予理论上的回应。

第一,二元化立案模式有助于不同诉讼价值的均衡实现。在监察立案制度设计上,尽管一体化立案模式与二元化立案模式各有优势,但前者更为强调对腐败现象的控制效果,即时性特征突出,后者则更为强调维护犯罪追诉程序的独立性,重视构建职务犯罪治理与被调查人权利保障相统一的法治生态系统。长远来看,在监察办案

---

① 梁坤、梁斌:《监察调查一体化程序之证成》,载《中国刑警学院学报》2021年第3期。
② 参见封利强:《检察机关提前介入监察调查之检讨——兼论完善监检衔接机制的另一种思路》,载《浙江社会科学》2020年第9期。
③ 参见叶青、程衍:《关于独立监察程序的若干问题思考》,载《法学论坛》2019年第1期。

方法性要素基本能够满足国家和社会反腐败需求的情况下,监察办案应当尽快转向对监察权力规范和制约的强化,防止监察调查权力的随意行使。二元化监察立案模式显然更能在保障被调查人权利、防范冤假错案和防止选择性反腐方面发挥有效的程序自制力。

第二,二元化立案模式具有正当性和必要性。首先,如前所论,在我国刑事诉讼制度背景下,刑事立案程序的单独设立是极具本土特色的制度安排,是对监察机关强制性调查措施适用权力的控制机制,具有重要的诉讼功能。其次,从法理上讲,监察调查活动特别是在留置措施的适用中亟需律师的介入,但目前存在的主要障碍是,被调查人的行为有可能只是违纪或职务违法,因此倘若允许律师介入,无疑会过高地设定了被调查人的权利保障标准,有违比例原则,而只有将监察立案区分为违纪违法立案与职务犯罪立案,才能够较好地解决律师介入问题。综上分析,将一体化立案模式调整为二元化立案模式,具有法理正当性和现实必要性,单纯以当下我国反腐败的效率需求来予以排斥,可能是站不住脚的。

第三,二元化立案模式具有实践可行性。一方面,该模式的落地不需要监察机关做出太大的内设机构改革,只要在监察机关现有的审查调查部门中进行适当的职能分工,明确违纪违法调查与职务犯罪调查的专门负责机构即可;另一方面,由于立法语言表述的局限性和具体案件的复杂性,实践中,违纪事实、职务违法事实与职务犯罪事实的确常常交织在一起,但案件线索的交织性与案件调查的分类进行并不矛盾,只要安排好职务犯罪调查部门与违纪违法调查部门在监察调查中的地位与关系,确保二者之间在案件线索移交方面衔接顺畅,配合到位,分类调查就具有可操作性。

第四,二元化立案模式的制约效果是明显的。根据刑事立案原理,对人身自由、财产或隐私造成重大干预的强制性调查措施,只能在刑事立案之后才能使用,从而借助于刑事立案条件的"门槛"设定强制性措施的适用标准,规范调查措施的适用以及证据的收集、固定和运用,控制办案机关对被追诉人基本权利的限制或剥夺行为,防止调查权力的恣意行使或者滥用。当然,对监察调查权力的制约和规范是一个系统工程,并非仅仅依靠二元化立案模式的建构就能完全实现,诸如强制性监察调查措施的审批、被调查人律师帮助权利的保障、检察机关的监督等共同构成完整的制约体系,因而在采取二元化立案模式的同时,尚需进行相关的制度完善。

第五,二元化立案模式的效率与效益需辩证分析。单从个案办理效率来看,较之于二元化立案模式,一元化立案模式似乎更具优势,因为监察机关不仅可以较为容易地达到立案标准,而且立案后能够便利地选用其想采取的监察调查措施,纪行刑一体化,有助于快速突破被调查人的口供,收集到足够的案件证据,将被调查人绳之以法(纪)。但与此同时,由于强制性调查措施的使用条件比较宽松,主要是通过内部审批程序进行控制,缺乏司法机关的审查,律师也难以介入进行制约,因而易出现办案手段不节制甚至滥用强制性调查措施的现象,从而侵犯被调查人的合法权利,损害监察机关的形象和法律的权威性,削弱监察制度的效益价值。为此,需要进行审慎的价值衡量。前述质疑二元化立案模式有碍监察调查效率的观点显然未能充分虑及这一点,有"唯效率"之嫌。换言之,监察立案程序的建构必须合理兼顾公正、效率、效益等多元价值的追求,并非效率越高越好。不仅如此,倘若换一种视角分析,二元化立案模式未必一定就削弱了办案效率;相反,由于违纪调查与职务违法调查的范围十分广泛,若事无巨细一股脑地进行调查,反而可能会影响职务犯罪案件的调查效率。较之于监察体制改革前,当前监察机关移送司法机关处理的职务犯罪案件数量之所以出现大幅度地下降(参见表3、表4),尽管与监察办案"四种形态"的转换适用相关,但违纪违法案件数量急剧攀升与监察机关办案人力、资源有限之间的紧张可能是更为关键的影响因素。因此,二元化立案模式对职务犯罪调查与违纪违法调查的适度分离,使其运行于不同的程序轨道,无疑能够优化监察办案力量的配置,提升调查效率特别是职务犯罪的调查效率。

表3 2014—2020年全国各级法院审结贪污贿赂等职务犯罪案件情况①

	2014年	2015年	2016年	2017年	2018年	2019年	2020年
审结案数(万件)	3.1	3.4	4.5	5.6	2.8	2.5	2.2
审结人数(万件)	4.4	4.9	6.3	7.6	3.3	2.9	2.6

表4 2014—2020年全国各级检察机关办理职务犯罪案件情况②

	2014年	2015年	2016年	2017年	2018年	2019年	2020年
查办各类职务犯罪案件(件)	41487	40834	未披露	未披露			
查办各类职务犯罪人数(人)	55101	54249	47650	46032			
受理各级监委移送职务犯罪人数(人)					16092	24234	19760
起诉职务犯罪人数(人)	35854	未披露	未披露	未披露	9802	18585	15346

综上所论,从监察制度发展和职务犯罪追诉的长远来看,二元化立案模式应当成为监察立案制度的改革方向。

---

① 参见2015—2020年最高人民法院院长在全国人民代表大会上所作的《最高人民法院工作报告》。
② 参见2015—2020年最高人民检察院检察长在全国人民代表大会上所作的《最高人民检察院工作报告》和中国法学会主管主办:《中国法律年鉴》,中国法律年鉴社出版2015年版,第168页。

五、监察立案的制度优化

优化监察立案制度,除采行二元化立案模式外,还应当健全立案审批制度,构建独立的职务犯罪调查程序。

(一) 二元化立案模式的具体展开

关于二元化立案模式的构建,在前文分析的基础上,进一步展开如下:

第一,在监察机关内设的审查调查机构中进行分工,成立单独的职务犯罪调查室或者职务犯罪调查局,专门负责职务犯罪案件的调查,从而形成职务犯罪调查部门与违纪违法调查部门并立的格局,二者的关系有些类似于公安机关内部刑侦部门与行政执法部门的关系。与此相应,对监察办案人员进行适度分离和专业化的培训,不同调查部门的负责人与办案人员之间可以定期或不定期地进行轮岗流动。有主张"相对二元化模式"的学者认为,应当在立案程序分离的基础上维持调查主体的合一性,因为"在同一机关内部,执法主体素质差别不大,管理体制类似,即使实行主体分离对于保障被调查者权利的意义也不大,因此可以由同一主体统一监察调查违法犯罪行为,以化解犯罪惩处如何与政务处分相衔接的难题,提高侦办案件的效率"①。笔者对此不予认同,因为在调查主体合一的背景下,是很难实现立案程序实质分离的。具体

---

① 谢小剑:《职务违法与职务犯罪监察调查程序"相对二元化模式"提倡》,载《法商研究》2021年第5期。

而言,合一化的调查主体在办案便利性的需求驱动下,实践中极易"脱实向虚",将立案程序的分离设计异化为"卷宗上的程序分离",从而滑向实质上的一体化立案模式。

第二,监察机关根据对腐败问题线索的初核结果,进行二元化立案。具体说来,当被调查人只涉嫌违纪违法或只涉嫌职务犯罪时,监察机关直接进行违纪违法立案或刑事立案,然后按照相应的程序规范展开调查,实际运行中几乎不会出现需要职务犯罪调查部门与违纪违法调查部门进行衔接或配合的问题。但当被调查人同时涉嫌违纪违法和职务犯罪时,情况就较为复杂,需要区别处理:

其一,初核后发现被调查人既涉嫌违纪违法又涉嫌职务犯罪的,监察机关应当同时进行违纪违法立案与职务犯罪立案,而且遵循"职务犯罪调查部门主导、违纪违法调查部门辅助"的原则开展联合调查活动。具体而言,对于被调查人实施的同时涉及违纪违法与职务犯罪的行为,应当由职务犯罪调查部门为主调查核实,违纪违法调查部门协助和配合,但对于被调查人实施的与职务犯罪无关的违纪违法行为,则由违纪违法调查部门调查核实。当然,考虑到一些案件的特殊情况,作为例外,也可以先进行职务犯罪调查,再进行违纪违法调查,但原则上应当一并作出处理。

其二,先进行违纪违法立案,调查过程中又发现被调查人涉嫌职务犯罪线索的,违纪违法调查部门应当将此线索及时移交职务犯罪调查部门进行刑事立案调查,对违纪违法的评价和处理原则上应当在职务犯罪调查终结后一并作出。

其三,先进行职务犯罪立案,调查过程中又发现被调查人涉嫌其他违纪违法线索的,职务犯罪调查部门应当将此线索及时移交违纪违法调查部门进行违纪违法立案,根据具体案情,违纪违法调查可以立即展开,也可以待职务犯罪调查结束后再行展开。需要提及的是,有主张二元化立案模式的研究者指出,在一开始就可以看出涉嫌职务犯罪的案件中,直接以涉嫌犯罪立案,不必再作涉嫌违法立案,因为"举重以明轻",涉嫌犯罪必然同时涉嫌违法。① 笔者认为,此观点可能没有充分考虑到,实践中涉嫌职务犯罪的被调查人可能同时涉嫌与职务犯罪无关的其他违纪违法行为,比如不按照有关规定向组织请示、报告重大事项等违反《纪律处分条例》的行为,或者"违反个人有关事项报告规定,隐瞒不报"等违反《公职人员政务处分法》的行为,它们难以与职务犯罪进行合并,需要单独立案调查。

此种立案制度设计既实现了违纪违法调查与职务犯罪调查的专门化和规范化,提高案件办理质量,又强化了被调查人的权利保障。不仅外界由此能够知悉监察案件的进展情况,而且被调查人也可以采取相应措施保护自己的合法权益,聘请律师为自己提供法律帮助和进行辩护,检察机关亦可由此介入和监督监察委员会的调查活动。

(二) 健全立案审批制度

为进一步规范监察立案活动,应当建立针对"案件证据达标性"和"初核行为合规性"的监察内部双审机制。在监察机关的立案审批过程中,不仅应当审查收集的证据是否达到了立案的法定证明要求,而且需要增加对初核行为合规性的审查。后者的审查内容包括:一是初核行为是否经过了相应的授权?审查初核行为

---

① 参见朱孝清:《刑事诉讼法与监察法衔接中的若干争议问题》,载《中国刑事法杂志》2021年第1期。

的正当性是审查初核行为合规性的第一步,只有经过授权的初核行为才具有正当性;对于未经授权擅自开展的初核行为,监察机关应当制止,更不得据此立案。二是初核行为是否在初核权限内进行?不同级别官员的管理权限并不相同,因而监察办案机关的调查权限是有限制的,其在初核过程中如果涉及初核权限之外的对象,应当及时汇报,不得擅自突破初核权限。三是初核过程中是否使用了禁止使用的调查措施?在初核阶段,严禁监察机关使用监察立案特别是职务犯罪立案后才允许使用的调查措施,以防止正式调查前置化,防范对初核对象权利的不当干预。四是初核行为是否不当地侵犯了初核对象的人身权益与财产权益?在审批过程中,要对初核行为是否不当侵害了初核对象的人身权益与财产权益进行审核,以便将初核行为控制在合理限度内。双审机制的确立,对监察机关的初核权力构成有力制约,有助于维护初核对象的合法权益,确保监察立案的妥当性。

此外,在立案审批过程中,监察办案人员进行的相关研判活动应当以技术性讨论为主,围绕案件事实、证据状况以及是否符合立案条件展开分析,避免过早、过多地进行案件定性的讨论。争议较大的案件中,可以考虑构建检察机关提前介入立案活动的制度,借助于提前介入,检察机关为监察人员的办案活动提供咨询或引导意见。

(三)构建独立的职务犯罪调查程序

立案程序的改革及其功能发挥,尚需辅之以职务犯罪调查程序的独立化建构,究其原因,是多方面的。其中一个重要的原因是,将检察机关的监督引入监察委员会调查职务犯罪的程序构造,前提应当是存在一个明晰的、独立的职务犯罪调查程序,否则就会造成检察介入复合性监察调查的困难或者可能导致检察监督的不当泛化。但从《监察法》的规定来看,这一前提目前是不具备的。

如前所述,从各地实践情况来看,监察委员会与纪律检查机关合署办公,根据"监督、审查、案管、审理"相对分离的思路,共同设立监督检查、审查调查、案件监督管理和案件审理等部门,监察委、纪委内设的审查调查部门统一行使党纪调查、职务违法调查与职务犯罪调查权力,并没有专门负责职务犯罪调查的内设机构。尽管一些地方对党纪立案调查与监察立案调查进行了一定的区隔,但职务违法违纪立案调查与职务犯罪立案调查之间的界限是模糊的,难以区分。

监察工作中,没有专门负责职务犯罪调查的监察机关内设机构,也没有独立的刑事立案程序,根据现行立法规定和程序法治原理,便会产生一系列问题:强制性措施和技术调查措施的适用空间和边界难以确定;检察机关对监察机关调查职务犯罪活动的介入和监督缺乏正当性基础;等等。解决这些问题,就应当在对审查调查机构予以区分的基础上,实现党纪立案、职务违法立案和职务犯罪立案的分离,构建独立的职务犯罪立案程序。具体建议如下:

第一,根据调查程序的不同,分类安排监察调查措施。从法理上讲,被调查人的行为性质不同,对其适用的法定调查措施也应当有所不同,这尤其体现在限制或剥夺人身自由、财产权益的调查措施以及技术调查措施的适用上。因此,当下监察办案实践中违纪调查、职务违法调查与职务犯罪调查措施打通适用的状况需要加以变革。在这方面,可以采取两步走的调整策略:近期内,遵循比例原则,减少乃至废除违纪违法调查程序中采取的一些对人身自由、财产权益、隐私利益造成重大干预的强制性措施,严格控制违纪违法调查程序中强制性措施的适用;长远看,随着监察体制改革的深入和对腐败行为的有效控制,应当逐步对部分强制性措施进行专属化改革,将留置、技术调查、搜查、通缉等对被调查人的人身自由、财产权益、隐私权利干预较大的调查措施从违纪违法调查程序中予以剥离,使之只能在职务犯罪调查程序中适用。

第二,构建违纪违法调查程序与职务犯罪调查程序的衔接机制。主要包括:一是案件线索及时移送机制。对于违纪违法调查过程中发现的职务犯罪线索或者职务犯罪调查中发现的违纪违法线索,应当及时移交相应调查部门,形成案件线索的有序分流。二是调查措施的适用协调机制。在针对同一监察对象的调查过程中,违纪违法调查部门与职务犯罪调查部门应当保持良好沟通,严格遵守程序法定原则,在办案过程中不得互相借用调查措施,相同调查措施一般不应叠加适用或者轮候适用。

建立独立的职务犯罪立案和调查程序,具有重要的实践意义。一方面,很好地契合了监察机关强化内部监督的要求。随着监察体制改革的深化,监察机关不仅通过设置严格的审批程序、专设内部监督部门等措施强化自我监督,而且在不断强化"纪法衔接"与"法法贯通",提升程序运行的规范化水平,防止办案人员的调查权力滥用。[1] 从理论上讲,程序分离是"纪法衔接"与"法法贯通"的前提。有学者就此指出,监察调查程序的分离可以分为形式上的、积极的程序分离与实质上的、消极的程序分离,前者主要是在法律规范层面对程序的分离进行合法化,后者则是在法律实践中程序主体、程序事项、程序措施的分离。[2] 职务犯罪立案和调查程

---

[1] 参见《〈中华人民共和国监察法〉案例解读》编写组编写:《〈中华人民共和国监察法〉案例解读》,中国方正出版社2018年版,第244—245页。
[2] 参见冯俊伟:《国家监察体制改革中的程序分离与衔接》,载《法律科学(西北政法大学学报)》2017年第6期。

序的独立化设置,就是监察案件中程序分离的关键所在,为"纪法衔接"与"法法贯通"提供了制度基础和程序保障。另一方面,有效地回应了被调查人权利保障的需要。建立独立的职务犯罪立案和调查程序,能够在一定程度上防范监察机关以违纪违法调查之名行犯罪调查之实或者以职务犯罪调查之名行违纪违法调查之实的问题,强化被调查人的权利保障。与此同时,违纪违法调查程序与职务犯罪调查程序的分离还为律师的介入、检察机关的法律监督创造了条件和可能。如前所述,当下监察调查的复合格局使检察机关的监督和律师的介入面临困境,在此背景下,职务犯罪立案和调查程序的独立设置实现了纪、行、刑分立,能够在制度层面上为律师和检察机关介入监察机关对职务犯罪的调查活动提供"物理意义上的可能性",有效地兼顾了反腐效能与程序法治的价值追求。

第四章
监察调查管辖与涉罪被调查人权利保障

提　要：立足于涉罪被调查人的权利保障，重点探讨监察调查管辖的两个问题：一是监察调查指定管辖；二是监察机关与刑事侦查机关互涉案件（以下简称"监侦互涉案件"）管辖。一方面，职务犯罪监察调查指定管辖在实践中出现了常态化适用现象，尽管提升了打击职务犯罪的效能，但也导致制度成本上升、监刑管辖衔接不畅、权利保障隐忧等问题。如何看待和应对此现象，存在审判管辖统一说与维持现状说的认识分歧。为破解由此出现的监刑管辖冲突问题，学界提出了特殊审判管辖说、异地法官当地审说等方案，实务部门则主要采取了指定下级调查、就地同级诉审模式或者指定下级调查、回转本地诉审模式。这些方案或做法尽管各有其理据和意义，但也均存在理论困局或现实难题。基于价值权衡的考量，在职务犯罪监察指定管辖制度建设方面,应当细化监察机关指定管辖的条件,纳入案件性质、情节轻重和影响大小的考量因素,严格跨地区指定管辖的适用;完善监察指定管辖程序,赋予被调查人及其近亲属对监察调查指定管辖的知情权和异议权;建构"一般回转当地诉审,例外时原地诉审"的监刑管辖衔接模式,强化衔接顺畅性。另一方面,从权利保障的视角考量,监侦互涉案件的管辖应当采取"监察+分案主导"模式,即一般情况下应当"分案处理,监察主导",例外情形下可以"并案处理,监察统揽"或"分案处理,侦查主导",由此可以实现治罪效能与权利保障的平衡。

监察管辖制度的构建,既关涉职务犯罪立案调查权的安排或归属问题,也影响着涉罪被调查人的权利保障状况。从涉罪被调查人的权利保障角度来看,当前监察机关办理的职务犯罪案件中,主要有两个方面的管辖问题特别值得研究:一是监察调查指定管辖问题;二是监侦互涉案件的管辖问题。

一、监察调查指定管辖与涉罪被调查人权利保障

在当下职务犯罪案件的办理实践中,为排除外来因素对案件办理的不当干扰,实现司法公正,监察机关对案件进行指定管辖特别是异地指定管辖,已成为一种常规操作方式。[①] 指定管辖的常

[①] 有学者指出,我国90%以上的涉及高官的职务犯罪案件都采用了指定管辖(异地审判)的模式。参见卫跃宁:《监察法与刑事诉讼法管辖衔接研究》,载《法学杂志》2022年第4期。

态化运用,不仅对刑事诉讼法确立的管辖制度特别是审判管辖制度造成冲击,加大了制度运行成本,给证人作证和犯罪地群众旁听案件审判造成了一定的困难,而且因案而异的指定管辖做法打破了被调查人及其亲属对案件调查机关的稳定预期,影响了被调查人权利的有效保障和及时救济。如何解决刑事诉讼法关于管辖的规定与监察机关常态化指定管辖实践之间的冲突,从而既合理满足职务犯罪案件监察调查的实际需要,又不致过于限缩被调查人的程序权利以及犯罪地群众对案件的知情权利,尚需进行深入研究。

(一) 立法冲突:职务犯罪监察管辖与诉讼管辖的制度碰撞

根据我国刑事诉讼法的规定,刑事案件审判管辖分为普通管辖与专门管辖,而普通管辖又分为级别管辖、地区管辖和指定管辖。实践中,审判管辖主要以法律关于纵向的级别管辖与横向的地区管辖的规定为依据加以确定,指定管辖的适用则属于例外情形。通常而言,只有在案件出现管辖不明、管辖争议或者法定管辖法院不宜管辖等情形时,才予以指定管辖。在审判管辖之外,我国刑事诉讼法并没有规定单独的侦查管辖制度,而是规定了立案管辖即公安机关、人民检察院、人民法院以及其他国家专门机关之间在直接受理刑事案件上的权限划分,从而有别于西方国家关于刑事诉讼管辖的立法模式。

1. 刑事诉讼管辖的立法模式比较

世界各国关于刑事诉讼管辖的立法模式大致可以分为两种:一是以德国、日本为代表的审判管辖中心模式;二是以俄罗斯、法国为代表的侦查管辖与审判管辖并行模式。①

---

① 参见张曙:《刑事诉讼管辖制度研究》,法律出版社2020年版,第45—75页。

在审判管辖中心模式下,刑事诉讼法只规定审判管辖,对侦查管辖不作规范;而在侦查管辖与审判管辖并行模式下,立法中同时规定侦查管辖与审判管辖,但具体立法技术有所不同,比如,法国是将侦查管辖与审判管辖先后规定①,俄罗斯则是采取"总—分"立法方式,即在第一卷"总则"第二编"刑事诉讼参与人"下面的第五章"法院"部分中规定审判管辖,在第二卷"审前诉讼程序"第八编"预先审查"下面的第二十一章"预先审查的一般条件"中规定侦查管辖。② 分析这两种模式,差别主要在于侦查管辖的相对独立性以及侦查管辖对审判管辖的变更作用,相同之处则是审判管辖制度都非常重要,法院具有对管辖的审查权和对管辖错误的变更权,而且审判管辖都不是直接对侦查管辖进行约束,其约束力主要体现为向前延伸对公诉机关的起诉管辖进行审查,而侦查管辖往往会受到审判管辖原则与规定的引导。③

我国刑事诉讼管辖的立法模式近似于审判管辖中心模式,审判管辖的原则和规定通常也适用于侦查机关的管辖活动。不过,这种立法模式与我国侦、诉、审分工的制度设计不能很好地契合,尤其在侦查指定管辖的情形下,管辖变更的合理性常常备受诟病,侦查管辖与审判管辖之间的衔接不够顺畅,因此,不少学者呼吁刑

---

① 参见《法国刑事诉讼法典》第 17 条、第 18 条、第 382 条、第 522 条,载《世界各国刑事诉讼法》编辑委员会编译:《世界各国刑事诉讼法》(欧洲卷上),中国检察出版社 2016 年版,第 544—684 页。
② 参见《俄罗斯联邦刑事诉讼法典》第 31 条、第 151—第 152 条,载《世界各国刑事诉讼法》编辑委员会编译:《世界各国刑事诉讼法》(欧洲卷上),中国检察出版社 2016 年版,第 390—392 页、第 432—436 页。
③ 参见张曙:《刑事诉讼管辖制度研究》,法律出版社 2020 年版,第 46—75 页。

事诉讼法增加侦查管辖的内容,采行侦查管辖与审判管辖并行模式。① 但无论如何,按照审判中心主义的要求,审判管辖对于侦查管辖应该具有一种指引作用,则是基本能够达成共识的。

2. 监察调查管辖与刑事诉讼管辖的制度碰撞

伴随着国家监察体制改革的推行以及《监察法》《关于加强和完善监察执法与刑事司法衔接机制的意见(试行)》(2021年1月国家监委与最高人民法院、最高人民检察院、公安部联合印发,以下简称《监刑衔接意见》)等规范性文件的颁布,职务犯罪案件办理中出现了一种新的管辖制度即监察调查管辖。监察调查管辖是在作为基本法律的《监察法》中明确规定的,并不适用刑事诉讼法的规定,因而与普通刑事案件中侦查管辖受制于审判管辖不同,职务犯罪案件中监察调查管辖不受刑事诉讼法关于审判管辖规定的制约。换言之,对于职务犯罪案件的监察调查管辖与审判管辖,《监察法》与《刑事诉讼法》分别做出了单独的规定,从而形成了中国特色的调查管辖与审判管辖并行模式。

具体而言,《监察法》第16条规定,监察委员会实行属人管辖(干部管理权限)与地域管辖相结合的原则,由此确立了监察调查管辖的一般原则。《监察法实施条例》第45条进一步明确"监察机关开展监督、调查、处置,按照管理权限与属地管辖相结合的原则,实行分级负责制"。结合《监察法》第17条的规定,即"上级监察机关可以将其所管辖的监察事项指定下级监察机关管辖,也可以将下级监察机关有管辖权的监察事项指定给其他监察机关管

---

① 比如,有观点主张,借鉴俄罗斯"总—分"式立法模式,将侦查管辖规定在刑事诉讼法分则中。参见陈卫东主编:《模范刑事诉讼法典》,中国人民大学出版社2005年版,第9—10页。

辖。监察机关认为所管辖的监察事项重大、复杂,需要由上级监察机关管辖的,可以报请上级监察机关管辖"(此系一般管辖原则的补充:指定管辖和报请提级管辖),不难得出,监察调查管辖采行的是属人管辖为主、属地管辖为辅、特殊情况下指定管辖或者报请提级管辖的原则。由此,职务犯罪案件中监察调查管辖与刑事审判管辖之间就出现了一定的紧张关系。主要表现在:

其一,刑事审判管辖实行"属地管辖为主,属人管辖为辅"的原则,监察调查管辖则遵循着不同的立法逻辑,实行的是属地管辖从属于属人管辖的原则,因而监察机关对于职务犯罪的涉案公职人员如果不具有管理权和监督权的话,是没有办法启动监察调查的。比如,"有的垂直管理单位,仅工作地点在地方,干部管理权限、党组织关系均在主管部门,纪检监察工作则由派驻到其上级主管部门的纪检监察组进行管理,但涉及某些党纪处分时,须通过该单位驻地党委或工委履行相应程序。再如,有的省属单位虽不是垂直管理单位,但其干部管理权限、党组织关系均在主管部门,工作地点在地方,地方纪委监委也不向其派驻纪检监察组,由省纪委监委派驻到其上级主管部门的纪检监察组进行管理"[①]。对于此类监察对象涉嫌职务犯罪的案件,根据2019年公布的《监督执纪规则》第8条的规定,按照"谁主管,谁负责"的原则,应当由设在主管部门、有管辖权的纪检监察组进行管辖,当地纪检监察机关无权对其调查和处置。不过,由于派驻纪检监察组"相对地方纪委监委,人员力量、办案能力和办案经验明显不足,甚至一些调查、处置手段以前从未接触,在调查和处置职务违法和职务犯罪案件方面,

---

[①] 王群牛:《工作地点与干部管理权限分开的监察对象,如何确定管辖?》,载《中国纪检监察报》2018年5月30日第8版。

严重依赖地方纪委监委支持配合的情况很难在短期内改变"①,因此实践中设在主管部门、有管辖权的纪检监察组常常会与当地纪检监察机关联合监察调查或者直接指定当地纪检监察机关进行监察调查。此种情形下,由于主管部门的纪检监察组与驻地纪检监察机关分处不同地方,因而监察调查管辖与刑事审判管辖之间的关系欠缺稳定性。不仅如此,由于对同一职务犯罪案件的监察调查和审判,需要分别依据监察法律法规和刑事诉讼法律规范来进行,因而在监察调查管辖与审判管辖上难以直接对应,监察机关、检察机关和审判机关之间为此必须进行一定的沟通和协调。

其二,在当下职务犯罪案件特别是级别较高、影响较大的职务犯罪案件办理中,虽然不存在上述监察对象的工作地点与干部管理权限相分离的情形,但是为了排除外来的不当干扰,减少办案阻力,监察机关常常采取指定管辖的做法,使本属于例外情形的指定管辖出现常态化适用的现象,从而加剧了监察调查管辖与刑事审判管辖的冲突。

(二) 问题检视:职务犯罪监察调查指定管辖的实践展开

1. 国家监察体制改革前后职务犯罪指定管辖的变迁

职务犯罪案件出于排除外来干扰考虑而进行指定管辖,大致肇始于2001年的辽宁"慕马案"②。该案犯罪嫌疑人马向东的妻子在马向东被调查之初加紧转移赃款,四处打点,订立攻守同盟,并买通狱警与马向东进行联络,严重干扰了办案活动,为此,中纪

---

① 王群牛:《工作地点与干部管理权限分开的监察对象,如何确定管辖?》,载《中国纪检监察报》2018年5月30日第8版。

② 参见《沈阳"慕绥新、马向东"案查处纪实》,百度百科。

委与最高人民法院、最高人民检察院协调后,决定将此案指定江苏省纪检部门管辖。这种指定管辖模式在此后的职务犯罪案件办理实践中得以沿用,并呈现出以下特点:

第一,指定管辖主要适用于高级别官员的职务犯罪案件。有研究发现,"2010年之后职务犯罪异地管辖模式的适用率总体呈上升趋势,94%的职务犯罪案件实行异地管辖模式。其中,地方重大职务犯罪案件一律适用异地管辖,适用率为100%"①。原因主要在于:一是高级别官员职务犯罪案件的案件数量在所有案件中占比相对较小,有克制地适用指定管辖可以减少对审判管辖的冲击。二是高级别官员的影响力较大,常常"盘根错节,树大根深",对案件办理工作的干扰能力强,因而指定管辖往往重点适用于高级别官员职务犯罪。三是指定管辖会耗费较多的司法资源,涉及多部门之间的协作乃至相关利益方的博弈,所以指定管辖的程序成本使其只能局限于高级别官员的案件办理过程中。

第二,指定管辖往往是纪、侦、诉、审等多机关协调的结果。有研究指出,职务犯罪案件中,指定管辖决定的作出是一种协商性的政治判断机制,且涉及的官员级别较高,因而多是由省级或省级以上的监察机关、检察机关、法院协调作出②,有些影响力大的案件,往往在跨省级行政区域之间展开,需要由中央一级的部门负责协调。多部门协调过程中,往往考量多重因素,其中既有排除干扰、保证司法公正的考量,也有为便于案件的侦查与审理而将有关联性的案件进行相同的指定管辖处置,还有案件的管辖涉及一定的

---

① 谢小剑、崔晓立:《重大职务犯罪案件异地管辖实证分析》,载《昆明理工大学学报(社会科学版)》2018年第1期。
② 参见龙宗智、白宗钊、谭勇:《刑事诉讼指定管辖若干问题研究》,载《法律适用》2013年第12期。

管辖利益,包括大要案件办理使得办案单位获得较大的社会影响和声誉、案中罚没款物上缴财政后的返回或变相返回等。①

第三,指定管辖案件的诉、审机关一般具有对应关系,但侦查机关与诉、审机关通常并无明显的级别对应关系。有学者指出,"省部级以上高官一般由最高检或省级检察机关立案侦查,地厅级官员一般由省级或地市级检察机关立案侦查。而起诉、审判的指定管辖一般都是由地、市级检察院和中级人民法院负责,从未出现省部级以上高官由最高检或省级检察机关侦查终结后,移送省级检察机关提起公诉,并由高级法院作出一审判决的案例"②。换言之,在指定管辖的案件中,公诉机关与审判机关往往具有对应关系,这种对应符合刑事诉讼法对于审判管辖的一般理解,但负责侦查的机关与诉、审机关之间不具有必然对应关系,许多案件中侦查机关的层级往往高于诉、审机关的层级。这是因为,大要案或者有重大影响的案件往往意味着侦破难度较大,由高层级的机构负责侦查更有助于尽快突破案件,至于公诉和审判工作,鉴于目前检法人员的职业素养和办案能力整体上已达到了较高水平,所以层级相对较低的检法机关完全能够胜任。

伴随着国家监察体制的改革,职务犯罪调查权转隶监察机关,职务犯罪监察调查指定管辖出现了一些新变化。

其一,监察指定管辖的条件降低,适用更为灵活。根据《刑事诉讼法》第 27 条和《最高人民法院关于适用〈中华人民共和国刑事诉讼法〉的解释》第 18—20 条的规定,审判指定管辖要求必须存

---

① 参见龙宗智、白宗钊、谭勇:《刑事诉讼指定管辖若干问题研究》,载《法律适用》2013 年第 12 期。
② 张兆松、丁阿楠:《职务犯罪案件异地管辖之完善》,载《浙江工业大学学报(社会科学版)》2016 年第 3 期。

在审判管辖不明、管辖争议或不宜管辖等特殊情形,但监察指定管辖与此有别。《监察法实施条例》第48条尽管就上级监察机关对于下级监察机关管辖的职务违法和职务犯罪案件指定其他下级监察机关管辖明确要求具有"管辖有争议的、指定管辖有利于案件公正处理的、下级监察机关报请指定管辖的、其他有必要指定管辖的"等情形,但对上级监察机关将其所辖案件指定下级监察机关管辖的条件未作具体限制,这就意味着上级监察机关对其所辖案件的指定管辖可以灵活进行。实践中,监察机关作为法定的反腐败专责机构,在国家权力体系中具有较大的话语权,协调能力也强,加之为排除对办案的外来干扰等考虑具有强烈的指定管辖意愿,因而监察指定管辖的适用显著增多,呈现出频发性、普遍化的态势。

据考察,在职务犯罪尤其是厅级以上官员的职务犯罪案件中,采取指定管辖的方式进行监察调查已经成为一种常态。有学者指出,"对于官员级别为省级以上的,往往会选择跨省进行异地管辖,对于官员级别为市/县级的,往往在本省内进行跨市或者跨县管辖"[1]。另有学者通过检索中央纪委(国家监委)官网权威发布的中管干部涉嫌职务犯罪案件的司法管辖状况发现,"自党的十八大以来,中央纪委权威发布的移送司法处理的案件有180多件,这些案件全部是由国家监委调查或者联合地方监委共同调查完毕后,商请最高司法机关指定市级司法机关审查起诉和审判。由此可见,重大职务犯罪案件的指定管辖已常态化"[2]。笔者在"小包公

---

[1] 袁相亭、刘方权:《监察与司法的管辖衔接机制研究》,载《交大法学》2019年第4期。
[2] 邓思清:《我国重大职务犯罪案件指定管辖制度研究》,载《政治与法律》2022年第6期。

法律 AI 智能类案检索平台"上,以"刑事案件+一审程序+贪污贿赂罪、渎职罪"为条件检索了 2019 年 1 月 1 日至 2022 年 12 月 31 日期间的相关案件判决书,得到 13,146 件,再增加"指定管辖"①的检索条件进行检索,得到 2471 件,占比为 18.8%;倘若改以"刑事案件+一审程序+贪污贿赂罪、渎职罪+中级人民法院②"为条件检索 2019 年 1 月 1 日至 2022 年 12 月 31 日期间的相关案件判决书,则得到 412 件,再增加"指定管辖"的检索条件进行检索,得到 143 件,占比为 34.7%。而根据最高人民法院的统计,国家监察体制改革以来,全国法院系统每年审结贪污贿赂犯罪、渎职犯罪等案件 2.5 万件左右。③ 两相对比,可以发现,相当多的贪污贿赂犯罪、渎职犯罪案件因敏感复杂等原因未予公开。访谈中得知,在职务犯罪监察实践中,越是敏感复杂的案件,监察调查指定管辖的可能性越大。由此推知,监察调查指定管辖的比例实际上会高于上述比例。

其二,被调查人的职务级别在监察机关决定是否指定管辖的考量中重要性下降。各级监察机关除了对本地区内被调查的较高级别官员④指定管辖,对于本地区内级别不高的官员也时常采取指定管辖的方式进行调查。比如,在北京市公安局通州分局刘某受贿案中⑤,刘某是某派出所警员,工作单位在通州区,犯罪行为

---

① 根据判决书中监察机关的《指定管辖决定书》等信息,判断出案件监察调查指定管辖的情况。
② 依据法律规定,中级人民法院作为一审法院审理的职务犯罪案件通常属于严重职务犯罪案件或者疑难复杂有重大影响的案件。
③ 参见 2018—2022 年最高人民法院院长在全国人民代表大会上所作的《最高人民法院工作报告》。
④ "较高级别"是一个相对性的表述。比如,县处级在整个官员体系中不属于高级别官员,但在其工作的区(县)行政区域或相应级别的机构中则属于高级别官员。
⑤ 参见北京市朝阳区人民法院(2017)京 0105 刑初 2675 号刑事判决书。

也发生在通州区,但案件指定朝阳区监察机关管辖,与该案相关联的潘某、王某、张某等的行贿案件也随之指定管辖;再如,湖南省首例监察委移送起诉的案件,被调查人郑某某是该省张家界市武陵源区卫计局原党组书记、局长,正科级干部[①],级别不高,但依然适用了指定管辖程序进行调查。可见,监察机关在考虑是否指定管辖的过程中,对于被调查官员的级别已不再像以前那样重视,只要案情需要,低级别官员的职务犯罪案件也可能会被指定管辖。

其三,监察指定管辖的类型更为多元化。从地域上看,监察指定调查可以分为异地指定调查与本地指定调查。《监察法》第17条规定"上级监察机关可以将其所管辖的监察事项指定下级监察机关管辖,也可以将下级监察机关有管辖权的监察事项指定给其他监察机关管辖"。后者属于典型的异地调查,即便是前一种情形下,实践中,上级监察机关将其管辖的监察事项指定犯罪地和被告人居住地以外的异地进行调查的情况也时常可见。

其四,监察机关对于职务犯罪案件是否指定管辖发挥着决定性作用。如前所述,在国家监察体制改革前,囿于纪委介入案件的范围受限以及介入司法处理的正当性面临质疑,因此指定管辖主要依赖于纪委与检察机关、法院之间的协调,通常来讲纪检监察机关的作用很难说得上是决定性的。但在国家监察体制改革之后,监察机关在决定案件调查是否采取指定管辖以及案件经指定管辖调查完成后的移送衔接方面均占据主导性。上级监察机关通常根据某地检法机关的办案力量和水平,决定指定某地监委办案,并协调检法机关予以配合、提起公诉和进行审判。

其五,指定管辖的目的在某种意义上已从工具性的追求转向

---

① 参见湖南省桑植县人民法院(2018)湘0822刑初55号刑事判决书。

价值性的考量。当下监察实践中,指定管辖的适用目的已从以往的排除干扰、保障顺利办案向维护司法正义转变。换言之,监察调查指定管辖不再仅仅是作为一种程序性工具,而是开始承载起维护法律正义、维护司法公信力的价值追求,发挥重要的示范效应。监察机关对被调查人采取指定管辖的措施,不见得是简单地基于防范被调查人一方干扰办案的考虑,而更多的可能是借此彰显党和国家在反腐败方面的公正性与公信力。

2. 职务犯罪监察调查指定管辖衍生的问题

指定管辖提升了对职务犯罪的打击效能,增强了监察机关反腐败工作的威慑力和公信力,但也存在一些需要解决的问题。

首先,监察调查指定管辖缺乏统一的可操作性要求,其适用具有任意性。一方面,如前所述,《监察法》和《监察法实施条例》等规范性文件均未对上级监察机关将其所辖案件指定下级监察机关管辖的行为设置必要的条件,监察机关对指定管辖的启动基本不受限制。另一方面,监察指定管辖实践中的做法不一,存在多种操作模式,指定管辖随意性过大、适用混乱的问题颇受诟病。[①] 此外,正如有实务人员所担忧的,"如果指定异地管辖过多、过滥,随意性较大,不仅有违刑事诉讼法关于案件管辖的原则,也存在异地办案增加办案成本,基层检察院向上级要案件、检察院之间争案件的弊端和问题"[②]。

其次,监察调查指定管辖尤其是异地指定管辖会给监察机关收集、调查和固定犯罪证据造成不便,也不利于证人等参与监察调

---

① 参见俞新民、常祯:《职务犯罪案件管辖权争议问题探析》,载《中国检察官》2019年第17期。

② 刘利军、邱磊:《关于职务犯罪案件的指定异地管辖》,http://www.fuyang-yz.jcy.gov.cn/jcyw/201409/t20140915_1466226.Shtml,2022年12月26日访问。

查和刑事诉讼活动,进而影响了诉讼效率的提高,同时妨碍乃至湮灭了犯罪地群众旁听案件审判的热情和可能,不利于最大化地发挥审判程序的法治宣传功能。

再次,监察调查指定管辖案件的监刑衔接不畅。一是监察调查与检察公诉的衔接不畅。在监察调查指定管辖的职务犯罪案件中,当监察机关调查结束后,应当由负责调查的监察机关所在地的检法机关接续案件的起诉和审判,还是应当移送对被调查人具有干部管辖权的监察机关所在地的检法机关进行后续的起诉和审判程序,办案机关存在不同的认识,实践中也有不同的做法。此外,职务犯罪案件办理过程中往往会涉及检察机关提前介入或者退回补充调查的问题,因而由何地检察机关与监察调查机关进行对接,就显得十分重要,如果对接不畅,也会影响案件办理质量和被调查人权益的保障。二是监察调查与法院审判的对接面临困难。不少监察调查指定管辖案件中,被指定的下级监察机关在调查终结后,需要与上级检、法机关进行对接,因而在程序、证据衔接方面出现不同级别的机关进行对话现象。当不同机关之间的协调出现问题时,法院可能会拒绝接案,导致只能重新协调指定审判机关。① 因为对于普遍案多人少的法院来讲,接受指定管辖的案件本就不属于分内工作,加之还要承受司法责任制的压力,因而推掉一些被指定管辖的疑难复杂案件,不仅能够规避责任风险,而且也不违反审判管辖的一般规定。

最后,但并非最不重要的,被调查人的权益保障遭受不利影响。主要表现在:

---

① 参见龚雄艳:《监察指定管辖疑难问题辨析》,载《中国纪检监察报》2020年4月22日第8版。

一是监察调查指定管辖的行政色彩较强,程序安定性不足,被调查人及其近亲属对案件管辖地和负责办案的监察司法机关难以形成稳定预期。从理论上讲,设立管辖制度的重要功能之一,是让当事人对办案机关具有可预测性,保障程序安定,但指定管辖通过对犯罪地等通常可预测地点的规避,削弱了程序安定性,因而需要将其控制在合理限度内,以免出现价值失衡,过于减损被调查人及其近亲属的程序安定利益。

二是监察调查管辖与刑事诉讼管辖的对应性不足,被调查人的合法权益面临危险。监察机关在案件调查终结之后移送审查起诉和审判时,实践中存在与起诉、审判机关的衔接不畅问题。一方面,会导致诉讼期间被拉长、补充调查活动受到不利影响,不仅造成工作效率的降低,而且会出现"隐性"乃至"显性"的超期羁押现象;另一方面,还可能会造成后续的诉审活动难以对监察调查形成有效的制约与监督,妨碍庭审实质化的实现和被调查人辩护权的落实。

三是监察机关为解决一些重大职务犯罪案件的关联案件的处理,有时会对一些普通公职人员跨省指定管辖,导致后续的起诉和审判活动都需指定管辖。相应地,被指定管辖的检法机关与此案既没有"人"上的联系,也没有"事"上的联系,既不是犯罪行为地也不是犯罪结果地。尤其是一些案件经指定管辖后,在监察调查地进行审判,可能会出现一个案件的同案犯关联犯罪在全国各地分别进行审判的现象,不利于法院对整个案件定罪、量刑的比较和平衡。有时一些小案先作出判决,而相关联的重大案件甚至此案关键人物到最后才作出判决,容易出现主犯和关联案件量刑的不平衡;有时一些关联案件为了等待主犯案件的判决,审判会不断延期,久拖不决,导致被告人长期在押。

四是被调查人及其近亲属对监察调查指定管辖的知情权和异议权缺失。在职务犯罪调查实践中,指定管辖通常由监察机关单方做出,被调查人及其近亲属既无请求权,也没有异议权,无法参与和影响指定管辖的决定过程和结果。实践中,监察指定管辖常常导致被调查人被动地接受异地审判,可能会不当的影响被调查人的权益保障。比如,由于相同数额的贪贿犯罪在经济贫困地区的量刑通常要重于经济发达地区,因而任职于经济发达地区的公职人员倘若因贪贿犯罪被指定在贫困地区接受监察调查和法院审判,则量刑上相对会重一些。实践中,就出现了不少被告人以指定管辖不当为由对一审裁判提起的上诉。比如,在徐钟徇私枉法罪二审案中,原审被告人徐钟在上诉事由中称,该案在麒麟区监察委员会调查终结后,应当向本行政区域的麒麟区检察院移送审查起诉,因而一审法院富源县人民法院对本案无管辖权。[1]

(三)聚讼纷纭:职务犯罪监察调查指定管辖的问题化解

对于监察调查指定管辖泛化及其与刑事诉讼管辖的冲突问题,学界给予了一定的关注和研究,但在如何认识和应对上存在较大的认识纷争。

1. 监察调查指定管辖泛化的现象评判与观点分歧

针对实践中监察调查指定管辖泛化现象,目前主要存在两种差别较大的观点:

一是审判管辖统一说。主张职务犯罪案件的监察调查管辖应

---

[1] 参见云南省曲靖市中级人民法院(2021)云03刑终127号刑事裁定书。

当遵循刑事审判管辖的原理,坚持法定管辖为原则,指定管辖为例外。①审判管辖统一说旨在增强职务犯罪监察调查管辖的统一性,提高被调查人及其亲属以及社会公众对监察调查管辖的可预测性,但未能充分虑及我国职务犯罪监察调查的特殊性以及当前反腐败工作面临的现实难题,可能存在实践合理性不足的问题。当前我国对于职务犯罪的监察调查采取指定管辖做法,有助于排除外来的不当干扰,提升反腐败工作的效果②,而如果严格套用审判管辖制度来规范监察调查管辖,可能会对刚刚取得的反腐败压倒性胜利③造成冲击。

二是维持现状说。持此论者认为,《监察法》以人为根据的管辖划分理念与《刑事诉讼法》以案为根据的管辖划分理念是由其不同的价值追求所决定的,而且职务犯罪仅是监察调查和审查起诉体系的组成部分,因而期望通过彻底重构其中一方的管辖制度以消除衔接障碍的路径并无可行性,进而主张加强监察机关与检察机关案件的程序对接,通过充分运用指定管辖来实现两者之间的高效衔接④,或者主张完善沟通协调机制和法院指定管辖决策机制,建立法院指定管辖异议考量制度。⑤ 此种观点充分肯定了监察指定管辖的必要性,也认识到了过于倚重监察指定管辖的问

---

① 参见重庆市纪委监委案件审理室:《加强协作配合推动法法衔接高效顺畅——落实监察法对案件审理工作的新要求(五)》,载《中国纪检监察报》2018年7月25日第8版;孟穗、冯靖:《监察调查与刑事诉讼的衔接问题研究》,载《河北法学》2019年第4期;等等。

② 参见任学强:《论职务犯罪案件指定管辖决策机制的行政化及其矫正》,载《河北法学》2018年第1期。

③ 参见《中国共产党第十九届中央纪律检查委员会第三次全体会议公报》。

④ 参见吕晓刚、符慧敏:《职务犯罪案件监察调查与审查起诉管辖衔接的壁垒及其破解》,载《四川警察学院学报》2022年第4期。

⑤ 参见赵飞:《加强完善监察机关指定管辖》,载《发展》2019年第5期。

题,但对于如何解决监察指定管辖适用泛化现象采取了回避态度,将关注重心放在监察调查与刑事管辖的衔接上,因而难以从本源上切实解决监察调查指定管辖自身的问题。

2. 监察调查指定管辖与刑事诉讼管辖的衔接方案

(1)监刑管辖衔接的学理方案。对于监察调查指定管辖衍生的监刑管辖冲突问题,学界主要提出了两种解决方案:

一是特殊审判管辖说。主张对监察机关调查的职务犯罪案件采取特殊审判管辖原则,即省级以下监察机关调查终结的职务犯罪案件,由同级人民检察院、人民法院分别审查起诉、审理;对于国家监察委员会调查的职务犯罪案件,由最高人民检察院、最高人民法院协商指定同一地的省级人民检察院、人民法院分别负责案件的起诉、审判工作。① 此种方案虽然有助于强化刑事诉讼管辖的确定性和可预测性,但由于未能触及监察调查管辖与审判管辖的冲突根源,因而难以对二者在管辖原则上的根本冲突进行有效调适,而且可能引发诸多问题。这是因为省级以下监察机关调查终结的职务犯罪由同级检察机关、审判机关负责起诉和审理,看似符合审判管辖的要求,但依照目前"干部管理权限"的标准,省级以下监察机关在确定调查管辖时容易出现管辖机关地位相对偏高的问题。比如,由于地市级监察机关无权对该市所有的官员行使管辖权,部分官员按照管理权限应该由省级(上一级)监察机关管辖,因而当这部分官员涉嫌职务犯罪时,按照"特殊审判管辖说"的观点,应当由同一级的省级监察机关、检察机关、审判机关负责案件调查、审查起诉和审理,但这可能会不当地加重最高人民法院

---

① 参见阳平:《我国监察管辖制度体系的构成及完善》,载《法治研究》2020年第6期。

作为二审法院的工作负荷。事实上,无论是基于法理还是立法,除非案情极为特殊,此类案件由地市级法院作为第一审法院更为适宜。此外,"特殊审判管辖说"主张将国家监察委员会调查案件的诉、审活动直接交由省级检、法机关管辖,也会不当地加大省级法院的办案压力,与我国刑事诉讼法关于法院级别管辖的立法精神相冲突,鉴于此类职务犯罪案件系大要案件,被调查人通常会被判处无期徒刑或死刑,因而遵循刑事审判级别管辖的规定精神,在制度安排上交由中级人民法院审判即可。

二是异地法官当地审说。该观点主张,为了克服当前异地指定管辖的弊端,应当采取"异地法官当地审"模式,即按照现有的指定管辖制度选定"审判"法院,然后由指定的"审判"法院指派法官前往犯罪地法院组成合议庭审理案件,并逐渐过渡到"法定管辖"为主,"指定管辖"为辅的模式。① 该建议的合理性也值得斟酌。其因在于职务犯罪案件的审判并非某一法官个体的孤立行为,"异地法官当地审"需要调动整个审判团队、检察公诉团队和律师团队协力进行,而且案件宣判之前通常还要经历较长时间的准备乃至开展异地调查活动,由此必然需要增加大量的司法资源和诉讼成本,影响诉讼效率。

可见,关于职务犯罪案件的监刑管辖衔接,上述两种学理方案尽管各有其理据和意义,但也均存在一定的问题。

(2)监刑管辖衔接的实践模式。与上述学理方案有别,实践中,办案机关在监刑管辖衔接方面主要采取了两种模式:

---

① 参见卫跃宁:《监察法与刑事诉讼法管辖衔接研究》,载《法学杂志》2022年第4期;卫跃宁:《高官犯罪异地审判之检讨 "异地法官当地审"更妥当》,载《人民论坛》2013年第4期。

第一种是指定下级调查、就地同级诉审模式。即被指定管辖的监察机关对案件调查终结后，就地移送与负责调查的监察机关相对应的同级检察机关、法院进行审查起诉和审判。这是监察指定管辖案件中常见的操作模式。① 比如，西安市监委与市检察院、市法院联合出台的《职务犯罪案件协作配合工作实施办法》就确立了此种衔接模式。该办法规定："在规范办理指定管辖方面，由市监委指定各区县监委管辖的案件，原则上由区县监委所在地的检察院、法院办理决定逮捕、审查起诉和刑事审判。各区县监委在移送职务犯罪案件前，应协调当地检察院、法院申请指定管辖，并提前向市监委报告。由市监委向市检察院、法院通报相关案件信息，协调指定管辖事宜。"②

该模式不仅有助于排除外来干预，提升法律的公正性和权威性，而且监察机关与检察机关、审判机关可以较为方便地沟通和交流，也便于刑事审查起诉阶段和审判阶段实施退回补充调查和变更公诉活动，方便被调查人出庭，但其也存在明显的局限性。主要表现在：一是与审判管辖不对接，导致移送司法机关后频繁出现检法机关的被动指定管辖现象，由此整个案件的处理需要多重指定管辖和协调工作。二是由于案件的调查、审查起诉和审判活动均在犯罪地以外的其他地方开展，因而提高了证据收集、固定和质证的成本，加大了当事人及其他诉讼参与人参与监察调查和诉讼活动的时间成

---

① 参见信某贪污案，山东省桓台县人民法院（2018）鲁0321刑初384号刑事判决书；蒋某某挪用公款案，山东省鱼台县人民法院（2019）鲁0827刑初202号刑事判决书；邓某某受贿案，江苏省连云港市中级人民法院（2019）苏07刑初54号刑事判决书；王某某受贿案，山东省泗水县人民法院（2019）鲁0831刑初160号刑事判决书。

② 《西安出台职务犯罪案件协作配合工作实施办法》，https://www.ccdi.gov.cn/yaowen/202006/t20200601_219228.html，2023年6月9日访问。

本和经济负担,影响了案件办理的教育警示效果。三是由于调查地的纪检监察机关对于被调查人没有党纪和政纪处分权,因而实践中,如果被科予刑事处罚的被调查人同时还需要给予党纪、政纪处分时,仍然避免不了要将其移送回工作单位所在地,并交由对其有干部管辖权的纪检监察机关做出开除公职、开除党籍等党纪政纪处分。

第二种是指定下级调查、回转本地诉审模式。即被指定管辖的监察机关对案件调查终结后,移送回对被调查人有干部管辖权的监察机关所对应的同级检察机关、法院进行审查起诉和审判。该模式通常适用于被调查人为省或市直属单位的公职人员。以地市级市直单位的被调查人为例,实践中,如果其干部级别属于市管干部,则该市监察机关出于案多人少等因素,就可能选择指定该单位驻地所在的县(区)之外的下一级监察机关进行调查,待调查结束后,再通过协调将案件移送回其对应的市级检法机关进行后续的起诉和审判活动。①

该模式的优势在于监察管辖与审判管辖可以顺畅对接,减少了检法机关的被动指定管辖,方便当事人及其他诉讼参与人参与审查起诉和审判活动,节约运行成本,提高当事人、社会公众对案件管辖机关的稳定预期,还有助于避免"调查绑定审判"现象,提高审判活动的教育警示效果。不过,该模式存在的问题是:在审查起诉或审判阶段需要退回补充调查或变更公诉活动时,会出现程度不同的衔接障碍,监察机关的调查小组通常在将案件移送司法机关以后就予以解散,加之,与检法机关相距较远,因而监察机关

---

① 参见辛某受贿案,江苏省连云港市中级人民法院(2019)苏07刑初13号刑事判决书;刘某某受贿案,江苏省南京市中级人民法院(2019)苏01刑初62号刑事判决书。

可能很难给检法机关一个满意的反馈。此外,在审查起诉和审判阶段如何有效防范外来干扰,也是需要重点加以解决的问题。

综上,对于职务犯罪案件办理中的监刑管辖衔接,不仅学术界存在不同的认识和观点,实践中的做法也不统一,缺乏规范,这就容易导致管辖秩序混乱,影响被调查人的权益保障。2021年国家监委与最高人民法院、最高人民检察院、公安部联合印发的《监刑衔接意见》规定,上级监察机关指定或者交由下级监察机关进行调查,依法需要指定起诉、审判管辖的案件,应当在移送起诉前由该上级监察机关与同级人民检察院、人民法院协商指定管辖事宜。这虽然明确了监察指定管辖案件中监察管辖与起诉、审判管辖之间的协调处理机制,但并未具体回答监察调查终结后是就地同级诉审还是回转本地本级诉审抑或采取其他诉审方案的问题。因此,如何强化监刑管辖衔接,仍需进行研究。

(四)价值权衡:职务犯罪监察调查指定管辖的制度发展

监察调查指定管辖的常态化运用,尽管便利了反腐败工作的有效开展,提高了职务犯罪控制能力,具有较强的实践合理性,但当反腐败工作取得压倒性胜利之时,特别是从推进全面依法治国战略的实施和加强被调查人权益保障的角度来看,应当逐步调整监察调查指定管辖的适用理念,在考虑职务犯罪特殊性的同时,应当重视职务犯罪案件的程序安定性、诉讼经济性、庭审普法功能和被调查人的权益保障,严格监察调查指定管辖的案件范围,完善监察调查指定管辖程序,优化监察调查管辖与刑事诉讼管辖的衔接机制,强化被调查人及其亲属对监察调查管辖的可预测性。

1. 限制职务犯罪监察调查指定管辖的范围

首先,严格职务犯罪监察调查指定管辖的条件。改变过于灵活的跨地区指定管辖做法,强化职务犯罪监察调查管辖的确定性和可预测性,提升对司法审判的信任。① 根据社会发展状况和反腐败形势的变化,尽快将监察调查指定管辖的范围限定在案件管辖不明、需要回避或者案情复杂等不宜由原有权管辖机关管辖的情形;对于管辖权属明晰、案情不复杂且不需要回避的案件,一般不宜指定管辖。究其原因,正如有学者所指出的,在论证指定管辖必要性时,不能寄希望于作为一项例外情形规定的指定管辖制度,来彻底消除地方保护主义、部门保护主义和其他因素的不当干扰,而应当建立在社会发展、法治进步和司法人员职业素养提高这样牢靠的基础之上。② 此外,调研中笔者了解到,监察指定管辖客观上起到了调节办案资源分配的作用,一些案件之所以指定管辖,主要原因就是原有权管辖的监察机关受理案件较多、办案压力较大,因而通过指定管辖方式来实现办案资源的合理调配。③ 但笔者认为,应当避免监察实践中存在的这种单纯为了化解原有权管辖机关较重的办案负荷而指定管辖的现象④,以免不当地损害监察管

---

① 正如有学者指出的,刑事诉讼管辖的基本功能决定在理论上应以管辖确定性为价值目标,尽量避免不同司法机关因管辖争议或不明导致积极冲突和消极冲突。参见熊秋红、余鹏文:《我国刑事诉讼管辖体系之完善》,载《法学杂志》2022年第4期。

② 参见熊秋红:《刑事管辖权刍议》,载陈泽宪主编:《刑事法前沿》(第5卷),中国人民公安大学出版社2010年版,第168页。

③ 这种将案件负荷状况作为决定是否指定调查管辖的重要考虑因素的做法,也得到了最高监察机关的认可。参见中共中央纪律检查委员会、中华人民共和国国家监察委员会法规室编写:《〈中华人民共和国监察法〉释义》,中国方正出版社2018年版,第119页。

④ 将案件负荷状况作为决定是否指定管辖的重要考虑因素,也得到了最高监察机关的认可。参见中共中央纪律检查委员会、中华人民共和国国家监察委员会法规室编写:《〈中华人民共和国监察法〉释义》,中国方正出版社2018年版,第119页。

辖制度的稳定性和权威性。至于当前一些监察机关面临的办案压力过大问题,可以通过加强监察系统内部人员的统一调配等方式加以解决。申言之,不能为了解决某一暂时性、个别性的实践问题,损害长远性、普遍性的监察制度权威性。

其次,完善监察案件级别管辖的制度设计。在干部管理权限的确定标准之外,辅之以案件性质、情节轻重和影响大小的考量,以减少监察调查管辖与刑事审判管辖的不对应现象。比如,按照干部管辖权限,被调查人属于地市级监察机关管辖,但其工作单位在该市所辖县级行政区域中,如果依照目前的监察调查管辖规定,应当由地市级监察机关负责调查,但对于简单轻微、影响不大的案件,地市级监察机关意图指定给所辖县(区)监察机关调查时,就存在诸多监察调查与刑事诉讼的衔接困难,而如果在监察调查管辖的确定标准中引入案件性质、情节轻重和影响大小等,则此类简单轻微、影响不大的案件就无须指定管辖,直接由县区级监察机关进行调查,后续诉、审活动的开展会更加顺畅。

2. 赋予被调查人对监察调查指定管辖的知情权和异议权

为强化职务犯罪监察案件的正当程序建设,应当赋予被调查人及其近亲属对监察调查指定管辖的知情权和异议权。一方面,监察机关在作出指定管辖决定后,应当及时告知被调查人及其近亲属被指定的监察机关,同时将被调查人的羁押场所告知被调查人的近亲属。监察调查终结后,监察机关还应当将调查结果、处理意见及时告知被调查人及其近亲属。另一方面,对于监察机关指定管辖的决定,被调查人不服的,有权基于回避等事由向行使指定管辖权的上级监察机关提出异议,质疑被指定监察机关的正当性,请求变更监察调查机关,上级监察机关应当重视和积极回应被调查人提出的诉求。

3. 重构监察指定管辖与刑事诉讼管辖的衔接模式

对于监察调查指定管辖案件,无论是常态化适用的当下,还是例外情形下方可适用的未来,均应采取有效措施实现监察调查管辖与刑事诉讼管辖的顺畅衔接,提高诉讼效率,节约诉讼成本。基于前文的讨论,笔者认为,应当完善目前监察调查指定管辖实践中的监刑管辖衔接做法,确立"一般回转当地诉审、例外时原地诉审"的混合型衔接模式。①

根据《纪律处分条例》《监察法》等规范性文件的规定,纪检监察机关根据干部管理权限对公职人员统一行使监督权、审查/调查权和处置权。但在监察调查指定管辖的案件中,对被调查人的监察调查权与纪律处分、政务处分权分属于两个不同的(纪检)监察机关,由此造成调查权行使主体与处分权行使主体的分离。在此情况下,如果仅从刑事追诉的角度来看,案件调查终结后无须再移送回转对被调查人有干部管辖权的(纪检)监察机关,因而前述"指定下级调查、就地同级诉审模式"具有相对的合理性;但如果同时考虑到对被调查人通常还要科处纪律处分或政务处分,因而案件移送司法机关进行刑事追诉以后仍然还须移送回转对被调查人有干部管辖权的(纪检)监察机关做出党纪处分或政务处分,而且党纪政纪处分做出前通常还会进行独立的调查审查,特别是如果再虑及后续的检法机关在审查起诉、审判阶段对监察机关移送的犯罪事实有可能不予认定或者作出不起诉决定,从而需要移送回转对被调查人有处分权的纪检监察机关做出政纪处分,那么前述"指定下级调查、回转本地诉审模式"具有相对合理性。

---

① 山东省东营市人民检察院田开封副检察长对此观点的形成做出了重要贡献,在此致谢。

综上分析,为了保障被调查人对诉审机关的稳定预期,维护被调查人的合法权益,更好地平衡监察调查管辖制度设计所关涉的诸多冲突性价值,对于职务犯罪监察指定管辖案件,应当采取原则上回转当地诉审、例外情形下原地诉审的混合型监刑管辖衔接模式。即在监察调查指定管辖的案件中,除国家监委指定管辖的案件以及因回避等少数特殊情况需要指定调查机关的同级检法机关进行后续诉审活动的案件可以采取"就地同级诉审模式"外,一般应当由对被调查人有党纪政纪处分权的(纪检)监察机关所在地自然获得审判管辖权。在具体个案中,则根据刑事诉讼法关于审判级别管辖的规定,参照案件性质、被告人可能判处的刑期以及社会影响大小等因素,分别由对被调查人有党纪政纪处分权的(纪检)监察机关所在地的不同层级的法院作为第一审法院,同时由对应的同级检察机关审查起诉。换言之,监察指定管辖案件调查终结后,原则上应当直接移送回转有处分权的监察机关所在地进行最终处理,并根据具体案情移送相对应的检法机关进行起诉和审判,无须再协调和指定负责诉、审的检察院和法院。

如此构建监察调查指定管辖案件的监刑衔接机制,至少具有以下意义:其一,解决了检察院和法院的被动指定管辖问题,有助于缩短被调查人的羁押期限。当监察机关调查终结后,通常不用再考虑起诉机关和审判机关的指定问题,而直接移送回转对被调查人有干部管辖权的地方进行起诉和审判即可,根据刑事诉讼法关于审判级别管辖的规定,由相应的检察机关、法院进行后续的程序。由于监察机关不需再协调检法机关进行指定管辖①,因而避

---

① 当下实践中,被指定管辖的监察机关调查终结后,通常要与检察机关进行协调,指定某检察机关审查起诉,检察机关再协调法院指定管辖。一些法(转下页)

免了当下监察指定管辖案件中因协调和等待检法机关指定管辖而对被调查人造成的羁押期限延长现象,实现了与刑事诉讼的快速衔接。其二,确立了属地管辖(即对被调查人有处分权的监察机关所在地管辖)为主,指定管辖为辅的审判管辖原则,强化了当事人及社会公众对审判管辖的稳定预期,有助于保障当事人辩护权的充分行使。此外,还便于证人出庭作证、当事人的近亲属和犯罪地的群众旁听审判,更好地发挥庭审的法治宣传教育作用。

二、监侦互涉案件的管辖与涉罪被调查人权利保障

(一)问题的提出

监侦互涉案件的管辖问题是伴随《监察法》的出台而产生的新问题。《监察法》第 34 条第 2 款规定:"被调查人既涉嫌严重职务违法或者职务犯罪,又涉嫌其他违法犯罪的,一般应当由监察机关为主调查,其他机关予以协助。"可见,在监侦互涉案件的管辖问题上,确立了监察机关为主的管辖原则。

不过,传统上,职务犯罪与其他刑事犯罪互涉案件的管辖采取的是以主罪管辖机关为主侦查的原则。由此,在职务犯罪与其他犯罪相关联案件的管辖上,出现了从"主罪为主模式"向"监察主导模式"的转变,即以罪行轻重为标准确定管辖机关转变为以监察优位为标准确定互涉案件的管辖机关。

(接上页)院由于案多人少,办案压力大,可能难以承接,于是需要反馈到监察机关,由监察机关再协调其他地方的检察院和法院接办案件。

这种转变引起了学界的关注和讨论,有学者就质疑"监察为主"管辖原则的妥当性,认为"它不仅与长期的管辖实践和相关规范相冲突,还因违背一般管辖规律会造成实践中的困难"①。笔者认为,相关质疑具有合理性。鉴于"监察主导模式"的适用有许多不可控风险,特别是监察调查程序与刑事侦查程序在人权保障方面存在差异,"监察主导模式"的适用导致监侦互涉案件因主要适用监察调查程序办理使被调查人的权利保障标准整体上被降低,因此,本部分拟对监侦互涉案件管辖问题展开研究,旨在提升被调查人的权利保障水平。

(二)监侦互涉案件管辖原则的规范解读

《监察法》之后发布的《监刑衔接意见》第 2 条②可谓目前关于监侦互涉案件管辖原则最全面的规定。其主要内容包括:一是强调"一般情况"下应由监察机关为主调查,其他机关予以协助,但并未强调职务犯罪应达到"严重"程度。二是首次从正面明确监察机关为主调查并非适用于所有监侦互涉案件的处理,即"监察机关与其他机关沟通后,对不适宜由监察机关为主调查的互涉案件,由监察机关和其他机关分别依照法定职责开展工作并加强沟通协作"。三是单独强调了国家监察委员会涉及的监侦互涉案件时,以国家监察委员会为主调查的要求。四是明确"为主调查"的主要内容是"组织协调职责,包括协调调查和侦查工作进度、协商重要调查和侦查措施使用等重要事项"。五是单独强调了监侦互涉案

---

① 龙宗智:《监察与司法协调衔接的法规范分析》,载《政治与法律》2018 年第 1 期。
② 具体条文参见周岩:《监察管辖与侦查管辖如何衔接》,载《中国纪检监察报》2021 年 2 月 24 日第 8 版。

件中两机关间线索移送与沟通的规定。六是提及"一般情况"下由监察机关和侦查机关分别依职权立案的要求。《监察法实施条例》第51条关于监侦互涉案件管辖的规定则包括三个方面的内容：一是强调监察机关为主调查是在"严重"职务犯罪的条件下适用；二是明确了"为主调查"的主要内容是"组织协调职责，协调调查和侦查工作进度、重要调查和侦查措施使用等重要事项"；三是提及强调监察机关与侦查机关分别立案的要求，这与《监刑衔接意见》中的分案处理要求具有内在统一性。

总体而言，现有法律规范中，监侦互涉案件一般情况下由监察机关主导调查，是目前立法者的基本态度，但对"一般情况"所需达到的"严重"程度并无规定，使"一般情况"的含义范围较为模糊，而与"一般情况"相对应的其他情形的概念也并不明确，因而目前监侦互涉案件管辖原则的规定可以说是不完善的。此外，在组织形式上，上述规范性文件也仅仅规定了分别立案处理作为原则性的要求，对于分案处理的具体操作方式并未涉及，也反映了相关立法规范的粗疏性。

（三）监侦互涉案件管辖原则的释义之争

对于监侦互涉案件管辖原则的法律规范，目前理论界存在四种不同的解读和观点，即"监察主导说""更为适宜说""监察主导限制说"和"主罪为主说"。

其一，"监察主导说"，又称"监察优越说"，这是实务部门的基本立场。该说的基本内涵是，监察机关在监侦互涉案件管辖权的分配中居于优越地位，"一般情况"并非"条件限制"，而是一种"总体的概括"。"监察主导说"系由过去处理纪法互涉案件管辖的"纪检先导说"发展而来。在国家监察体制改革之前，处理与职务犯罪相关联案件的管辖时,采行的是"纪检先导"原则,即大多数职务犯罪中往往伴生着违纪行为,故案件同时涉及违纪审查与犯罪侦查①,在纪律检查机关与检察机关之间也产生了互涉案件的管辖问题,此时,案件的办理以纪律检查机关为先导。当然,此种"互涉"与主罪为主原则下的"互涉"有所不同:前者是职务犯罪行为与违纪行为的关联,属于"纪法互涉";后者则是职务犯罪行为与其他犯罪行为的关联,属于"法法互涉"。

笔者认为,"监察主导说"有助于提高打击腐败犯罪的效率。在监侦互涉案件中,职务犯罪与其他犯罪互为因果关系的情况较为常见,而且严重职务犯罪行为往往诱发其他犯罪,因而"监察主导说"有助于重点打击严重的职务犯罪行为,更能发挥监察机关作为反腐败专责机关的作用。事实上,在国家监察体制改革之前,"对于与检察机关负责侦查的公职职务相牵连的案件,多数观点亦主张由检察机关行使管辖权"②。

但与此同时,也应当看到,由于相关法律规范并未明确规定罪行轻重的衡量标准,因而"监察主导说"的适用存在损害被调查人合法权益的风险。具体而言,监察主导模式是依职务犯罪行为的"严重"程度考量是否由监察机关主导,因而罪行轻重的衡量标准是该模式得以运用的关键,但这一关键性标准并未在现行的监察法律法规中得到明确。一方面,在"严重"的判断标准没有明确的背景下,单纯规定监察主导模式看似一劳永逸地解决了互涉案件的管辖权分配问题,但其实现主要依赖监察机关与刑事侦查机关

---

① 参见邓矜婷:《纪委、检察机关办案规范的整合:一个连接理论与实践的分析路径》,载《法学家》2018年第6期。
② 孙红卫:《论我国牵连案件并案侦查管辖的冲突与协调》,载《河南财经政法大学学报》2016年第1期。

之间的讨论和协商。如前所述，目前监察机关与刑事侦查机关在国家权力体系中的话语权有别，这就容易导致对于何谓"严重"的解释权实质上归属于监察机关，进而可能出现以下现象：案件本应归属于侦查机关管辖并适用刑事诉讼法的规定开展追诉活动，但因监察机关解释为"严重"情形以致适用《监察法》的规定进行监察调查。另一方面，"非严重"情形的判断没有明确的规范依据。《监察法》在监侦互涉案件管辖的处理上确立了"严重"标准，从当然解释的角度出发，自然会有"非严重"的情形，但《监察法》对于"非严重"情形下监侦互涉案件的处理原则未予规定，这就使即便认定职务犯罪行为不严重，也没有相应的管辖规则予以遵循，立法的缺失导致实践中主要依靠监察机关的自行判断，从而意味着监侦互涉案件中适用监察调查程序的可能性大大提升，被调查人的刑事处遇相对变差。毕竟，比较而言，在强制措施的强度上，《监察法》规定的留置措施明显强于《刑事诉讼法》规定的拘传、拘留、逮捕等措施；在法定的程序控制上，监察调查权所受的外部制约明显弱于刑事侦查权；在程序的开放性上，监察调查程序拒绝辩护律师的介入，其开放性明显弱于刑事侦查程序。

其二，"更为适宜说"。此说主要来自2019年最高人民检察院通过的《人民检察院刑事诉讼规则》，该规则第17条规定："人民检察院办理直接受理侦查的案件，发现犯罪嫌疑人同时涉嫌监察机关管辖的职务犯罪线索的，应当及时与同级监察机关沟通。经沟通，认为全案由监察机关管辖更为适宜的，人民检察院应当将案件和相应职务犯罪线索一并移送监察机关；认为由监察机关和人民检察院分别管辖更为适宜的，人民检察院应当将监察机关管辖的相应职务犯罪线索移送监察机关，对依法由人民检察院管辖的犯罪案件继续侦查。"由于该规定针对的是检察机关"直接受理侦查的案件",即其有权管辖的 14 个罪名的案件,因而"更为适宜说"有着适用范围和适用条件的限制。

笔者认为,"更为适宜"的标准具有较强的模糊性,可以包含"主罪""监察主导""罪行轻重""案件影响"等多种考量因素。在监察机关与检察机关协商过程中,由于考量因素过多而监察机关又处于明显的优势地位,所以实际上的协商结果常常取决于监察机关的决定和意愿,其效果可能与"监察主导说"没有本质性的不同。

其三,"监察主导限制说"。此说在学界较有影响力。有观点认为,"'监察为主'是管辖的一般原则,遇有特殊情况时,也可以由其他机关为主侦查,监察机关配合。比如嫌疑人涉嫌行贿罪,但又实施了杀人、抢劫等一系列犯罪行为,如果依然由监察委员会为主调查、公安机关协助办案,可能会存在一些不协调之处,特别是在职务犯罪和普通犯罪相关联的案件中,普通案件更为严重和复杂的情况下,如果仍然由监察机关为主办案,可能对监察机关和侦查机关都产生不便之处"[1]。还有观点主张,"依据《监察法》第 34 条第 2 款的规定,可将'被调查人既涉嫌严重职务违法或者职务犯罪'的情形解释为'职务违法'和'职务犯罪'都由'严重'修饰。只有在职务犯罪属于互涉数罪中严重的'主罪'时,才适宜采用以'监察为主''监察优先'的办案模式;相反,如果数罪中的职务犯罪较之其他犯罪属于轻缓的'次罪',那么应考虑由管辖主罪的其他机关管辖,监察机关配合协助"[2]。

"监察主导限制说"与传统的"主罪为主说"的区别,在于"监

---

[1] 杨宇冠、高童非:《论监察机关与审判机关、检察机关、执法部门的互相配合和制约》,载《新疆社会科学》2018 年第 3 期。
[2] 董坤:《论监察机关与公安司法机关的管辖衔接——以深化监察体制改革为背景》,载《法商研究》2021 年第 6 期。

察主导限制说"不主张全面恢复主罪为主的原则,而是注意到了立法中对"监察主导"的限制,进而认为作为"限制"的"特殊情况"主要是指侦查机关管辖的犯罪比监察机关管辖的犯罪更为严重的情况。该说的核心实际上就是要限制监察主导的范围,避免彻底地、全面地推行监察主导原则。笔者认为,"监察主导限制说"尝试在不同法律价值之间实现一种平衡,值得称道,但其认为"特殊情况"下应当由侦查机关主导的观点无法有效地满足监察办案实践的需求,还需要进一步完善。

其四,"主罪为主说"。这也是不少学者认同的一种观点。该说以刑事诉讼法律规范中长期以来处理互涉案件的主罪为主原则为基础,批判了"监察主导说"的观点,认为:"'一刀切'地适用以监察机关为主导的原则,可能与监察机关承担的反腐败职能不符,从而不利于案件的办理。从司法实践的经验来看,当产生职能管辖竞合的情况时,通常分别立案侦查,但以涉嫌主罪来确定管辖主体"①;监察主导说"不仅与长期的管辖实践和相关规范相冲突,还因违背一般管辖规律会造成实践中的困难"。②

"主罪为主说"具有以下特点:首先,法律并不直接规定由哪一机关主导,而仅仅规定了互涉双方协商或上级协调所依据的标准,即以主罪的管辖机关为主,由部门协商确立管辖。其次,其产生与扁平化的侦查权力配置③以及侦查主体之间的平等地位有着

---

① 卞建林:《配合与制约:监察调查与刑事诉讼的衔接》,载《法商研究》2019年第1期。
② 参见龙宗智:《监察与司法协调衔接的法规范分析》,载《政治与法律》2018年第1期。
③ 参见沈宇峻:《论渎职犯罪"前提罪"的侦查管辖权》,载《犯罪研究》2005年第3期。

密切的关系,但《监察法》对监察调查机关强势地位的确立使侦查/调查主体之间的平等地位这一"主罪为主说"的制度基础受到削弱。最后,"主罪为主说"的落实需要修改监察法律法规的相关规定,因而难度较大。

(四)权利保障视野下监侦互涉案件管辖模式的基本主张

对于监侦互涉案件的管辖模式,从权利保障的视角考量,笔者主张一种综合性的观点即"监察+分案主导说",认为一般情况下应当"分案处理,监察主导",例外情况下可以"并案处理,监察统揽"或者"分案处理,侦查主导"。

1. 原则上实行"分案处理,监察主导"

在监侦互涉案件管辖方面,原则上应当采取"分案处理,监察主导"的做法。也就是说,当监察机关管辖的犯罪较侦查机关管辖的犯罪更为严重时,应当分案处理,由监察机关主导对被追诉人的调查和侦查。对此,应当重点把握三个方面:

第一,"分案处理,监察主导"具有一定的预设条件。《监察法》等法律法规关于监侦互涉案件管辖原则的规定是"条件预设"型的法律规范[①],对于"分案处理、监察主导"的预设条件是,监察机关管辖的犯罪达到严重程度且较侦查机关管辖的犯罪更重或者虽未达到严重程度但较侦查机关管辖的犯罪更重。

第二,监察机关在分案办理模式下所具有的办案主导权不能等同于监察机关统揽。主导并非统揽,主导机关对不属于自身管辖权限内的线索依旧应移送主管机关进行处理,与刑事司法领域

---

① 参见周赟:《"应当"一词的法哲学研究》,山东人民出版社2008年版,第228—231页。

互涉案件管辖问题的相关规定对比①,无论如何解释,主导或许会存在并案的可能性,但主导并不能完全等同于并案。在监侦互涉案件中,监察机关主导并非是指监察机关把被调查人涉嫌的所有犯罪行为都一并调查,而是由监察机关与侦查机关依法定职权分案处理,只不过重心为监察机关,或者说,监察调查程序具有一定的优先性。换言之,监察机关与刑事侦查机关在各自管辖权内办理案件,只是在具体程序适用上,主导机关有一定的优先性,当出现程序竞合时,优先适用监察调查程序。

第三,"分别立案"与"监察主导"的关系。分案处理体现了对国家权力分工负责原则的遵循,监察机关与侦查机关有着各自的职权定位,因而各自展开立案是一项合理的制度安排,但需要明确,这是在监察主导下的分案处理。之所以监察主导,主要理由在于:一是有助于提高打击腐败犯罪的效率。在监侦互涉案件中,监察机关与侦查机关管辖的犯罪行为互为因果关系的情况较为常见,且严重职务犯罪行为往往会诱发其他犯罪,因而监察主导模式重点打击严重的职务犯罪行为,能更好地发挥监察机关作为反腐败专责机关的作用。事实上,在国家监察体制改革之前,"对于与检察机关负责侦查的公职职务相牵连的案件,多数观点亦主张由检察机关行使管辖权"②。换言之,在此类互涉案件中,由职务犯罪调查部门主导案件调查,是长期以来形成的共识和经验。二是较之于"主罪为主说",监察主导说能够有效地解决实践中面对推

---

① 参见《监察法》第34条、第35条,《人民检察院刑事诉讼规则》第18条,《公安机关办理刑事案件程序规定》第30条。
② 孙红卫:《论我国牵连案件并案侦查管辖的冲突与协调》,载《河南财经政法大学学报》2016年第1期。

脱或争夺办案主导权的问题①以及"那些有争议的性质不明或者性质变化的案件,要么无法确定归公安机关管辖还是属检察机关管辖,要么导致超范围办案"②的问题。

2. 例外情况下可以"并案处理,监察统揽",或"分案处理,侦查主导"

在监侦互涉案件管辖方面,在例外情况下,可以"并案处理,监察统揽"或"分案处理,侦查主导"。具体而言,当监察机关管辖的犯罪达到严重程度但比侦查机关管辖的犯罪要轻时,可以并案处理,由监察机关统揽;当监察机关管辖的犯罪未达到严重程度且比侦查机关管辖的犯罪更轻时,可以分案处理,由侦查机关主导对被追诉人的调查和侦查。

第一,"并案处理,监察统揽"。具体是指在监侦互涉案件管辖权的分配上,当监察机关管辖的犯罪达到严重程度但比侦查机关管辖的犯罪要轻时,可以由监察机关统一调查被调查人涉嫌的职务犯罪行为与其他犯罪行为。

关于监察机关与检察机关互涉案件中的并案处理,相关法律法规没有明确涉及。不过,《关于人民检察院立案侦查司法工作人员相关职务犯罪案件若干问题的规定》第3条对此做出了规定,即人民检察院"发现犯罪嫌疑人同时涉嫌监察委员会管辖的职务犯罪线索的,应当及时与同级监察委员会沟通,一般应当由监察委员会为主调查,人民检察院予以协助。经沟通,认为全案由监察委员会管辖更为适宜的,人民检察院应当撤销案件,将案件和相应职务

---

① 参见王俊民、潘建安:《刑事案件职能管辖冲突及其解决》,载《法学》2007年第2期。
② 陈明、吕继东:《贪污贿赂案件职能管辖错位问题研究》,载《中国刑事法杂志》2006年第4期。

犯罪线索一并移送监察委员会"。权威性的观点也指出,"若该监察对象既涉嫌监察机关管辖的职务犯罪,又涉嫌公安机关等其他机关管辖的非职务犯罪,且监察机关并案办理更为适宜的,监察机关可以立案调查"①。在中央纪委国家监委网站上刊登的"业务探讨"文章中,则有更为明确的表达:涉及检察机关管辖的司法工作人员利用职权实施的非法拘禁罪等 14 个罪名的,可以由监察机关一并调查,并在调查终结后将全部犯罪事实移送检察机关审查起诉;涉及公安机关管辖的普通犯罪,若并案调查更为适宜的,监察机关可以将普通犯罪问题与职务犯罪问题一并调查,必要时可以请公安机关提供协助。② 这些文件或观点均认同监侦互涉案件中并案处理的合法性。

监侦互涉案件的并案处理可以更多地照顾到监察案件的政治性、敏感性和保密性,更好地体现职务犯罪的查处力度和发挥监察机关的反腐职能,但也可能由此降低相关的程序要求,损害被追诉人的程序权利。因而,需要正视和规范监侦互涉案件中的并案处理问题,"并案处理,监察统揽"只能是特定情况下对"分案处理,监察主导"原则的必要补充,不能常态化。

第二,"分案处理,侦查主导"。具体是指在监侦互涉案件管辖权的分配上,当监察机关管辖的犯罪未达到严重程度且较侦查机关管辖的犯罪更为轻微时,可以分案处理,由侦查机关主导对被追诉人的调查和侦查。

---

① 周岩编写:《纪检监察机关执纪执法实务问答》,中国方正出版社 2020 年版,第 53—54 页。
② 参见《业务探讨|监察机关与侦查机关互涉案件有哪些办理模式?》,https://www.ccdi.gov.cn/hdjln/ywtt/201910/t20191030_18336.html,2021 年 12 月 24 日访问。

在这方面,有学者指出,当其他刑事犯罪比职务犯罪更加严重时,应放弃监察主导模式,改由刑事侦查机关为主侦查的方式处理互涉案件的主导权分配问题。① 笔者基本认同该观点的思路,但需要指出的是,基于前文所述理由,"其他刑事犯罪比职务犯罪更加严重"是监侦互涉案件"分案处理,侦查主导"的必要条件而非充分条件,"分案处理,侦查主导"模式的选择还要求监察机关管辖的犯罪未达到严重程度。否则,如果监察机关管辖的职务犯罪已经达到严重程度,即便"其他刑事犯罪比职务犯罪更加严重",也不一定赋予侦查机关主导案件调查的地位。

3. "监察+分案主导"模式的优势

一方面,分案处理体现了权利保障的底线正义。在监侦互涉案件中,分案处理作为常态化或者绝大部分案件都要遵循的制度要求,通过调查管辖制度的安排避免了调查程序的过度合一,有助于避免出现"向下拉平"的"就低不就高"现象,维护基本的程序正义。另一方面,监察主导有助于提高腐败治理的效能。管辖权确定的重要考量因素是诉讼经济与公正。② 国家监察体制改革的重要目标就是提升腐败治理的能力与效率,因而发挥监察机关的积极作用是题中应有之义。分案处理与监察主导的有机结合,能够实现治罪效能与权利保障的平衡,既能防范监察机关在主导过程中出现"越俎代庖"的过度运用权力问题,又能保证腐败治理效能维持在较高的水平。

---

① 参见杨宇冠、高童非:《论监察机关与审判机关、检察机关、执法部门的互相配合和制约》,载《新疆社会科学》2018 年第 3 期。

② 参见陈瑞华:《无偏私的裁判者——回避与变更管辖制度的反思性考察》,载《北大法律评论》2004 年第 0 期。

4. 罪行"严重"的界定标准

"监察+分案主导"模式是依职务犯罪行为的"严重"程度来确定监侦互涉案件管辖的"原则"与"例外",而对于职务犯罪行为"严重"与否的判断涉及程序法与实体法两个领域,是一个很大的难题。实践中,目前该项工作主要由在国家权力体系中处于优势地位的监察机关自行解释和把握,如果不进行有效的限制,则会出现解释上的随意性,进而可能造成"监察主导"或者"监察统揽"的常态化乃至全面化,监侦互涉案件中适用监察调查程序的比率由此会大大提升,被调查人(被追诉人)的刑事处遇相对变差,客观上不利于被调查人合法权益的保护。这是因为在强制措施对个人权利的干预深度和强度上,留置要高于拘传、拘留、逮捕等措施;在程序性控制上,监察调查权受到的外部制约要弱于刑事侦查权;在程序开放性上,监察调查活动拒绝辩护律师的介入和检察机关的监督,封闭性要强于刑事侦查程序。为此,需要明确罪行"严重"的判断标准。

就轻重罪的划分而言,"法定刑标准说"是目前学界的主流观点,该说以法定刑作为重罪与轻罪的区分标准。① 不过,在"法定刑标准说"的主张者中,对于如何具体判断罪行轻重,又存在四种不同的认识,即分别以法定刑 3 年、5 年、7 年或 10 年作为界定罪行轻重的标准。笔者认为,对职务犯罪"严重"与否的界定需要格外谨慎,以避免出现要么太多的监侦互涉案件最后由监察机关主导处理,要么会影响反腐目标顺利达成的问题。根据《刑法》以及 2016 年《最高人民法院、最高人民检察院关于办理贪污贿赂刑事

---

① 参见张明楷:《刑法学》(第 5 版),法律出版社 2016 年版,第 92 页;郑丽萍:《轻罪重罪之法定界分》,载《中国法学》2013 年第 2 期。

案件适用法律若干问题的解释》等规范性文件对于贪污贿赂类犯罪情节及法定刑的规定,笔者建议,一般应当以 5 年为界,即法定刑 5 年以下的,视为罪行"不严重",法定刑 5 年(含)以上的,视为罪行"严重"。当然,作为少数例外,对于部分法定刑量刑区间较大的罪名,可以 7 年作为界定罪行是否严重的标准。据笔者调研,这种标准的确立是符合当下我国刑事司法人员的经验和认识的,具有可接受性。

第五章
监察调查权运行的程序构造与权利保障

提　要：监察委员会调查职务犯罪的程序构造对于监察权力的行使、职务犯罪的控制和被调查人合法权益的保障具有重要的"框架性"制约意义。实践中，监察委员会对职务犯罪调查的程序构造是典型的"线性结构"模式，只存在监察机关与被调查人之间的调查与反调查、追究与反追究关系，缺乏"第三方"的介入和制衡，被调查人的权利保障主要取决于监察机关及其工作人员的职业道德、法律素养和内控机制。这种程序构造容易导致职务犯罪案件中出现"监察调查中心主义"的诉讼格局，冲击以审判为中心的诉讼制度改革，被调查人的合法权益存在被侵犯之虞，在冤错案件防范方面存在"短板"，而且存在监察机关进行不当的选择性执法的风险。为此，应当将"三角结构"确立为监察委员会调查职务犯罪程序的目标模式，引入检察机关作为客观、中立的"第三方",有效制衡监察调查权力的行使,保障被调查人、利害关系人等相关人员的合法权益。同时,允许律师在职务犯罪立案后、被调查人接受监察机关第一次讯问或者被采取留置措施之日起,介入调查程序,保障被调查人的辩护权和认罪认罚的自愿性,弥补检察监督的局限,解决检察机关审查起诉后退回补充调查期间的律师会见难题。当然,本着循序渐进的原则,可以同时确立一些限制或者延迟律师介入监察调查的情形。此外,近期内,可以先由在监察留置室或者监察委员会办案场所派驻的值班律师为被调查人提供法律帮助,到案审阶段后再赋予被调查人委托辩护人的权利。

从理论上讲,程序构造与程序价值追求密切相连,某种程度上决定了程序生态,制约着程序制度的运行状况和效果。监察委员会调查职务犯罪的程序构造对于监察权力的行使、职务犯罪的控制和被调查人合法权益的保障具有重要的"框架性"制约意义。本部分拟就此展开研究,以期有助于监察制度改革的顺利推进和长远发展。

一、监察委员会调查职务犯罪程序的实践模式及评析

(一)"线性结构":监察委员会调查职务犯罪程序的实践模式

无论官方和学界对于监察委员会性质的界定存在何种不同①,

---

① 对于监察委员会的性质,有"党统一领导下的国家反腐败工作机构""独立于一府两院的新型监察机关""监督执法机关""行使国家监察职能的专(转下页)

当下监察委员会对职务犯罪调查的程序构造具有鲜明的行政化和封闭化色彩,对此则基本不会存在异议。

从实践中看,监察委员会对职务犯罪调查的程序构造是典型的"线性结构"模式。在这种程序构造中,只存在监察机关与被调查人之间进行的调查与反调查、追究与反追究关系,缺乏"第三方"的介入和制衡。立案撤案的决定、调查权力的行使以及调查措施的采取,主要赖于监察机关的自行把握和自我约束,合法与否、妥当与否都是监察机关自我判断的事情,若被调查人、利害关系人不服,只能向监察机关申诉;律师和法院机关都不能介入,检察机关只能应监察委的邀请而介入,而且一般只能在监察调查进入案件审理阶段时介入,人大的监督是事后的、一般意义上的监督①,而不是个案化的程序性监督。由此,被调查人的权利保障状况主要取决于监察机关及其工作人员的职业道德、法律素养和内控机制。该模式得到了《监察法》的确认。在监察委员会移送检察机关起诉前的犯罪调查阶段,《监察法》没有规定被调查人的律师帮助权,也没有确立检法机关介入的制度,检察机关对监察调查阶段的介入主要依据的是最高人民检察院颁布的司法解释以及国家监察委与最高人民检察院联合制定的相关文件。检法机关不能对监

(接上页)责机关"等多种表述。参见韩大元:《论国家监察体制改革中的若干宪法问题》,载《法学评论》2017年第3期;吴建雄:《监察委员会的职能定位与实现路径》,载《中国党政干部论坛》2017年第2期;等等。《监察法》第3条则规定:"各级监察委员会是行使国家监察职能的专责机关。"

① 参见《监察法》第53条规定:"各级监察委员会应当接受本级人民代表大会及其常务委员会的监督。各级人民代表大会常务委员会听取和审议本级监察委员会的专项工作报告,组织执法检查。县级以上各级人民代表大会及其常务委员会举行会议时,人民代表大会代表或者常务委员会组成人员可以依照法律规定的程序,就监察工作中的有关问题提出询问或者质询。"

察委员会采取强制措施和技术调查措施的行为进行司法审查和控制,也无法为合法权益可能受到侵犯或者对监察机关的处理决定不服的被调查人、利害关系人及时提供救济。《监察法》第49条、第60条明确规定,被监察人员及其近亲属不服监察机关的处理决定或者认为监察机关及其工作人员的行为侵犯了自己的合法权益时,只能向该监察机关或者上一级监察机关申诉。

(二) 监察委员会调查职务犯罪程序的"线性结构"模式之可能风险

从理论上讲,职务犯罪调查程序采行"线性结构"模式不仅有利于监察权力的顺畅行使和调查措施的灵活运用,而且能够营造出一种"高压"氛围,对被调查人形成强大的心理威慑,有助于监察机关瓦解其意志,突破其心理防线,进而获取其认罪口供。此外,还有利于监察机关控制调查信息的对外释放,防止同案犯串供、毁证、打击证人或者逃跑。这些无疑都有助于提升调查效率,彰显监察机关打击腐败犯罪的力度和效度,提升民众对我国法律实施和政治清明的信心。国家监察体制改革的试点情况确证了这一点。据报道,截至2017年11月22日,北京市两级监察委员会共对55人采取留置措施,留置平均用时58.5天,较2016年"双规"缩短20.2天,检察机关办理监察机关移送案件审查批捕、审查起诉平均用时分别仅7天、16天;① 浙江监察机关移送起诉的案件平均留置42.5天,比前3年纪委"双规"和检察机关侦查阶段的平

---

① 参见曾锋东、刘昆:《监察调查走进公众视线》,载《中国纪检监察报》2018年1月5日第4版。

均用时缩短64.4%。① 不过,从过去30多年来检察机关对职务犯罪侦查的经验和教训来看,采行"线性结构"模式建构监察委员会调查职务犯罪的程序也存在一些不容回避的风险。

第一,容易出现"监察调查中心主义"的诉讼格局,冲击以审判为中心的诉讼制度改革。《中共中央关于全面推进依法治国若干重大问题的决定》要求,推进以审判为中心的诉讼制度改革。为推进此项改革,2016年7月,"两高三部"联合发布《关于推进以审判为中心的刑事诉讼制度改革的意见》;2017年11月,最高人民法院又印发了《人民法院办理刑事案件庭前会议规程(试行)》《人民法院办理刑事案件排除非法证据规程(试行)》《人民法院办理刑事案件第一审普通程序法庭调查规程(试行)》(简称"三项规程")。尽管学界和实务界对于"以审判为中心"的全面内涵尚存在认识分歧,但在应当实现庭审实质化,确保庭审在查明事实、认定证据、保护诉权、公正裁判中发挥决定性作用这一点上,基本能够达成共识。据此,不仅侦查和审查起诉活动要按照裁判的标准和要求进行,确保起诉指控的案件事实经得起法庭中对抗性诉辩活动的检验,而且应当密切侦诉关系,打破公检法各管一段的"流水作业"模式,加强检察机关对侦查活动的监督和指导,同时警察应当配合检察机关的起诉指控活动,出庭证明侦查取证行为的合法性。当职务犯罪侦查权"转隶"到监察机关以后,"线性结构"的监察委员会调查程序排斥检察机关的介入。实践中,对于辩护方提出的排除非法证据申请,监察人员往往仅仅出具书面说明材料,并不出庭作证;不仅《监察法》第47条第4款明确规定,检察机关

---

① 参见吕玥等:《使"反腐败"铁拳威力更大——浙江开展国家监察体制改革试点工作纪实(下)》,载《浙江日报》2017年11月17日第1版。

依法作出不起诉决定前,必须经上一级检察院批准,而且有些地方甚至明确要求,对于监察机关移送起诉的职务犯罪案件,检察机关轻易不要做不起诉处理,法院要慎重排除非法证据。在此背景下,职务犯罪案件的办理程序可能会重新回归"流水作业"模式,进而出现"监察调查中心主义"的格局。其突出体现在:由于监察委员会的监察"全覆盖",有权对检法人员的办案行为进行监察,并启动违纪、违法或者职务犯罪调查,因而对于监察机关移送起诉的职务犯罪案件,检察机关即便认为存在证据不足、事实不清等问题,也可能会提起公诉,将难题推给法院,法院面临同样的压力,恐怕也很难进行实质化的庭审和依法做出独立的判决。①

第二,监察机关与被调查人的权力/利配置严重失衡,被调查人的合法权益存在被侵犯之虞。首先,从监察机关一方看,地位优越,比较强势,权力因缺乏有效的制约可能出现滥用。主要表现在:(1)监察委与纪委合署办公,"一套人马,两块牌子",纪委书记兼任监察委主任,既有权进行党纪调查,又有权进行职务违法调查和职务犯罪调查,党权、行政权与司法权合一。在案件调查过程中,除检察机关受监察机关之邀提前介入的情形外,监察调查活动不受检法机关的制约,而且监察机关有权查处检、法机关办案人员的违纪、职务违法或者职务犯罪行为。(2)在过去党纪调查、职务违法调查与职务犯罪侦查的权力分别由纪检监察机关、检察机关行使时,尚且存在以较为宽松的纪检监察调查程序/手段规避严格的侦查程序/手段适用的问题,当纪委、监察委员会统一行使这三

---

① 有学者认为,经过国家监察体制的彻底改革,今后检察权和审判权恐无法对职务犯罪侦查权形成有效的制约。参见施鹏鹏:《国家监察委员会的侦查权及其限制》,载《中国法律评论》2017年第2期。

种权力后,采取此类做法将更为容易且更具隐蔽性,因为无论是被调查人还是外界都不易区分和判断案件何时进入"职务犯罪调查"阶段。(3)根据《监察法》的规定,监察委员会有权采取留置、技术调查等十多项调查措施,而且使用条件宽松,审批程序简单,可能不足以防范和避免滥用的问题。以最为严厉的留置措施来说,既适用于职务犯罪调查,也适用于严重职务违法的调查,不仅违反比例原则,而且制约机制较弱。(4)检察机关对于监察机关移送起诉但证据不足、事实不清的案件,可能会退回监察机关补充调查或者自行进行侦查,但因时过境迁等原因,有时难以补充收集到必要的证据。在此情况下,由于监察机关比较强势,不同意撤案或者不起诉,因而可能导致案件长期悬置而得不到终结,当然也可能出现检察机关草率提起公诉的结果,这些都会损害被调查人的合法权益。其次,从被调查人一方来看,独自面对监察机关的强势追诉和调查,没有律师提供法律帮助,也找不到一个可以反映诉求、寻求救济的中立"第三方",自我保护的能力和条件较弱。实践中,即便被调查人同时涉嫌其他犯罪被刑事侦查机关立案侦查,也不能委托律师。甚至可能会出现公安机关趁互涉案件被调查人无法委托辩护人之机,借调查职务犯罪之名,行侦查其他犯罪之实,在留置期间突击讯问,侵犯被调查人(犯罪嫌疑人)的辩护权。[①] 此外,以留置措施的适用为例,《监察法(草案)》第 41 条规定,"采取留置措施后,除有碍调查的,应当在二十四小时以内,通知被留置人所在单位或家属""留置时间不得超过三个月。在特殊情况下,决定采取留置措施的监察机关报上一级监察机关批准,

---

[①] 参见孟松:《监察法与刑事诉讼法衔接中的监察管辖问题探讨》,载《理论探索》2021 年第 3 期。

可以延长一次,延长时间不得超过三个月"。可见,对于何谓"有碍调查"和"特殊情况",缺乏明确的规定。正式通过的《监察法》第43条关于留置期限延长的规定基本上延续了《监察法(草案)》的规定,第44条对监察机关将被调查人留置后的通知义务做了细化性的修改,即"对被调查人采取留置措施后,应当在二十四小时以内,通知被留置人员所在单位和家属,但有可能毁灭、伪造证据,干扰证人作证或者串供等有碍调查情形的除外。有碍调查的情形消失后,应当立即通知被留置人员所在单位和家属"。尽管如此,对于通知的内容即监察机关是否将被调查人的留置地点和留置事由等通知被留置人所在单位和家属,并未予以明确。正是由于适用条件或程序规定的模糊性甚或缺位,加之受监察机关办案需求和约束条件的影响,实践中很容易出现留置时间延长的常态化和留置后不及时通知的常态化,或者即便通知也仅仅是概括性或象征性通知的现象,从而损害被调查人的人身自由权,被留置人家属或单位的知情权难以得到有效保障。需要指出的是,《监察法》第22条所规定的留置对象不限于"行使公权力的公职人员",而是扩展到"涉嫌行贿犯罪或者共同职务犯罪的涉案人员",加之犯罪事实的查明是由果及因的回溯过程,在此过程中,不排除有监察人员出于主观上的认识不能或者故意违背职业道德,将无辜之人认定为行贿人或者涉嫌共同职务犯罪,在此意义上可以说,每一公民都可能会遭遇监察留置的适用风险。

第三,在冤错案件防范方面存在"短板"。由于职务犯罪调查程序中缺乏检法机关的及时介入和制约,证据取得的真实性、合法性便完全取决于监察机关及其工作人员的法律素养、法治意识和自律程度。不过,监察机关及其工作人员在法律知识的掌握上不可能无所纰漏,在法治意识的养成方面不可能做得完全到位,在自律控制方面也难免会有一时的松懈,所以也就无法保证其调查取证活动和移送起诉的结论不会出现问题。如前所论,监察委员会不仅具有明显优越于被调查人的实力,而且在将案件移送检察机关审查起诉后的整个诉讼过程中,依托其"全覆盖"的监察权力,比检法机关更为强势。在此背景下,面对监察机关移送的证据或事实方面存在问题的案件,尽管绝大多数检法机关会坚守法治原则和法律底线,勇于纠错或者宣布被调查人无罪,但也不排除有些检法机关在压力之下不能发挥实质性的审核和把关作用,降低起诉和裁判标准,从而出现冤错案件。①

第四,存在不当进行选择性执法的风险。根据《监察法》的规定,监察委员会的监察对象范围广泛,覆盖六大类公职人员(第15条)②,监察内容全面涵括违纪、职务违法和职务犯罪,监察留置的对象更是扩展到"涉嫌行贿犯罪或者共同职务犯罪的涉案人员",办案负荷之重可想而知。不过,现实中监察委员会的办案人数是有限的,可能难以承受如此之重的办案任务,在其有权自主做出立案或撤案决定的背景下,必然会进行选择性办案。从人类刑事法制发展的历史来看,选择性执法也是古今中外刑事法律实践中的普遍现象,只是现代法治原则要求,选择性执法要符合法律的规定

---

① 正如陈光中教授所说,不能轻言反腐案件不会出错,一定要通过法治化建设防范冤假错案。参见陈光中:《监察制度改革不能忽视程序法治》,载《财经》2017年第8期。

② 具体包括:(1)中国共产党机关、人民代表大会及其常务委员会机关、人民政府、监察委员会、人民法院、人民检察院、中国人民政治协商会议各级委员会机关、民主党派机关和工商业联合会机关的公务员,以及参照《中华人民共和国公务员法》管理的人员;(2)法律、法规授权或者受国家机关依法委托管理公共事务的组织中从事公务的人员;(3)国有企业管理人员;(4)公办的教育、科研、文化、医疗卫生、体育等单位中从事管理的人员;(5)基层群众性自治组织中从事管理的人员;(6)其他依法履行公职的人员。

和合理性原则,确保平等追诉和平等保护。但在我国现行环境中,"线性结构"的职务犯罪调查程序构造无疑给人情案、关系案、金钱案的出现提供了可乘之机,从而可能出现执法办案的宽严失度。在缺乏有效制约的情况下,监察机关可能会倾向于选择那些好办、易办或者想办的职务犯罪案件,而放弃或者减轻追诉那些难办或者不想办的职务犯罪案件。当然,客观而言,在监察体制改革推行初期,监察机关对权力的使用和监察措施的采取会比较克制,因而上述风险多数并未显现出来,有些即便已经显现,也并不明显。若社会各界对监察机关办案活动的关注越来越少,监察机关的内部自律会开始松懈,上述风险可能就会程度不同地出现。

二、"三角结构":监察委员会调查 职务犯罪程序的理性建构

监察委员会调查职务犯罪程序的"线性结构"模式存在的风险不可轻忽,必须通过程序改造加以防范。吸取我国过去对犯罪侦查程序建设的经验和教训,参考《联合国反腐败公约》和其他法治国家的相关规定,应当将"三角结构"确立为我国监察委员会调查职务犯罪程序的目标模式。

所谓"三角结构"的调查程序模式,是指在监察机关与被调查人的"对垒"程序中,引入一个客观、中立的"第三方",制衡监察机关权力的行使,保障被调查人的合法权利,因而具有一定的诉讼化色彩。或者说,一定程度上复制了审判结构的模式,在对抗性的双方之外设置一个中立的"裁判者"角色。"三角结构"是现代侦查程序建构的基本模式。当今世界法治国家侦查程序有一共同的特

点,就是法官依据令状原则对侦查机关使用的强制措施进行审查和控制,平衡犯罪控制与人权保障的价值追求,防止出现打击过度或者治安失控的极端情形。我国40多年来刑事侦查程序的建设也一直在向"三角结构"模式努力,突出表现在:检察机关对公安侦查活动的监督不断加强,对公安机关提请批捕的审查控制越来越严;检察机关对自侦案件的办理活动也在不断强化人民监督员的监督;等等。

监察体制改革推行后,职务犯罪查处的职能从检察机关"转隶"到监察机关,职务犯罪查处活动的称谓也发生了变化,由原来的"侦查"改为《试点决定》和《监察法》中的"调查"①,不仅如此,根据官方的说法,监察机关调查职务违法和职务犯罪适用《监察法》,案件移送检察机关后才适用《刑事诉讼法》。但笔者认为,无论是否将监察委员会对职务犯罪的调查程序称为刑事诉讼程序,也无论如何界定监察委员会调查权的性质,有一点应当是毋庸置疑的:监察委员会调查职务犯罪活动的本质未变,与过去检察机关侦查职务犯罪的本质并无二致②,即发现和查处职务犯罪、收集犯罪证据、控制犯罪嫌疑人,为提起公诉做准备。因此,其程序构造应当按照职务犯罪查处规律和正当程序原则进行设计,在强化监察系统内控措施的同时,建构来自其他权力或当事人权利的制约机制,确立"三方组合"的程序构造,以合理平衡监察机关与被调

---

① 《试点决定》和《监察法》同时规范党纪调查、职务违法调查与职务犯罪侦查,故表述上使用了更具包容性的"调查"一词。

② 《试点决定》和《监察法》均规定,对涉嫌职务犯罪的,"移送人民检察院依法审查、提起公诉",而非"移送检察机关依法侦查",所以监察委员会将案件移送检察机关之前进行的显然是具有"刑事侦查"性质的调查活动。有学者就认为,监察委员会"针对职务犯罪的特殊调查,相当于原来的职务犯罪的刑事侦查"。参见陈光中:《关于我国监察体制改革的几点看法》,载《环球法律评论》2017年第2期。

查人之间的地位和实力格局,确保案件事实的准确发现和被调查人的合法权益。这是40多年来我国刑事程序法治建设实践的内在要求,也是对"国家尊重和保障人权"宪法规定的贯彻落实。当然,由于我国目前的宪治体制和法治环境具有自身的独特性,目前在监察委员会调查职务犯罪的程序中引入法院的司法审查机制,可能操之过急,时机并未成熟。相较之下,由作为法律监督机关的检察机关发挥司法审查功能,更具现实合理性,不仅贯彻了权力制约原理,而且有利于检察机关提前介入监察委员会的职务犯罪调查活动并进行指导和监督,为监察机关收集、固定和保全证据等方面的活动提供意见,以更好地服务于庭审指控工作。

需要指出的是,目前实践中检察机关对监察机关办理职务犯罪案件的介入,形式上似乎是在职务犯罪调查过程中出现了监察机关与被调查人之外的第三方,但实质上检察机关的提前介入是协助监察机关开展工作,因而仍然没有改变线性结构的监察调查模式。具体而言,2018年4月国家监察委员会、最高人民检察院出台的《国家监察委员会与最高人民检察院办理职务犯罪案件工作衔接办法》和2019年2月最高人民检察院制发的《人民检察院提前介入监察委员会办理职务犯罪案件工作规定》(以下简称《提前介入规定》)等内部文件中,就明确对检察机关提前介入监察机关办理职务犯罪案件做出了规定;2019年12月最高人民检察院发布的《人民检察院刑事诉讼规则》第256条第2款规定"经监察机关商请,人民检察院可以派员介入监察机关办理的职务犯罪案件",首次将检察机关提前介入监察机关办理的职务犯罪案件的工作机制明确为正式制度。尔后,2021年1月的《监刑衔接意见》采用内部文件的方式进一步规定了提前介入制度。此外,各地检察机关通常也结合实际情况单独或与监察机关共同制定了提前介入的实施细则。通过这些规范性文件,明确了监察机关办理的重大、疑难、复杂案件在进入案件审理阶段后,可以书面商请检察机关派员介入,检察机关介入工作小组应在15日内审核案件材料,对证据标准、事实认定、案件定性及法律适用提出书面意见,对是否需要采取强制措施进行审查并形成书面意见。①

不过,从这些范性文件的相关规定来看,不仅检察机关的介入具有被动性,必须是应监察机关的邀请才介入重大、疑难、复杂职务犯罪案件调查活动,而且检察机关提前介入的角色定位是"参与而不干预,参谋而不代替,建议而不定论"②,功能定位是落实配合原则③,协助监察机关工作,而非监督监察机关的办案活动。④ 从实践中看,检察机关"对每起中管干部职务犯罪案件均提前介入"⑤。笔者在调研中了解到,一些地方监察机关办理的职务犯罪

---

① 参见陈国庆主编:《职务犯罪监察调查与审查起诉衔接工作指引》,中国检察出版社2019年版,第8页。当然,在提前介入的时间上,各地监察机关的做法并不一致,有些地方在监察调查阶段就商请检察机关提前介入,检察机关全程参与监察调查和审理活动。

② 《监察与司法有效衔接工作指引》编写组编写:《监察与司法有效衔接工作指引》,中国方正出版社2019年版,第39页。

③ 检察机关在职务犯罪案件调查中的提前介入作为监察法与刑事诉讼法"法法衔接"的组成部分,被视为监察机关与检察机关互相配合原则的重要内容。参见《监察与司法有效衔接工作指引》编写组:《监察与司法有效衔接工作指引》,中国方正出版社2019年版,第35页。检察机关在提前介入中的本质定位是协助和参谋,功能是提供意见和建议,"检察机关作为后续审查起诉机关,在这一环节的介入仅是作为协助主体有限参与"。参见《监察与司法有效衔接工作指引》编写组编写:《监察与司法有效衔接工作指引》,中国方正出版社2019年版,第42—47页。

④ 对于普通案件,检察机关刑事检察部门提前介入的一个目的是履行对侦查活动的监督职能,而对于监察委员会办理的案件,则不再履行监督职能。参见陈国庆主编:《职务犯罪监察调查与审查起诉衔接工作指引》,中国检察出版社2019年版,第1页。

⑤ 左卫民、刘帅:《监察案件提前介入:基于356份调查问卷的实证研究》,载《法学评论》2021年第5期。

案件几乎都会有检察机关的提前介入;提前介入的检察机关对监察机关的协助表现主要是:证据补充和完善、案件定性和罪名确定等;检察机关提前介入的工作方式主要包括四种:一是听取监察委员会关于案件事实和证据情况的介绍;二是查阅案件监察文书和证据材料;三是根据需要向监察委员会提请调看讯问被调查人、询问证人的同步录音录像;四是其他必要的工作方式。[1] 比如,检察机关与监察机关建立联席会议制度,共同研究解决实践中遇到的工作困难,有效化解争议。可见,检察机关提前介入的功能是单面向的,重在对监察机关调查活动的配合和协助,确保监察调查案件的起诉成功率和准确性,是监察机关的"并肩作战"者,但对监察机关调查手段的控制功能和对被调查人的权利救济功能相对缺失。

正是由于上述的角色和功能定位,检察机关在提前介入过程中提出的意见对监察机关并无拘束力,是否采纳完全由监察机关的案件审理部门自行决定,故协助效力存在不确定性,所谓的制约效果更是无从谈起。不过,调研中检察人员认为,实践中检察机关的提前介入很重要,此期间可以说是检察机关对案件证据、事实、法律提出建议的黄金时间。因为案件定性和处理经纪委常委会讨论确定之后,就很难改变。

对于是否应当赋予检察机关介入后对监察机关的监督权力,目前无论实务界还是理论界均存在较大的反对意见。比如,有实务人员担心,检察机关提前介入会先入为主和影响后续审查起诉工作的独立性,同时还担心监察机关和检察机关合作办案,影响被

---

[1] 参见陈国庆主编:《职务犯罪监察调查与审查起诉衔接工作指引》,中国检察出版社2019年版,第6页。

调查人的人权保障。也有学者认为,检察机关提前介入监察调查案件存在法理障碍,监察与司法分属于不同的领域,监察委和检察院行使职权的法律依据以及领导体制各不相同,由检察院对监察委行使监督权显然于理不通。①

笔者认为,这种担心和反对意见是站不住脚的。从检察机关对公安机关侦查活动的长期监督实践来看,并没有出现上述的问题或障碍,检察机关对监察机关调查活动的介入和监督整体上能够更有利于均衡实现监察调查中各种冲突着的法律价值。至于说到检察院对监察委行使监督权于理不通的观点,也是难以成立的。尽管监察调查活动不适用刑事诉讼法的规定,但其需要进行制约则是毋庸置疑的,作为宪法规定的法律监督机关和《监察法》《刑事诉讼法》规定的职务犯罪案件审查起诉机关,检察机关对监察机关办理职务犯罪的活动进行监督,理论上是必要的,也是正当的。在上一章的分析中,笔者提出,要构建独立的职务犯罪调查程序,实现违纪违法调查与职务犯罪调查的分离,以改变监察调查刑、法、纪不分的格局,为检察机关对监察机关调查职务犯罪的活动行使法律监督权创造了一定的条件。

从长远来看,在监察委员会调查职务犯罪的程序中,检察机关不仅应当能够主动介入,而且需要发挥以下监督和制约功能:

其一,对监察委员会使用的强制措施和技术调查措施予以司法审查和控制。监察委员会的调查权是整个国家监察体制改革里最拉锯也让社会最聚焦的问题之一。② 究其原因,如前所述,可能

---

① 参见封利强:《检察机关提前介入监察调查之检讨——兼论完善监检衔接机制的另一种思路》,载《浙江社会科学》2020年第9期。
② 参见秦前红:《监察体制改革的逻辑与方法》,载《环球法律评论》2017年第2期。

主要是由于监察委员会的监察对象如此之广、调查权力如此之大以及调查措施的使用如此灵活。鉴于此,在全面推进依法治国的背景下,检察机关应当着重从以下方面加强对职务犯罪调查措施的审查和控制:一是构建留置措施的检察审批制度。从《监察法》的规定来看,在监察委员会的调查活动中,留置不仅取代了以往纪检监察机关使用的"双规""两指"措施,而且取代了以往检察机关在职务犯罪侦查中使用的拘留、逮捕等措施,期限长达3—6个月。依据正当程序原则和比例原则,应当实行监察机关申请、检察机关审批的制度,不能由监察机关自己决定,自己执行,而且检察机关在批准后还应当定期进行羁押必要性审查,在发现没有继续留置必要时,应当通知监察机关变更调查措施或者释放被留置人员;检察机关还应当对留置场所的监管活动进行监督。此外,作为必要的配套措施,职务违法与职务犯罪的留置期限应当在法律上作出不同的设定:涉嫌职务违法的,留置期间不得超过14天,多次作案、合伙作案的,不得超过20天;涉嫌职务犯罪的,留置期间不得超过3个月,案情复杂、期限届满不能终结的,可以经检察机关批准延长1个月,对于犯罪涉及面广、取证困难的重大复杂案件等,经检察机关批准或者决定,还可以再延长2个月。二是对于监听、搜查、扣押等其他对被调查人的基本权利造成重大干预的强制性措施和技术调查措施,也应当逐步实行检察审批制度。以监听为例,对职务犯罪的调查与违纪违法行为的调查融合在一起,因此监听措施的使用如果不在程序上严加控制,可能会出现滥用现象,从而背离法治原则,影响政治生态,不当侵害被调查人的基本权利。对此必须有清醒的认识,并尽快实现监听措施的司法审批制度,要求监察委员会使用监听措施,必须事先取得检察机关的批准,以强化对公民基本权利的保障。

有观点认为,上述构想不符合现阶段的反腐败工作实际,因为监察案件办理具有行政化和涉密性的特征,如果由检察机关对监察留置措施进行审查,很可能影响监察权的独立运行,甚至出现监检机关及其人员互相监督的"权力对冲"状态,同时按照当前监察机关的调查取证能力水平,很难在不干扰被调查人正常工作生活的情况下完成调查取证工作,这就使留置实际上已成为获取职务犯罪案件关键证据的最有效措施之一。① 但笔者以为,这种观点过于强调当下监察机关的现实需求,没有充分考虑社会发展和法治进步的趋势,也未能合理地满足不断提升的公民权利保障需求,因而本书不予认同。笔者认为,应当随着国家监察体制改革的不断深入和相关条件的成熟,基于法治原则和比例原则,尽快推进上述改革。

其二,对监察委员会的职务犯罪调查活动是否合法进行监督。通过监督,发现和纠正监察机关在办案过程中的以下违法行为:采用刑讯逼供以及其他非法方法收集被调查人供述的;采用暴力、威胁等非法方法收集证人证言,或者以暴力、威胁等方法阻止证人作证或者指使他人作伪证的;伪造、隐匿、销毁、调换、私自涂改证据,或者帮助被调查人毁灭、伪造证据的;徇私舞弊,放纵、包庇犯罪分子的;故意制造冤、假、错案的;在调查活动中利用职务之便谋取非法利益的;非法拘禁他人或者以其他方法非法剥夺他人人身自由的;非法搜查他人身体、住宅,或者非法侵入他人住宅的;非法采取技术调查措施的;对与案件无关的财物采取查封、扣押、冻结措施,或者应当解除查封、扣押、冻结而不解除的;贪污、挪用、私分、调

---

① 参见左卫民、刘帅:《监察案件提前介入:基于356份调查问卷的实证研究》,载《法学评论》2021年第5期。

换、违反规定使用查封、扣押、冻结的财物及其孳息的;违反法律关于决定、执行、变更、撤销强制措施规定的;调查人员应当回避而不回避的;应当依法告知被调查人程序权利而不告知,影响被调查人权利行使的;讯问被调查人以及开展调取、查封、扣押等重要取证工作时,依法应当录音录像而没有录音录像的;对被监察人留置后依法应当通知所在单位或家属而未通知的;在调查中有其他违反法律规定的行为的。检察机关发现监察机关调查活动中的违法行为,对于情节较轻的,以口头方式向监察人员或者监察机关负责人提出纠正意见;对于情节较重的,应当向监察机关发出纠正违法通知书。

其三,与前述密切相关,对监察委员会的职务犯罪立案和撤案活动进行监督。纪委、监察委员会将违纪违法查处与职务犯罪查处的任务一体化承担,相较于以往纪检监察机关负责违纪违法调查、检察机关负责职务犯罪侦查的二元化状况,更可能出现不当的选择性执法现象,因此,亟须确立检察机关对监察委员会的刑事立案和撤案活动的监督权,防范和纠正查办职务犯罪过程中出现拈轻怕重、消极懈怠的行为,保障法律实施的平衡性和公平性。一方面,当检察机关发现监察机关可能存在应当进行刑事立案调查而不进行刑事立案调查的情形时,应当要求监察机关书面说明不立案的理由;经检察机关审查,认为监察机关不立案理由不能成立的,应当通知监察机关立案。另一方面,对于监察机关立案后又随意撤案的,检察机关应当发出纠正违法通知书予以纠正。此外,为保证检察机关对监察机关立案和撤案监督的权威性,应当保留检察机关的机动侦查权,对于监察机关管辖的重大职务犯罪案件,检察机关通知监察机关立案而监察机关不予立案,或者立案后又随意撤案的,情节严重,经省级以上检察机关决定,检察机关可以直接立案侦查。

其四,对被调查人、利害关系人等相关人员的合法权益予以保障。在职务犯罪调查过程中,监察机关及其工作人员可能会存在如下侵犯被调查人、利害关系人合法权益的行为:留置法定期限届满不予以解除;采取技术调查措施法定期限届满不予以解除,或者违背法定程序采取技术调查措施;查封、扣押、冻结与案件无关的财物;应当解除查封、扣押、冻结措施而不解除;贪污、挪用、私分、调换以及违反规定使用查封、扣押、冻结的财物;应当解除限制出境措施而不予以解除;等等。对此,被调查人、利害关系人等相关人员向监察机关申诉或者控告,但对处理结果不服,或者监察机关未及时作出答复的,应当赋予其向办理案件的监察机关的上一级检察机关[①]提出申诉的权利。检察机关应当及时受理,并在认为监察机关对控告、申诉的处理不正确时,通知监察机关予以纠正。

其五,对监察人员的职务犯罪行为进行侦查。任何权力都有滥用的可能。监察人员在对违纪违法或者职务犯罪的查处过程中,也可能会实施贪污受贿、滥用职权、玩忽职守、刑讯逼供、暴力取证、徇私枉法等方面的犯罪。依据权力制约原理,监察人员涉嫌触犯的职务犯罪不应由监察机关自行调查和追诉,而应当通过修改刑事诉讼法,明确赋予检察机关对监察人员的职务犯罪进行侦查的权力。这样一来,不仅可以解决"谁来监督监督者"的问题,也强化了检察机关对监察机关调查活动的监督实效,防止监察机关一权独大,消解可能出现的"监察调查中心主义"问题,确保腐败犯罪追诉的高效化和法治化。

---

① 之所以要"上提一级",是为了在现有的权力格局下,强化检察机关监督的力度和救济的效度。

三、监察委员会调查职务犯罪程序中的律师介入

(一) 监察调查程序中律师介入的意义与障碍

在监察委员会调查职务犯罪的程序中,允许律师介入具有重要的意义。

第一,保障被调查人的辩护权。辩护权是现代社会中刑事被追诉人的基本权利。监察调查虽非刑事侦查,但是职务犯罪调查与侦查有着同样的内涵与实质,在职务犯罪侦查权整体转隶国家监察机构之后,这项规范的效力也应转而直接拘束国家监察权。① 律师介入审查起诉之前的监察程序,有助于保障被调查人的辩护权,维护被调查人的人性尊严和主体地位,也能对监察机关的办案活动形成一种监督效应。尤其是根据《监察法》第22条的规定,"对涉嫌行贿犯罪或者共同职务犯罪的涉案人员",监察机关可以依法采取留置措施。据此,行贿人和参与共同职务犯罪的非国家工作人员无论是否是公职人员,均可由监察委员会进行管辖和刑事调查,在此情况下,如果仅仅因为其是监察对象而非刑事侦查对象,就剥夺其律师帮助权,显然缺乏法理正当性。

第二,确保被调查人认罪认罚的自愿性和合法性。《监察法》对于认罪认罚的被调查人权利保障并未作出特别规定,但监察调查中确实存在被调查人认罪认罚的实践和现象,因而为确保被调

---

① 参见王旭:《国家监察机构设置的宪法学思考》,载《中国政法大学学报》2017年第5期。

查人在调查阶段认罪认罚的自愿性和合法性,如同刑事侦查中认罪认罚从宽制度的适用一样,应当为被调查人提供律师帮助,确保最基本的程序正义。

第三,弥补检察监督的局限,确保案件质量。从理论上讲,提前介入的检察机关能够发挥其作为法律监督机关的监督功能,但由于其同时是追诉机关,依法应当与监察机关相互制约、相互配合,因而检察机关及其工作人员难免会存在程度不同的追诉犯罪的倾向。就此而言,倘若律师能够介入目前高度封闭化的监察调查活动,并依法向监察机关提出相关的意见和建议,就可以起到一定的补充作用,促使监察机关更加客观全面地调查、收集和固定证据,查明案件真相,防止办错案件。

第四,解决检察机关审查起诉后退回补充调查期间的律师会见难题。由于现行监察法律法规并未规定监察调查阶段的律师介入问题,所以对于监察机关调查终结移送审查起诉的案件,检察机关退回补充调查的,律师能否会见被追诉人,实践中存在较大的认识分歧。不少学者[①]和律师对此持肯定意见,认为既然实践中退回补充调查的案件通常是"案退人不退",对犯罪嫌疑人仍然沿用检察机关采取的刑事诉讼强制措施而不变更为留置措施,因而在退回补充调查前已经接受聘请或指派为犯罪嫌疑人提供辩护的律师当然应当能够继续会见犯罪嫌疑人。但与此不同,监察机关通常认为,退回补充调查就标志着案件重新返回监察调查阶段,因而拒绝律师的会见申请。由此而言,如果律师可以介入监察调查获得法律层面的认可,那么退回补充调查期间的律师会见难题自然

---

① 参见魏晓娜:《职务犯罪调查与刑事诉讼法的适用》,载《中国人民大学学报》2018年第4期。

就能够得到解决。

需要指出的是,当下对于律师介入监察调查活动,不仅监察机关持排斥态度,理论界也存在一定的反对声音。大致说来,主要有三个方面的理由:一是监察调查对象的模糊性。如前所述,根据《监察法》等规范性文件的规定,监察立案是纪法刑一体化立案,监察机关在调查终结后,才根据被调查人的行为性质,分别作出违纪违法的处理或移送检察机关审查起诉的处理。因此,在监察调查期间,一般不好界定被调查的监察对象中哪些是犯罪嫌疑人,哪些只是一般的违纪违法者,相应地,赋予被调查人律师帮助权或辩护权,不具有可操作性。比如,监察留置对被调查人可以羁押达6个月之久,影响巨大,因而很多学者建议应当给留置的被调查人提供律师帮助,但反对意见认为,被留置的被调查人有可能只是严重职务违法而不构成犯罪,所以不宜为其提供律师帮助。二是对可能影响反腐效能的担忧,即担心辩护律师介入会影响监察机关办案的节奏和效能,担心辩护律师介入之后会给案件调查的推进制造"障碍",尤其是担心被调查人在会见辩护律师后会增加对抗性,更为抗拒办案人员的讯问甚或推翻以前的认罪口供,以致影响已经取得的反腐成效和公职人员"不敢腐、不能腐、不想腐"的目标之达成。三是职务犯罪案件办理的政治敏锐性和保密性以及职务犯罪的特殊性。[1]

笔者认为,单纯从追求诉讼效率和反腐效能的角度出发,上述担忧不无道理,但若从诉讼价值的综合性和均衡性考量,特别是从

---

[1] 参见陈卫东:《职务犯罪监察调查程序若干问题研究》,载《政治与法律》2018年第1期;封利强:《检察机关提前介入监察调查之检讨——兼论完善监检衔接机制的另一种思路》,载《浙江社会科学》2020年第9期。

正当法律程序建设和被调查人权利保障的角度来看,上述理由可能都不足以构成监察调查活动排斥律师介入的充分根据。如前所论,律师介入监察调查程序的意义不仅在于强化被调查人权益的保护,满足新时代背景下人民群众对监察程序日益增长的人权保障需求,而且在监察阶段允许律师参与,有助于保障被调查人认罪认罚的自愿性和合法性,还有助于推进案件质量的提升,使调查结果在实体和程序上都能经得住后续刑事诉讼程序的考验,是全面依法治国战略实施的必然要求。

(二) 监察调查程序中律师介入的时间、身份及权利

在肯定律师介入监察调查活动的必要性和可行性之后,需要进一步研究律师应当何时介入以及如何介入监察调查的问题。

1. 律师介入的时间

学界普遍主张,自被调查人采取留置措施之日起,应当允许律师介入职务犯罪调查程序。[①] 但这一主张在目前的监察法律法规框架下,存在操作的难题,因为监察留置的对象不仅包括涉嫌职务犯罪者,也包括严重职务违法者,一般认为对后者不需要也不宜赋予律师帮助权。

笔者认为,律师介入监察调查程序的时间问题应当与职务犯罪监察调查程序的独立化设置一并加以考虑,否则很难有实质化的推进。如前所论,笔者主张在监察委员会的办案活动中设置独立的职务犯罪立案程序,在此基础上,可以参照刑事侦查阶段律师

---

① 参见卞建林:《配合与制约:监察调查与刑事诉讼的衔接》,载《法商研究》2019 年第 1 期;封利强:《检察机关提前介入监察调查之检讨——兼论完善监检衔接机制的另一种思路》,载《浙江社会科学》2020 年第 9 期。

介入的制度设计,规定职务犯罪立案后被调查人被监察机关第一次讯问或者采取留置措施之日起,有权委托律师为其提供法律帮助,符合法律援助条件的,由监察机关通知法律援助机构指派律师为其提供帮助。

相应地,法律援助机构可以在监察机关办案场所、留置室派驻值班律师,在被调查人没有委托律师、法律援助机构也没有指派律师为被调查人提供帮助时,由值班律师为被调查人提供法律帮助。① 此种制度设计,不仅有助于职务犯罪嫌疑人在刑事侦查与监察调查程序中获得平等的律师帮助权,而且能够防止出现法律适用的不统一性,避免同一主体的同一职务犯罪在接受检察机关侦查和接受监察机关调查之间出现权利配置和程序保障上的差别,也能有效地避免一人涉嫌犯数罪且分别由监察机关、公安机关或检察机关管辖时出现律师能够介入刑事侦查程序却被监察调查程序排斥在外的反差,进而维护法律适用的统一性和权威性。

当然,考虑到国家监察体制改革推行不久,让公职人员"不敢腐、不能腐、不想腐"的体制机制还未完全构建到位,反腐败的任务

---

① 参见2021年颁布的《法律援助法》为保障公民和有关当事人的合法权益,保障法律正确实施,维护社会公平正义,加大了法律援助的力度、广度和深度。其中,第22条丰富了法律援助机构组织法律援助人员依法提供的法律援助服务形式,明确列举如下:"(一)法律咨询;(二)代拟法律文书;(三)刑事辩护与代理;(四)民事案件、行政案件、国家赔偿案件的诉讼代理及非诉讼代理;(五)值班律师法律帮助;(六)劳动争议调解与仲裁代理;(七)法律、法规、规章规定的其他形式。"第25条则拓展了强制指定辩护的案件范围,规定"刑事案件的犯罪嫌疑人、被告人属于下列人员之一,没有委托辩护人的,人民法院、人民检察院、公安机关应当通知法律援助机构指派律师担任辩护人:(一)未成年人;(二)视力、听力、言语残疾人;(三)不能完全辨认自己行为的成年人;(四)可能被判处无期徒刑、死刑的人;(五)申请法律援助的死刑复核案件被告人;(六)缺席审判案件的被告人;(七)法律法规规定的其他人员"。这些都反映了现行立法对律师提供法律帮助的功能重视和强化态势。

还很艰巨,因而审慎起见,可以同时规定限制律师介入或者延迟律师介入的情形。比如,在一些重大职务犯罪案件中,要求律师介入之前必须事先取得监察机关的批准;监察机关在同意律师介入的前提下,有权根据案件具体情况限定律师介入的时间节点:自监察对象被监察机关第一次讯问或者采取留置措施之日起,或者自案件移送案件审理部门之日起。

2. 律师介入的身份和权利

对于律师在监察调查阶段介入的身份,学界也存在不小的争论。有学者认为,监察调查的非刑事诉讼性使该阶段的"获得辩护权"不应称为"获得辩护",可概称"获得法律帮助权"。① 笔者认为,"获得辩护"也好,"获得法律帮助权"也罢,不存在本质的差别,硬要区分,也主要是表述上的不同,或者还可能有一些不同的政治性意涵。就此而言,对于监察调查阶段介入的律师,笔者称其为辩护人,因为职务犯罪的监察调查与刑事侦查在本质上是相同的,都需要满足最低限度的程序正义标准,确保被追诉人的律师协助权。

当然,由于国家监察体制改革尚处于初始阶段,反腐败的形势还很严峻,因而基于可行性的考虑,目前可以参照刑事诉讼中的值班律师制度,在监察留置室或者监察委员会办案场所派驻值班律师,为被调查人提供法律咨询等法律帮助;到了案审阶段,再参照刑事侦查程序的设计,赋予被调查人委托辩护律师辩护或者接受指定辩护律师协助辩护的权利,辩护律师可以代理申诉或控告、向监察机关了解被调查人涉嫌的罪名和案件有关情况、会见被调查

---

① 参见陈卫东:《职务犯罪监察调查程序若干问题研究》,载《政治与法律》2018年第1期。

人等。此外,律师对于监察调查阶段认罪认罚的被调查人还具有见证的权利和保证被调查人认罪认罚自愿性的责任。长远来讲,还是应当尽快创造条件,从制度上确立职务犯罪案件的被调查人自始聘请律师协助辩护的权利。

结　语

监察委员会调查职务犯罪的程序构造关涉高效反腐与法治反腐的平衡问题。在提高反腐成效的同时,确保被调查人享有最低限度的正当程序保障,是监察委员会调查职务犯罪的程序构造设计应当努力追求的理想目标。建构"三角结构"的职务犯罪调查程序,允许检察机关监督监察委员会调查职务犯罪的活动,允许律师在监察委员会调查职务犯罪阶段介入,并为其辩护行为提供适当的时空保障,显然有助于上述目标的达成,是实现高效反腐与法治反腐合理平衡的重要举措。

第六章
监察调查措施的法律规制与权利保障

提　要：根据功能特性，可以将《监察法》规定的谈话、询问、查询、调取、勘验检查、鉴定、讯问、冻结、搜查、查封、扣押、通缉、留置、技术调查、限制出境等调查措施划分为四大类：一是常规获取信息类调查措施；二是人身自由限制类调查措施；三是财物权益限制类调查措施；四是隐私秘密探测类调查措施。实践中，这些调查措施的使用存在不节制甚至违纪违法等问题，需要有针对性地进行完善。留置几乎承载了刑事侦查中拘传、取保候审、监视居住、拘留、逮捕等所有强制措施的功能，负荷过重，容易导致留置审批的形式化、留置适用的普泛化、留置期限延长和留置后不及时通知的常态化，违反比例原则，也难以有效防范留置场所发生刑讯逼供等非法取证现象。为此，应当分解留置功能，构建梯度性的监察强制措施体系,确立留置"羁押必要性"审查制度,加强留置场所的规范。违规违纪违法所得财物与涉嫌职务犯罪财物的界限不清,以致对于涉案财物的性质,属于违规违纪违法财物因而可以追缴和没收,还是涉嫌职务犯罪财物因而应当随案移送检察机关,由监察机关自行决定,缺乏监督与救济机制,因而需要明确限定监察机关在涉案财物性质认定方面的裁量权,防范由此引发矛盾和冲突。

伴随着《监察法》《监察法实施条例》等法律文件的出台,监察委员会与纪律检查机关合署办公,实现了违纪调查、职务违法调查与职务犯罪调查的一体化。《监察法》第四章监察权限部分,规定了从线索初核到监察调查的不同阶段监察机关可以采用的15种调查措施,如谈话、询问、查询、调取、勘验检查、鉴定、讯问、冻结、搜查、查封、扣押、通缉等常规调查措施,以及必要情况下采取的留置、技术调查、限制出境等特殊调查措施。

从理论上分析,这些调查措施根据功能特性可以划分为四大类:一是常规获取信息类调查措施;二是人身自由限制类调查措施;三是财物权益限制类调查措施;四是隐私秘密探测类调查措施。实践中,这些调查措施的运用对于监察机关查处职务犯罪发挥了巨大作用,但从被调查人的权益保障来看,也存在调查措施使用不节制甚至违纪违法进行等值得关注和解决的问题。

一、常规获取信息类调查措施的运用与规制

常规获取信息类调查措施包括谈话、讯问、询问、勘验检查、鉴定等。在这些调查措施中,谈话最具特色。实践中,谈话措施在监

察机关办理的职务犯罪案件中几乎都会用到,发挥着重要的功能。鉴于监察调查中的讯问、询问、勘验检查、鉴定措施与刑事侦查中的讯问、询问、勘验检查、鉴定措施类似,相关的研究文献较多,因而以下重点对谈话措施展开研究。

  从广义上讲,谈话可以分为廉政谈话、诫勉谈话和调查谈话。本书研究的是狭义上的谈话即调查谈话。《监察法》第19条规定:"对可能发生职务违法的监察对象,监察机关按照管理权限,可以直接或者委托有关机关、人员进行谈话或者要求说明情况。"第20条第2款规定:"对涉嫌贪污贿赂、失职渎职等职务犯罪的被调查人,监察机关可以进行讯问,要求其如实供述涉嫌犯罪的情况。"第21条规定:"在调查过程中,监察机关可以询问证人等人员。"从《监察法》的规定来看,调查谈话、讯问、询问的界限比较清晰:调查谈话针对的是监察对象的职务违法行为;讯问针对的是监察对象的职务犯罪行为;询问则是针对证人获取证言。不过,根据《监察法实施条例》第55条第1款的规定①,调查谈话不只适用于职务违法,在职务犯罪调查过程中也可能会被采用。究其原因,主要在于职务违法与职务犯罪的界分具有模糊性。从理论上讲,职务违法与职务犯罪主要是程度上的区别,职务犯罪有法定的犯罪构成要件,职务违法的认定则往往是根据职务犯罪的规定降格参照。不过,实践中,监察人员常常是难以在事实调查清楚之前就对被调查人的行为性质是职务违法还是职务犯罪做出判断的,因而

---

① 参见《监察法实施条例》第55条第1款:"监察机关在初步核实中,可以依法采取谈话、询问、查询、调取、勘验检查、鉴定措施;立案后可以采取讯问、留置、冻结、搜查、查封、扣押、通缉措施。需要采取技术调查、限制出境措施的,应当按照规定交有关机关依法执行。设区的市级以下监察机关在初步核实中不得采取技术调查措施。"

要求调查谈话只能在职务违法案件中运用,客观上是不可行的。相应地,在调查谈话中,当监察人员发现案件性质已非原来预判的职务违法,而是更为严重的职务犯罪时,无须也不会停止其正在进行的调查谈话活动。就此而言,尽管《监察法》规定,调查谈话针对的是"可能发生职务违法的监察对象",但实践中有时也会被运用于职务犯罪调查中,某种意义上可以说具有一定的必然性。

(一)调查谈话措施的运用特点与实践意义

从调研来看,监察机关的调查谈话具有鲜明的特点,发挥着重要的作用。

第一,灵活的运用方式。职务犯罪被调查人的身份往往比较敏感,因而监察人员往往在对被调查人的犯罪事实有一定程度的掌握之后才会运用讯问方式。较之于严肃的调查讯问,调查谈话的方式相对灵活,可严肃可和缓,办案人员可以自由地加以控制。尤其是当发现有相关问题线索反映或者有职务违法方面的苗头性、倾向性问题时[①],监察机关运用调查谈话方式获取案件信息,可以避免过早"打草惊蛇",为进一步调查工作的展开做好铺垫。

第二,案件调查与感化教育的结合。调查谈话尽管是一种调查措施,但具有鲜明的教育性。《监察法》规定谈话措施的"主要目的是使监察工作与党内监督执纪'四种形态'的第一种形态相匹配,使谈话成为一种法律手段"[②]。据此,在谈话过程中,监察办案人员通常会结合被调查人的实际情况,进行必要的感化教育。

---

① 参见王中胜:《谈话、讯问、询问三项措施有何不同》,载《中国纪检监察》2018年第12期。

② 中共中央纪律检查委员会、中华人民共和国国家监察委员会法规室编写:《〈中华人民共和国监察法〉释义》,中国方正出版社2018年版,第126页。

主要包括：一是党性教育。通过学习党章、重温入党誓词、过"政治生日"等方式，让被调查人重新审视自己的行为，唤醒党员意识，认识到自己行为的危害性，从抵触、对抗逐步转向认罪和悔罪。二是法治教育。针对一些被调查人法治意识不强、侥幸心理较重以致态度反复、患得患失的特点，监察办案人员时常会加强法治教育，向监察对象讲明坦白从宽、认罪认罚等相关政策，促使其放弃不切实际的对抗念头。三是伦理教育。监察办案人员对部分被调查人还会进行家庭、亲情教育，使其认识到自身行为对家庭、亲人的伤害，从而积极配合调查。概言之，在监察调查谈话中，案件调查与感化教育高度融贯在一起，相互促进。

第三，突出的证据收集效果。从证据收集角度来讲，职务犯罪案件不同于其他犯罪案件，客观性证据较少，高度依赖言词类证据，"因为违纪违法案件很少有可视性现场，纪检监察机关所办案件没有可视性现场可以鉴定，违法违纪案件的现场是空间的，它的属性是依赖'谈话'获得的言词条件予以证明，由此案件调查中的'谈话'，不仅要依靠被调查人的交代和承认来证明、定案，还需要证人、知情人、检举人的陈述，才能最后形成完整的证据链，达到证明犯罪的目的"[①]。换言之，调查谈话形成的言词类证据在目前职务犯罪案件证据体系中占有重要地位，监察机关对案件性质及其严重程度的初步判断往往都是依赖谈话形成的。

(二) 调查谈话措施运用中存在的问题

实践中，监察调查谈话措施的运用也存在一定的问题。

[①] 吴克利：《调查"谈话"方略与技巧：纪检监察办案实务》，中国法制出版社2014年版，第4—5页。

第一,以调查谈话规避讯问。《监察法实施条例》第56条规定:"开展讯问、搜查、查封、扣押以及重要的谈话、询问等调查取证工作,应当全程同步录音录像,并保持录音录像资料的完整性。录音录像资料应当妥善保管、及时归档,留存备查。"据此,监察机关的调查讯问活动必须全程同步录音录像。由于相关法律法规并未规定调查谈话需要全程同步录音录像,调查谈话的程序要求明显低于调查讯问,因而对于已被怀疑涉嫌"贪污贿赂、失职渎职等职务犯罪的被调查人",实践中出现了本应运用讯问措施获取证据却以调查谈话方式实现讯问目的的现象,降低了程序要求。

第二,调查谈话的性质存在异化现象。监察调查措施可以分为任意性措施与强制性措施,前者以被调查人的同意为前提,后者则不以被调查人的同意为前提。对于调查谈话的性质,《监察法》等法律法规并未做出具体规定。从理论上分析,调查谈话应当属于任意性措施,但实践中却表现出明显的强制性色彩。一方面,鲜有被调查人拒绝调查谈话,或者办案人员开展调查谈话前还要征得被调查人同意的情形;另一方面,对于拒不接受调查谈话的被调查人,监察人员通常会采取一定的压力手段使其接受谈话。

第三,调查谈话缺乏必要的法律限制。目前《监察法》《监察法实施条例》等法律法规对调查谈话的时间、次数以及谈话期间的饮食、休息等权益保障的规定较为模糊[①],可操作性不足,存在一定的隐患。实践中,有些监察办案人员对调查谈话时间与次数的安排较为随意,某种程度上将其当成了类似过去纪检监察机关适

---

① 参见《监察法实施条例》第77条规定:"与被调查人进行谈话,应当合理安排时间、控制时长,保证其饮食和必要的休息时间。"

用的"双规""两指"式的强制措施,从而偏离了《监察法》的立法初衷。

(三)调查谈话措施的完善

针对调查谈话措施适用实践中存在的问题,亟需从以下方面加以解决:

第一,强化调查谈话的限制性规范。未来修改相关监察法律法规时,应当对调查谈话的时间与次数进行限制。在这方面,可以参考刑事诉讼法对于传唤、拘传的规定,要求调查谈话的持续时间一般不得超过 12 小时,被调查人涉嫌严重职务违法或职务犯罪,且监察机关已经掌握其部分违法犯罪事实及证据,仍有重要问题需要进一步调查因而拟采取留置措施的,调查谈话的持续时间不得超过 24 小时,不得以连续调查谈话的方式变相拘禁被调查人。调查谈话期间,应当保证被调查人的正常饮食和必要的休息时间。由此,在发挥调查谈话的取证功能之同时,保障被调查人的合法权益。

第二,明确被调查人不配合调查谈话的处理措施。调查谈话实践中,存在被调查人不予配合甚至抵触的现象。对此,有人主张监察机关在此情况下直接适用留置措施,但也有人认为可以强制被调查人完成谈话后再决定下一步采取的措施。如前所述,调查谈话本质上属于任意性措施,因而倘若采取强制压服的方式完成谈话措施,缺乏正当性。笔者认为,面对这种情况,如果监察机关根据调查收集的证据可以认定被调查人已经达到留置措施的适用标准,可以直接采取留置措施,否则,就应当改用其他的调查措施。

第三,防范以调查谈话规避调查讯问的现象。一方面,要提升监察人员的法治意识,加强监察机关内部的监督与制约;另一方面,对于监察机关以调查谈话规避调查讯问所取得的供述证据,进入刑事诉讼程序后,检法机关应当重新进行讯问,不得直接采用,以促进监察调查讯问的规范性。

二、人身自由限制类调查措施的运用与规制

依据《监察法》等法律法规的规定,监察办案中可以采取留置、限制出境、通缉等人身自由限制类调查措施。其中,留置取代了过去纪检监察机关采用的"双规""两指"措施,实现了形式上的合法性,但因其门槛低、适用范围广(严重职务违法和职务犯罪)、适用期间长(长达3—6个月)等原因,因而是监察机关对被调查人有权采取的最严厉的人身强制性调查措施,也是学界争论较多的热点领域,故本部分重点进行研究。

从学界相关的研究来看,对于留置的争论主要集中以下几方面:一是留置的审批机制。主要争点在于是否需要引入司法审查机制?对此,研究者普遍认为,留置具有逮捕的实质,如果不受宪法规定的程序约束,就有违宪之嫌,因而留置措施适用前,应当提交检察机关或者法院批准,如此才符合宪法保障人身自由权利的精神,维护宪法的权威性。[1] 二是留置的适用标准。一种观点主张,留置的适用标准应当严于刑事诉讼法中的逮捕措施;[2]另一种观点则主张,限于目前的国情和立法体系,留置与逮捕的条件应

---

[1] 参见张建伟:《法律正当程序视野下的新监察制度》,载《环球法律评论》2017年第2期。

[2] 参见魏晓娜:《职务犯罪调查与刑事诉讼法的适用》,载《中国人民大学学报》2018年第4期。

当大致相同。① 三是留置的场所。在这方面,主要有三种观点:一种主张在原来纪委办理党员纪律审查的场所;另一种主张是将留置地点限定在看守所;②还有一种主张是新建独立的满足《监察法》要求的留置场所。四是留置后通知家属的问题。《监察法》第44条规定,监察机关留置被调查人后应当通知其家属,同时规定了有碍调查而不通知的例外情形。有学者基于对以往刑事诉讼强制措施适用实践的分析,主张为防止监察机关随意扩大"例外情形"的范围,监察机关留置被调查人之后应当一律通知其家属。③ 五是留置与刑事强制措施的衔接。争论主要在于监察调查案件移送审查起诉之后,留置与逮捕之间如何转换?④ 该问题随着《刑事诉讼法》2018年的修正得以解决,修正后的《刑事诉讼法》第170条第2款规定:"对于监察机关移送起诉的已采取留置措施的案件,人民检察院应当对犯罪嫌疑人先行拘留,留置措施自动解除。人民检察院应当在拘留后的十日以内作出是否逮捕、取保候审或者监视居住的决定。在特殊情况下,决定的时间可以延长一日至四日。"不过,实操层面的问题解决并不代表相关理论争论的结束,学界对于《刑事诉讼法》第170条第2款规定的"先行拘留"措施的性质、体系化定位以及事后发现犯罪嫌疑人无罪时对于错误拘

---

① 参见谭世贵:《监察体制改革中的留置措施:由来、性质及完善》,载《甘肃社会科学》2018年第2期。
② 参见陈光中、姜丹:《关于〈监察法(草案)〉的八点修改意见》,载《比较法研究》2017年第6期;刘磊:《刑事诉讼法与监察法衔接的政治逻辑》,载《地方立法研究》2018年第5期。
③ 参见陈光中、兰哲:《监察制度改革的重大成就与完善期待》,载《行政法学研究》2018年第4期。
④ 参见秦前红、石泽华:《监察委员会留置措施研究》,载《苏州大学学报(法学版)》2017年第4期。

留的国家赔偿主体等方面,仍然存在不小的认识分歧。

笔者认为,留置措施的立法及其适用,之所以引发了广泛的关注和激烈的论争,原因是复杂的,但主要根源在于《监察法》让留置措施承载的功能过多、过重。下面,从留置功能的视角切入,探讨留置措施存在的问题及其解决之道。

(一)刑事侦查强制措施的功能分析

留置是监察机关调查职务犯罪的重要手段和保障措施,在探讨其功能之前,先对刑事侦查强制措施的功能进行初步分析,以作为有益的参照。

在刑事侦查阶段,强制措施的功能大致包括四个方面:约束到案功能;查找证据功能;稳定证据功能;候审功能。其中,约束到案功能是指约束犯罪嫌疑人到案并进行讯问;查找证据功能是指以查明犯罪事实、形成完整证据体系为目的的查证活动;稳定证据功能是指以稳定已有证据体系为目的的查证活动;候审功能则是指约束犯罪嫌疑人等候审判,具体有收监候审与出监候审两种方式。具体而言,在刑事侦查阶段,不同的强制措施所承载的功能有别。

其一,拘传的功能定位是约束到案与查找证据。前者是指强制犯罪嫌疑人到案,使其处于侦查机关的控制之下,并为后续调查创造条件;后者是为了实现犯罪嫌疑人的概括认罪,以便达到拘留、逮捕的适用标准。约束到案是拘传的主要功能,查找证据则是其辅助功能。

其二,拘留的功能定位主要是约束到案、候审和查找证据。首先,刑事拘留具有约束到案功能,这主要体现在刑事拘留作为现行犯或重大嫌疑分子的初次到案措施。其次,刑事拘留具备一定的候审功能,有助于保证诉讼活动的顺利开展。最后,查找证据是刑事拘留在侦查阶段的重要功能。有学者调研发现,"刑拘前(主要是到案阶段)与侦查羁押阶段(刑拘+逮捕阶段)的查证保障功能基本相当,而后者的此一功能主要体现在刑拘阶段,逮捕阶段的查证保障功能很弱"①。可见,刑事拘留的查找证据功能表现得较为明显。

其三,逮捕的功能定位是候审和稳定证据。一方面,逮捕针对的是社会危险性较高的犯罪嫌疑人,为了消除其社会危险性而予以羁押候审,排除对诉讼活动的妨碍;另一方面,逮捕还具有稳定证据的功能,根据学者的实证研究,"到案阶段的查证量较大,与之相比,刑拘阶段的查证量基本相当,而逮捕阶段的查证量少得多"②"逮捕阶段的讯问不涉及犯罪事实的发现,但具备稳定口供、证明案情的作用,这是一种证据固定功能"③。实践中,在逮捕羁押期间,新的事实与证据已经较少出现,此时更多发挥的是稳定证据功能。

其四,取保候审与监视居住的功能较为单一,主要发挥的是候审功能。采取取保候审与监视居住措施,往往就意味着犯罪嫌疑人的社会危险性较低,不必收监候审。这两种强制措施的人身强制性相对较弱,对于许多需要采取一定人身限制措施,但强度不需达到逮捕程度的犯罪嫌疑人,采用取保候审与监视居住可以满足这一需要。此外,取保候审与监视居住常常适用于犯罪嫌疑人出

---

① 左卫民等:《中国刑事诉讼运行机制实证研究(二)》,法律出版社2009年版,第14—15页。

② 马静华:《中国刑事诉讼运行机制实证研究(三)》,法律出版社2010年版,第113—118页。

③ 左卫民等:《中国刑事诉讼运行机制实证研究》,法律出版社2007年版,第105页。

现身患重病、生活不能自理,怀孕或正在哺乳自己婴儿的妇女等情形,在保证案件侦查活动顺利进行的前提下,强化了人权保障作用。

综上分析,在刑事诉讼强制措施体系中,拘传、取保候审、监视居住、拘留、逮捕等强制措施形成了一个由低到高的强度梯次,各自发挥着不同的功能,合理互补互促,有利于实现犯罪控制与人权保障的均衡追求。

(二)监察留置功能的"难以承受之重"

与刑事诉讼法中关于强制措施的体系设计不同,《监察法》只规定了留置这一种针对人身自由的强制措施。由立法规定与实践运行可知,在监察机关调查职务犯罪的过程中,留置几乎承载了刑事诉讼中拘传、取保候审、监视居住、拘留、逮捕五种强制措施的功能,因而将留置仅视为一种单纯的调查手段而非强制措施①,或者将留置等同于逮捕②的观点,可能都是不准确的。

首先,留置具有约束到案功能。在监察机关办理职务犯罪案件过程中,可以单独作为一种调查措施对被调查人进行讯问,进而突破其口供;但若遇到被调查人不配合,因而需要采取留置措施

---

① 有观点认为,"逮捕等强制措施的功能在于保证刑事诉讼顺利进行,留置与逮捕等强制措施的定位有较大差异,留置是改革文件所明确的一种调查手段,而非程序性保障措施,留置过程往往伴随着讯问等调查取证活动,其与讯问、询问、勘验检查等同属监察调查手段,这是留置性质的特殊之处"。参见叶青:《监察机关调查犯罪程序的流转与衔接》,载《华东政法大学学报》2018年第3期。

② 有观点认为,"凡有逮捕之实,无论出自什么样的名目,都视为宪法中的'逮捕'。有逮捕实质而不受宪法限定的程序约束,就有违宪之嫌。因此,称为'留置'也好,'拘置'也好,'羁押'或者'逮捕'也罢,都应当提交人民检察院批准或者人民法院批准"。参见张建伟:《法律正当程序视野下的新监察制度》,载《环球法律评论》2017年第2期。

时,留置就发挥着重要的约束到案功能。当然,监察机关依法也可以不经讯问而直接采取留置措施,促使被调查人到案接受调查。

其次,留置具有查找证据的功能。根据《监察法》的规定,采取留置措施需要具备三个方面的条件:被调查人涉嫌贪污贿赂、失职渎职等严重职务违法或者职务犯罪;监察机关已经掌握其部分违法犯罪事实及证据,仍有重要问题需要进一步调查;可能有妨碍调查行为的情形。可概括为涉案要件、证据要件和危险性要件,三者相互联系、缺一不可。据此,从法解释学的角度分析,留置措施的主要功能是为了查找证据和保障调查行为顺利开展。

再次,留置具有稳定证据的功能。从留置措施的适用与监察办案方式来看,监察机关在办理职务犯罪案件时,通常会经历从案件监督管理部门到案件审查调查部门再到案件审理部门的内部流转程序。案件监督管理部门主要负责对案件线索的处置,之后交由案件审查调查部门进行调查,留置决定通常在该环节作出,案件的证据收集与事实认定也基本在该阶段完成,随后会交由案件审理部门进行最后的审核把关、作出处理决定以及移送检察机关审查起诉,留置措施一般也会持续到案件移送司法机关之日。而从案件审查调查部门处理的后期开始,特别是在案件审理部门的处理阶段,完善和稳定案件证据体系是留置的主要功能。

最后,留置具有羁押候审功能。根据《监察法》的规定,留置解除的情形有三:期限届满解除;移送司法解除;自行纠正解除。与此同时,《监察法》并没有规定类似于取保候审、监视居住之类的留置替代措施或变更方式。因此,只要留置期限不届满且监察机关不自行纠正,那么在案件移送司法机关之前,留置将一直持续,被调查人也始终会处于在押状态。毫无疑问,在查找证据任务完成后,倘若继续进行留置,则其发挥的便主要是羁押候审功能。

换言之,当监察调查进入后期,被调查人已经具备类似于取保候审与监视居住适用条件的情形,理应出监候审,但由于相关法律规定的缺失,被调查人仍然只能被继续留置,直到移送检察机关审查起诉。

由上可见,在职务犯罪调查过程中,留置的适用不同于刑事强制措施,通常发挥着约束到案、查找证据、稳定证据和羁押候审等多种功能,处于"难以承受之重"的状态。①

(三)监察留置功能过度承载引发的问题

从实践调研来看,强制措施数量过少,缺乏类似于取保候审、监视居住之类的措施,难以像刑事诉讼中那样能够因应不同的功能需求适用不同的强制措施,因而容易导致留置审批的形式化和留置适用的泛化,违反比例原则,"逢案必留",被调查人的合法权益得不到应有的保障。

第一,"逢案必留"有重蹈"构罪即捕"覆辙的风险。留置适用的条件为涉案要件、证据要件和危险性要件,从其可以适用于职务违法案件且只要已经掌握其部分违法犯罪事实及证据就达到证据标准来加以判断的话,适用门槛比较低。从法理上讲,留置措施对被调查人的人身自由权利造成重大干预,监察机关在决定是否适用留置措施时,应当充分考虑羁押必要性,即《监察法》规定的危险性要件,但实践中由于留置承担了太多的功能,以致羁押必要性的考量不同程度地被虚化,"逢案必留",使以往刑事侦查实践中

---

① 此外,根据纪检监察机关的看法,留置的目的不是单纯的办案,而是在有限的时间和空间内,通过对一个个犯了错误的个体进行改造,实现自我净化、自我纠偏。参见《〈中华人民共和国监察法〉案例解读》编写组编写:《〈中华人民共和国监察法〉案例解读》,中国方正出版社2018年版。

曾经存在过的"构罪即捕"现象在当下的监察调查活动中某种程度上"重演",需要予以警惕和防范。

第二,留置审批程序容易被虚置。《监察法》第43条规定:"监察机关采取留置措施,应当由监察机关领导人员集体研究决定。设区的市级以下监察机关采取留置措施,应当报上一级监察机关批准。"由此可见,对于留置措施的适用,法律规定了集体研究和提级审批制度,强化留置措施的程序性控制。不过,留置功能的过度承载和监察调查机关的办案需求可能会使法定的留置审批程序的控制力度被弱化,效果被消解,学界提出的加强留置措施的程序性控制和采行司法审批原则的建议或设想,更是难以落地和被监察机关接受。这在"立案型留置"的审批中体现得尤为明显。①

第三,留置期限难以完全满足一些特殊情形的职务犯罪案件办理需求。尽管学界普遍对留置期限的设置存在质疑,担心长达六个月的留置期限会产生程度不同的"隐性"超期羁押问题,可能会不当地侵犯被调查人的人身自由权利,但从实证调研来看,不少监察调查人员仍然反映留置期限"不够用",特别是在一些疑难复杂、涉及人数众多的职务犯罪案件中,监察机关在六个月的留置期限内可能难以查明事实,但又苦于缺乏类似取保候审、监视居住等之类的留置替代措施可以适用,在此情形下,很有可能出现超期羁押或者在办案期限压力下违规取证的问题。

第四,被调查人合法权益被不当侵犯的风险上升。对监察人员而言,将被调查人控制在办案机关主导的环境中是最便利高效的取供方法,因而容易出现"留置时间延长的常态化和留置后不及

---

① "立案型留置"是指监察机关在作出立案决定时同步决定适用的留置措施。具体参见谢登科:《论立案型留置措施》,载《兰州学刊》2022年第10期。

时通知的常态化"①,这都会对被调查人合法权益的保障形成冲击。不仅如此,留置功能的过度承载还使实践中留置措施的适用常态化,加大了对被调查人人身自由权利的威胁。实践中,被调查人在留置期间被罚坐、挨饿等逼供现象时有所闻。

当然,从对一些监察人员的访谈和媒体的报道来看,在监察机关办理职务犯罪的当下实践中,上述弊端体现得尚不明显。究其原因,笔者认为可能主要源于以下两点:一是监察机关的严格自律。目前尚处于国家监察体制改革的初期,监察机关自上而下对于办案活动都提出了严格的纪律要求,案件办理的规范性程度较高,在留置措施的适用上也较为慎重。二是监察留置实行民主集中制的决策机制。根据《监察法》等法律法规,对于留置措施,不仅实行上提一级的做法,而且采取集体决策的机制,保持了较强的克制态度。

(四)留置的功能分解与制度完善

留置措施在监察机关调查职务犯罪的过程中发挥了积极作用,但过于繁重的功能承载也引发了一定的负面效应,需要调整和改革。

第一,解决留置措施功能过度承载问题的关键是完善监察立法,构建梯度性的监察强制措施体系,在完善调查手段的同时实现保障人权的目标。② 具体而言,可以参照刑事诉讼强制措施体系的设置模式,改变目前只有留置这种单一的自由剥夺性强制措施

---

① 参见周长军:《监察委员会调查职务犯罪的程序构造研究》,载《法学论坛》2018年第2期。
② 叶青、程衍:《关于独立监察程序的若干问题思考》,载《法学论坛》2019年第1期。

设置状态,增设限制人身自由的临时羁押性强制措施和非羁押性强制措施,合理分解留置的功能,将留置的适用对象限定于人身危险性高、不留置便难以保障调查顺利进行的被调查人,减少留置措施的适用。临时羁押性强制措施,是指监察机关可以适用的类似于刑事拘传的约束到案和查找证据的强制措施;非羁押强制措施,则是指在监察调查程序中可以适用的类似于取保候审、监视居住的限制被调查人人身自由的强制措施。通过这两类强制措施的设置,使那些社会危险性较低、不被控制在留置场所也不会影响案件调查的被调查人得以在羁押场所外等候调查和处理,不对其生活、工作等造成太大的干扰和影响。

第二,遵循比例原则,建构留置的"羁押必要性"审查制度。一方面,在留置的决定与审批过程中,要强化对危险性要件的审查,严格留置的适用标准和审批的审慎性,对反腐败工作的需要、监察调查顺利进行的保障需求和被调查人基本权利受到的不利干预等方面进行综合的理性评估和权衡;另一方面,在留置获批之后的适用过程中,也要持续进行羁押必要性审查,避免出现隐性超期羁押问题,保障被调查人的合法权益。此外,还应完善立法关于危险性要件的规定,增加被调查人可能实施新罪以及被调查人有危害国家安全、公共安全或者社会秩序的现实危险的情形,同时删除《监察法》第 22 条中"并有下列情形之一的"规定,由目前监察机关根据单一影响因素决定留置适用的做法,改采用综合考量模式,实现留置决定的理性化。

第三,确立留置变更制度。在《监察法》规定的三种留置解除情形中,期限届满解除与移送司法解除是自动解除,自行纠正解除则属于依职权解除。未来应当随着监察强制措施体系的完善,确立留置变更制度,即允许被调查人及其法定代理人、近亲属乃至律师向留置决定机关提出变更为非羁押强制措施的申请,当留置决定机关审核后,认为被调查人符合非羁押强制措施适用条件的,应当予以准许,以充分保障被调查人的合法权益。

第四,加强留置场所的监督和规范,完善刑讯逼供罪立法。从实践中看,各地监察机关普遍在看守所之外自建了专门的留置场所,由公安机关招聘辅警保障安全,全天24小时严格监管被留置者。一方面,大大提高了监察办案效能,被留置人员最后基本上都会做出供述;但另一方面,对于留置所的设置、监管和被留置人的权利保障,尚未出台专门的法律法规予以规范①,留置所的监管活动具有很强的不透明性。除监察机关和被留置者外,检察人员、律师等第三方难以介入和监督留置所的监管活动,所以无论是日常的监管活动,还是留置期间对被调查人的讯问活动,其合法性和规范性的保障主要依赖于监察机关的自我约束。当被留置者认为其合法权益受到调查人员的侵害时,如何申请和获得救济,尚缺乏明确的法律规定。此外,我国刑法关于刑讯逼供罪的主体之表述,并不包括作为办案主体的监察调查人员,因而不仅在理论上存在漏洞,更重要的是,不利于对监察调查人员违法讯问行为的惩戒和威慑。为此,应当尽快研究制定《留置所条例》,严格对留置活动的规范和约束,同时修改刑法,扩大刑讯逼供罪的犯罪主体,将监察调查人员纳入其中,以强化其规范取证意识,提升人权保障水准。

---

① 为加强对看守所的规范,不仅国务院于1990年3月出台了《中华人民共和国看守所条例》,而且公安部于1991年印发了《〈中华人民共和国看守所条例实施办法〉(试行)》。

三、财物权益限制类调查措施的运用与规制

财物权益限制类措施是指针对钱财或物资的强制措施,包括搜查、查询、调取、查封、扣押、冻结、没收、追缴、责令退赔等。根据其目的,财物权益限制类措施又可细分为如下三类:一是改变财物状态类措施。该类措施是指对被调查人以及可能隐藏被调查人或者犯罪证据的人的身体、物品、住处和其他有关地方进行搜寻和检查的强制方式,如搜查等,其主要目的是将存在于人的身体、物品、住处和其他有关地方的证据收集出来,改变财物的既有保存状态。二是提取财物信息类措施。该类措施是指将证明案件事实的相关证据所蕴含的信息如"存款、汇款、债券、股票、基金份额……个人档案、个人有关事项报告、通信记录、房产、车辆登记、出行记录、住宿登记等"[①],通过技术手段收集起来,并非改变财物的存储状态,也不是限制其使用权,而是将这些信息提取出来用以分析与证明,如查询、调取等措施。三是阻止财物流转类措施。该类措施是指对涉案人员的财物或场所就地封存、扣留,防止案件当事人处分、转移财产,其核心特征是阻止涉案财物的流转,保证案件调查与执行的顺利进行,如查封、扣押、冻结等措施。四是直接处置财物类措施。该类措施是指涉案人员的行为虽不构成犯罪,但被纪检监察机关认定为违反党纪政纪行为,且由纪检监察机关对涉案人员实施该行为所获得的财物收缴并上缴国库或责令退还被害人,如

---

① 赵德华、张东晓:《浅谈查询和调取措施的运用》,载《中国纪检监察报》2021年3月24日第8版。

没收、追缴、责令退赔等。

对于财物权益限制类措施,我国相关立法有明确的规定。《监察法》第 25 条规定:"监察机关在调查过程中,可以调取、查封、扣押用以证明被调查人涉嫌违法犯罪的财物、文件和电子数据等信息。采取调取、查封、扣押措施,应当收集原物原件,会同持有人或者保管人、见证人,当面逐一拍照、登记、编号,开列清单,由在场人员当场核对、签名,并将清单副本交财物、文件的持有人或者保管人。对调取、查封、扣押的财物、文件,监察机关应当设立专用账户、专门场所,确定专门人员妥善保管,严格履行交接、调取手续,定期对账核实,不得毁损或者用于其他目的。对价值不明物品应当及时鉴定,专门封存保管。查封、扣押的财物、文件经查明与案件无关的,应当在查明后三日内解除查封、扣押,予以退还。"第 46 条规定:"监察机关经调查,对违法取得的财物,依法予以没收、追缴或者责令退赔;对涉嫌犯罪取得的财物,应当随案移送人民检察院。"《监督执纪规则》第 34 条规定:"核查组经批准可以采取必要措施收集证据,与相关人员谈话了解情况,要求相关组织作出说明,调取个人有关事项报告,查阅复制文件、账目、档案等资料,查核资产情况和有关信息,进行鉴定勘验。对被核查人及相关人员主动上交的财物,核查组应当予以暂扣。"第 47 条规定:"查封、扣押(暂扣、封存)、冻结、移交涉案财物,应当严格履行审批手续。执行查封、扣押(暂扣、封存)措施,监督执纪人员应当会同原财物持有人或者保管人、见证人,当面逐一拍照、登记、编号,现场填写登记表,由在场人员签名。对价值不明物品应当及时鉴定,专门封存保管。纪检监察机关应当设立专用账户、专门场所,指定专门人员保管涉案财物,严格履行交接、调取手续,定期对账核实。严禁私自占有、处置涉案财物及其孳息。"第 48 条规定:"对涉嫌严重违纪或者职务违法、职务犯罪问题的审查调查谈话、搜查、查封、扣押(暂扣、封存)涉案财物等重要取证工作应当全过程进行录音录像,并妥善保管,及时归档,案件监督管理部门定期核查。"第58条规定:"对被审查调查人违规违纪违法所得财物,应当依规依纪依法予以收缴、责令退赔或者登记上交。对涉嫌职务犯罪所得财物,应当随案移送司法机关。对经认定不属于违规违纪违法所得的,应当在案件审结后依规依纪依法予以返还,并办理签收手续。"《监刑衔接意见》规定:"监察机关在调查过程中发现可以证明被调查人涉嫌职务犯罪的各类财物,应当查明其权属、来源、去向、收益以及与违法犯罪事实的关系等情况,及时、全面、准确地予以查封、扣押或者冻结。追缴涉案财物以追缴原物为原则,原物已经转化为其他财物的,应当追缴转化后的财物。有证据证明依法应当追缴、没收的涉案财物无法找到、被他人善意取得、价值灭失减损或者与其他合法财产混合且不可分割的,可以追缴、没收其他等值财产。"已建立涉案财物集中管理机制和统一保管平台的,应当将有关涉案财物纳入该平台统一保管和处置;监察机关认定为被调查人违法所得需要上缴国库的涉案财物,由监察机关上缴国库。

从调研来看,目前立法规定的财物权益限制类措施在监察机关办理的职务犯罪案件适用实践中,存在一些需要研究解决的问题。

(一)改变财物状态类调查措施的问题及其应对

搜查是监察调查中常用的改变财物状态类调查措施,其在实践中主要存在以下问题:一是监察搜查没有设立无证搜查制度。《监察法实施条例》第113条第2款规定:"搜查时,应当有被搜查人或者其家属、其所在单位工作人员或者其他见证人在场。监察人员不得作为见证人。调查人员应当向被搜查人或者其家属、见证人出示《搜查证》,要求其签名。被搜查人或者其家属不在场,或者拒绝签名的,调查人员应当在文书上记明"。据此,调查人员搜查时应当出示《搜查证》。但实践中,不少突发情况下,调查人员根本来不及申请《搜查证》,因而此规定不能有效满足监察调查实践中对无证搜查制度的需要。无证搜查制度的缺失在实践中的风险,主要是调查人在没有取得搜查证的情况下,仍然违规搜查被调查人的人身、手机、住处等,从而不当地侵犯被调查人的尊严、隐私等合法权益。此外,还可能会导致调查人员违背法定条件和程序,采取更为宽松的调取、勘验、检查、鉴定等方式,替代或规避搜查措施的问题。比如,以所谓治安检查的名义直接在犯罪嫌疑人所在现场提取电子数据等,从而行"搜查"之实。二是有证搜查的程序性约束薄弱。《监察法》在规定有证搜查的同时,要求搜查应当全过程录音录像,而且监察机关的案件监督管理部门要定期核查,但并未明确搜查的审批机制,对搜查的条件、外部监督机制等也未做出相应的规定。

鉴此,对于搜查制度,应当重点从以下方面加以完善:

第一,适当调整搜查措施的适用条件。实践中,搜查制度难以得到良好适用的原因是多方面的,其中比较重要的一点是,搜查所需的前置审批程序难以适应部分职务犯罪案件快速调查的需求。具体而言,监察调查人员申请《搜查证》需要耗费一定的时间、精力和程序成本,加之,在突发紧急状态下申请取得并等待《搜查证》的获批是不现实的,由此就出现了调查人员不愿意或来不及申请《搜查证》的情形。在解决方案方面,显然无法参照《刑事诉讼法》第138条第2款关于"在执行逮捕、拘留的时候"可以无证进行附随搜查的规定,因为《监察法》没有规定拘留、逮捕措施,而且无证搜查通常就是为了应对突发紧急情况之需而采取的,因而将逮捕、拘留作为适用留置的前提条件,无疑抬高了无证搜查的适用标准,封堵了无证搜查的空间。鉴于此,应当放宽无证搜查的适用条件,无证搜查制度的建构不能将执行逮捕、拘留作为适用前提,同时建立无证搜查的事后审查机制,防止无证搜查的随意化和任意化,实现放权与控权的有机统一,保障被调查人的合法权益。如果经审查,发现无证搜查错误且可能严重影响司法公正,调查人员又不能补正或合理解释的,搜查所得的物证、书证应当排除。

第二,强化检察机关对搜查取证的程序控制。对于调查人员使用搜查措施的行为,目前实行的监察机关内部审批做法难以满足社会公众不断强化的权利保障需求,因而需要进行改革和调整。在我国目前的体制框架下,无论是对于监察调查人员采取的有证搜查所进行的事前审批,还是对于监察调查人员采取的无证搜查所进行的事后审查,均宜由作为法律监督机关的检察机关负责,以有效防范搜查措施的滥用和对被调查人权益的不当侵犯。

(二)阻止财物流转类调查措施的问题及其应对

监察调查实践中,阻止财物流转类措施的运用主要存在以下问题:

一是决定权与执行权合一,导致一定程度的适用随意性。理论上,诸如查封、扣押、冻结等阻止财物流转类措施属于对物适用的强制措施,西方法治国家普遍赋予法官对这些强制措施的审批决定权,职务犯罪的办案机关则只享有执行权。与之有别,我国《监察法》将阻止财物流转类措施的决定权与执行权均交由监察机关行使。虽然《监察法》第41条和《监察法实施条例》第56条明确规定,开展查封、扣押等调查取证工作,应当全程录音录像,并保持录音录像资料的完整性,对调查人员形成了一定的制约,但由于录音录像不随案移送检法机关,只是规定"人民检察院、人民法院需要调取同步录音录像的,监察机关应当予以配合,经审批依法予以提供",所以制约力度和效果显然存在局限性。实践中,对于是否适用以及如何适用阻止财物流转类调查措施,监察机关通常从便利调查工作开展的角度考虑较多,而不太会关注是否已满足这些措施的法定证明标准,因而容易违背比例原则的精神和要求,不合理地查封、扣押、冻结涉案财物,甚至违法地查封、扣押、冻结非涉案财物,比如,将被调查人子女及其他关系人的财产也纳入查封、扣押、冻结的范围内,侵犯了被调查人及相关人员或单位的财产权利。

二是被调查人的救济权利难以实现。根据《监察法》第60条的规定,监察机关及其工作人员应当解除查封、扣押、冻结措施而不解除的,被调查人及其近亲属有权向该机关申诉,从而赋予被调查人及其近亲属对于不当查封、扣押、冻结的申诉救济权。不过,实践中,由于接受被调查人及其近亲属申诉的是作出查封、扣押、冻结行为的监察机关,法律并未进一步确立来自检察机关的制约机制,属于典型的自体监督,救济效果显然是有限的。

三是涉案财物扣押过程中存在登记不规范、不准确、未鉴定先定性等问题。对于贵重物品,办案人员凭借常识或者肉眼作出判断,如将扣押物品登记为蜜蜡多少克、PRADA包1个,"绿色石质"记录为"翡翠"等。对这些物品,非专业人士很难鉴别,一旦出现错误,后续处理会比较棘手。在涉案物品鉴定上,亦存在委托鉴定的规范及流程不明确等问题。①

四是涉案财物保管方面存在隐患。一方面,对于查封、扣押、冻结的涉案财物,我国通常采取"谁办案,谁管理"的模式,监察调

---

① 参见周帆:《怎样提升涉案财物处理规范化水平》,https://baijiahao.baidu.com/s? id=1696980385708991214&wfr=spider&for=pc,2022年3月16日访问。

查机关往往就是涉案财物的保管机关,因而存在腐败风险。据权威机关指出,长期以来"丢失、损毁或者泄密以及贪污、挪用、截留、私分、调换、违反规定使用涉案财物"①的问题层出不穷,与涉案财物保管制度不完善具有直接关系。另一方面,涉案财物保管制度尚不完善,无论是非职务犯罪办理的"侦查—起诉—审判"模式,还是职务犯罪办理的"调查—起诉—审判"模式,均面临涉案财物保管难问题,以致时而会出现涉案财物所有人与办案机关之间的纷争。

解决上述问题,需要对阻止财物流转类措施的相关制度进行完善。

第一,构建阻止财物流转类措施的决定权与执行权分立制度,强化公民财产权的保障。通过立法明确职务犯罪调查中,监察机关仅有对适用查封、扣押、冻结措施的决定权,执行权则交由公安机关行使,从而实现监察机关与公安机关之间的有效制约,减少或避免监察机关在涉案财物上可能发生的腐败现象。为防止公安机关敷衍执行、过度执行等问题,检察机关应当关注和监督监察调查阶段阻止财物流转类措施的执行活动。当然,长远来讲,随着各方面条件的成熟,应当将阻止财物流转类措施的决定权转移给检察机关来行使,执行权则交由监察机关行使。

与此同时,阻止财物流转类措施的审批决定机关应当重视对查封、扣押、冻结财物相关性的审查,注重审核其权属,及时解除与案件无关财物的强制措施并依法予以返还。案件办理过程中应就财产权属问题讯问被告人,确有争议的应充分运用调取、核实证据

---

① 《最高检案件管理办公室负责人就人民检察院刑事诉讼涉案财物管理规定答记者问》,https://www.sohu.com/a/5180104_118060,2021 年 7 月 28 日访问。

的权力查清查实。从立法角度上,建议《监察法》《刑事诉讼法》进一步明确查封、扣押、冻结财物相关性的审查判断标准,强化审批决定机关的可操作性。

第二,引入检察机关作为权利救济机关。对于阻止财物流转类措施,一方面,应当通过立法明确检察机关对被调查人的救济责任;另一方面,实践中,应当将检察机关对监察机关、公安机关在适用阻止财物流转类措施方面提出的监督"纠正意见"与监察机关、公安机关办案人员的绩效考核挂钩,促使办案人员规范权力行使行为,提升被调查人财产权利保障水平。

第三,构建涉案财物统一保管制度。涉案财物保管问题的解决,关键在于如下两个方面:一方面,涉案财物保管应当摒弃目前这种随诉讼阶段流转的不合理状况,独立于办案流程;另一方面,将涉案财物交由调查机关与被调查人以外的第三方机构进行保管[1],减轻监察机关的工作负担,同时也有助于实现涉案财物的规范化管理。山东省不少地方探索"涉案财物集中管理",并取得了积极的效果。比如,泰安市委政法委和市纪委牵头,联合市法院、市检察院、市公安局、市司法局、市财政局等部门印发《泰安市涉案财物管理工作实施办法》,快速建立涉案物品管理中心,通过政府购买服务,依托有政法背景、保密资质的国有企业——山东泰山保安服务有限公司进行统一管理;将全市政法单位、纪委监委、财政部门纳入涉案财物统一管理体系,实现了新的权力监督形式。[2]另据报道,由山东省委政法委牵头省标准化研究院,编制了《山东

---

[1] 参见田力男:《涉众型经济犯罪涉案财物先行处置初探》,载《法学杂志》2020年第8期。

[2] 参见《泰安市创立跨部门涉案财物管理第一个省级标准》,http://www.sd.xinhuanet.com/ztjn/2021-02/28/c_1127145301.htm,2021年8月1日访问。

省涉案财物管理标准规范体系》，成为全国涉案财物集中管理第一个省级标准，为加强涉案财物管理和促进经验推广提供了规范引领。①

(三) 直接处置财物类措施存在的问题及其应对

根据《监察法》的规定，监察机关可以采取的直接处置财物类措施主要有没收、追缴和责令退赔。《监察法实施条例》第208条仅是规定对涉嫌职务犯罪财物移送检察机关，《监督执纪规则》第58条规定："对被审查调查人违规违纪违法所得财物，应当依规依纪依法予以收缴、责令退赔或者登记上交。对涉嫌职务犯罪所得财物，应当随案移送司法机关。"据此可见，党内法规和监察规范将涉案财物的处置进行了二分，即区分为违规违纪违法所得财物与涉嫌职务犯罪财物。没收、追缴、责令退赔只适用于违规违纪违法所得财物，不包括涉嫌职务犯罪财物。对于涉嫌职务犯罪财物，监察机关应当随案移送审查起诉机关，不得直接处置。

在当下的职务犯罪案件中，涉案金额越来越大已是一个突出的现象，实践中往往是被调查人一旦涉案，相关的财产会尽数被查封、扣押或冻结，因为监察机关担心若前期查封、扣押、冻结不及时、不全面，会导致后期追缴执行不力。

调研发现，直接处置财物类措施的适用中存在的主要问题是：首先，违规违纪违法所得财物与涉嫌职务犯罪财物的界限不清晰，以致对于哪些涉案财物属于违规违纪违法财物，哪些财物属于涉嫌职务犯罪财物，完全由监察机关自行决定，缺乏有效的约束，使

---

① 参见《泰安市创立跨部门涉案财物管理第一个省级标准》，http://www.sd.xinhuanet.com/ztjn/2021-02/28/c_1127145301.htm，2021年8月1日访问。

得监察调查机关在确定被调查人涉案财物性质方面的裁量权过大。实践中,纪检监察机关在调查结束处理涉案财物时,对于那些与案件无关的要立即返还原财物持有人或保管人;对于涉嫌职务犯罪财物,要随案移送检法机关;对于不属于犯罪所得但系违规违纪违法所得财物,则依法没收或追缴。换言之,纪检监察机关在同一案件查封、扣押或冻结的涉案财物中,最后可能被认定为不同的性质:有些仅属于违规违纪违法所得财物,有些则属于涉嫌职务犯罪财物,甚至在许多案件中,被认定为违规违纪违法所得财物的数额远大于被认定为涉嫌职务犯罪财物的数额。

职务犯罪案件中被认定为违规违纪违法所得财物之所以常常占到了所有涉案财物中的很大比例,根据笔者的调研,主要有两个方面的原因:一是作为贪污受贿犯罪所得财物的证据不足,故只能按照违规违纪违法财物进行处置。但正如某接受访谈的法律实务人员所指出的,其问题在于,监察机关将涉案财物二分为要么是犯罪所得要么是违规违纪违法所得,可能忽略了巨额财产来源不明罪的适用。二是利益驱动的结果。正如有学者在调研基础上所指出的,"为了获得更多的经费支持,地方监察机关可能将涉嫌职务犯罪案件按照违纪、职务违法案件处理而不通过正常程序向司法机关移送"[①]。究其理由,监察案件办理实践中,被认定为违规违纪违法所得财物并不随案移送至检察机关,而是由监察机关予以没收或者追缴,并由此可以按照一些地方的规定获得一定比例的返还。

其次,对于纪检监察机关在认定涉案财物性质方面的权力行

[①] 詹建红、崔玮:《职务犯罪案件监察分流机制探究——现状、问题及前瞻》,载《中国法律评论》2019年第6期。

使,缺乏有效的监督与救济机制。具体而言,对于监察机关将哪些涉案财物认定为违规违纪违法所得财物以及如何加以认定的,无论是标准还是程序均缺乏公开性,检察机关和律师均无法介入和监督,法院也无权进行调整,因而主要依靠监察机关内部的自我约束,被调查人即便不服,也只能向监察机关提出申诉,被调查人的后续维权面临很大困难。尤其是在监侦互涉案件中,被调查人针对个人财产的维权更为困难。在此类案件中,被监察机关查封、扣押、冻结且被作为违规违纪违法财物没收或追缴的,有些可能原本属于侦查机关管辖案件的涉案财物,不应当被先行没收或追缴,甚至不应当被没收或追缴,被调查人就此提出维权诉求的,侦查机关无法给予满意的回应和处理。

最后,没收与追缴活动缺乏信息通报制度。实践中,纪检监察机关通常会先没收或追缴被调查人违规违纪违法所得,然后将剩余部分作为犯罪所得移送检察机关,由于缺乏通报和告知制度,检察机关对于监察机关没收或追缴的违规违纪违法所得的数额往往并不了解,导致检察机关所办理的部分职务犯罪案件在审查起诉阶段追赃时,与被调查人及其家属在退赃数额上产生分歧,从而影响了追赃效果,也不利于量刑结论的合理化。

解决直接处置财物类措施适用实践中的问题,应当主要从以下两方面加以努力:

其一,限制并规范监察机关对涉案财物性质认定的裁量空间。一方面,监察机关在办理公职人员贪污受贿案件中,要准确理解巨额财产来源不明罪作为兜底性犯罪的立法意旨,依法适用以有力惩治公职人员的职务犯罪行为,避免不当地将被调查人的职务犯罪所得认定为违规违纪违法所得加以处置。另一方面,建立检察机关对监察机关没收或追缴涉案财物的审查机制,允许检察机关通过提前介入、退回补充调查等方式,制约纪检监察机关对违规违纪违法财物的认定行为,同时构建监察机关实施没收和追缴行为时向检察机关通报的制度,以强化对被调查人财产权利的保障和救济。

其二,构建直接处置财物类措施的决定权与执行权分离制度。纪检监察机关对涉案财物性质的不当认定以及没收或追缴裁量权的任意行使,一定程度上与直接处置财物类措施的决定权与执行权合一制度相关。为此,未来应当将没收、追缴等措施的决定权与执行权予以分离,前者由监察机关享有,后者则交由公安机关行使,以加强直接处置财物类措施适用的规范化和合理化。

四、隐私秘密探测类调查措施的运用与规制

隐私秘密探测类措施主要是指技术调查措施。技术调查措施是指监察机关为调查职务犯罪需要,根据国家有关规定,主要通过通信技术手段对被调查人职务违法犯罪行为进行调查,通常包括电话监听、电子监控、拍照或者录像等手段获取某些物证等。[1] 从理论上讲,技术调查具有技术性、秘密性、直接性等突出特点,因而应当谨慎适用。对于技术调查的审批程序,"各国的法律规定一般都比较严格和复杂,立法者试图从源头上为职务犯罪技术侦查措施的正当合法适用加以规范和限制,避免其启动的任意性,从而最

---

[1] 参见中共中央纪律检查委员会、中华人民共和国国家监察委员会法规室编写:《〈中华人民共和国监察法〉释义》,中国方正出版社2018年版,第153页。

大限度地保障公民合法权利不受随意侵犯"①。从实践中观察,随着职务犯罪日益职能化、隐蔽化,技术调查措施的运用往往成为职务犯罪案件办理取得突破的关键,技术调查措施的应用自然也就越来越广泛,越来越频繁。

《监察法》第 28 条规定:"监察机关调查涉嫌重大贪污贿赂等职务犯罪,根据需要,经过严格的批准手续,可以采取技术调查措施,按照规定交有关机关执行。批准决定应当明确采取技术调查措施的种类和适用对象,自签发之日起三个月以内有效;对于复杂、疑难案件,期限届满仍有必要继续采取技术调查措施的,经过批准,有效期可以延长,每次不得超过三个月。对于不需要继续采取技术调查措施的,应当及时解除。"《监察法实施条例》进一步限定了可以适用技术调查的案件范围,第 153 条规定:"监察机关根据调查涉嫌重大贪污贿赂等职务犯罪需要,依照规定的权限和程序报经批准,可以依法采取技术调查措施,按照规定交公安机关或者国家有关执法机关依法执行。"此条"所称重大贪污贿赂等职务犯罪,是指具有下列情形之一:(一)案情重大复杂,涉及国家利益或者重大公共利益的;(二)被调查人可能被判处十年以上有期徒刑、无期徒刑或者死刑的;(三)案件在全国或者本省、自治区、直辖市范围内有较大影响的"。第 55 条还规定:"设区的市级以下监察机关在初步核实中不得采取技术调查措施。"这是在充分考量刑事诉讼实践中技术侦查的适用经验和教训基础上,结合新时代背景下职务犯罪案件办理的现实需要做出的,具有很大的进步性。

---

① 张云霄、温树飞:《论我国职务犯罪技术侦查措施适用与人权保障之平衡——以与国外职务犯罪技术侦查措施适用比较研究为视角》,载《法学杂志》2014 年第 7 期。

当然,技术调查措施的立法和适用也存在值得关注和解决的问题,主要表现如下:一是法律虽然明确了技术调查决定权与执行权的分立,有助于提升技术调查措施的适用质量,但由于决定权配置于作为职务犯罪调查主体的监察委员会,因而在具体技术调查措施的实践中,办案便利性和需要性自然会成为其首要考虑因素,被调查人及相关人员的隐私权是否可能因此受到不应有或不合理的干预,则相对考虑不足。二是法律虽然规定技术调查的适用要"经过严格的批准手续",但并未进一步明确其判断标准,对于"复杂、疑难案件"中技术调查措施适用期限的延长审批也缺乏具体的规定。实践中,各地基本上是监察机关根据办案需要内部掌握和审批,做法差别较大,不节制乃至违规采取技术调查措施的情形不乏其例。

为此,对于监察机关办理的职务犯罪案件中隐私秘密探测类措施的适用,应当从以下方面进行完善:

第一,调整技术调查措施的审批主体,构建科学的审批机制。在我国目前的法治发展阶段,可以赋予作为法律监督机关的检察机关对技术调查的审批权,监察调查机关则只能根据案件办理的需要向检察机关提出适用技术调查措施的申请,并在获批后交由公安机关或国家安全机关执行。之所以如此安排,主要是考虑到将技术侦查与技术调查的执行权统一由公安机关或国家安全机关行使,便于监督与控制,防止权力滥用。当然,如果说此改革方案目前实行起来还有些困难的话,那么短期内也可以暂时采取"上提一级审批"的做法,由上一级监察机关进行审批,以强化技术调查措施适用的节制性和合理性。此外,应当创造条件,尽快删除《监察法实施条例》第55条关于省级以上监察机关在初步核实中可以采取技术调查措施的规定。

第二,细化规定技术调查的审批程序。具体而言,需要对监察机关如何提出适用技术调查措施的申请、审批机关如何进行审批以及审批期限、执行机关如何执行等程序做出明确的规范,对复杂、疑难案件中技术调查措施期限的申请延长及批准程序也要做出明确规定,建构技术调查措施适用的正当程序,强化对被调查人及相关人员的权益保障。

五、完善监察调查措施的宏观思考

在对各类监察调查措施的适用进行具体深入研究的基础上,下面再从宏观层面,对监察调查措施及其适用的完善提出一些整体性的建议和看法。

其一,不断强化监察调查人员的法治意识。尽管"监察委员会是实现党和国家自我监督的政治机关,其性质和地位不同于行政机关、司法机关"[①],但其对职务犯罪案件开展的调查行为的合法性和调查结果的准确性,最终仍要接受法庭审判的检验。

从规范层面上讲,党纪调查、职务违法调查与职务犯罪调查的手段和程序存在显著的不同,应当严格界分,依法审慎适用。但从实践层面上看,出于业务素质或者职业道德等方面的原因,一些监察人员在办理职务犯罪案件过程中,纪、法、刑混同,行为不规范,调查措施的采取、证据的收集和固定等方面存在法律依据缺位或错位的问题,以致在后续的刑事诉讼中引发争议和处理上的困难。

---

① 闫鸣:《监察委员会是政治机关》,载《中国纪检监察报》2018年3月8日第3版。

因此,应当重视观念变革,重视和加强监察调查人员的法治意识。

从程序法理和法治原则着眼,监察调查人员应当注意强化以下理念:一是正当程序理念。监察人员应当严格遵守《监察法》及其他相关法律法规;在调查过程中,保障被调查人的合法权利,不得因办案需要对被调查人的合法权利进行不当干预或侵犯;监察机关应当依法独立行使调查权,不受外部干扰;监察调查程序应当及时终结,减少不必要的羁押;应当对调查行为构建理性的监督制约机制,并对违法违规调查行为进行有力的程序性制裁。二是无罪推定理念。监察办案人员应当将被调查人作为平等的程序相对方加以尊重,不得把被调查人单纯作为获取供述的相对方。《监督执纪规则》第44条规定:"审查调查期间,对被审查调查人以同志相称。"此规定与无罪推定的理念相当契合,应当贯穿于监察调查活动中。三是人权保障理念。《监察法》做出了一系列保障被调查人合法权益的规定,如留置措施的提级审批制度等,但囿于制度惯性的影响和现实的办案压力,实践中监察机关很大程度上依旧沿用着以往的执纪办案模式,对职务犯罪案件被调查人的权利保障需要重视和加强。四是证据裁判理念。没有证据或证据不符合法定要求的,尤其是案件事实不清、证据不足、存在疑点且不能排除合理怀疑时,监察机关不能强行移送司法机关,更不能动用权力施压于负责诉审的检察机关和法院。

其二,提升监察调查措施的立法和适用水平。一方面,对于剥夺人身自由措施的适用,《监察法》规定的一些权利保障标准低于《刑事诉讼法》的规定,比如,《刑事诉讼法》规定,在采取拘留、逮捕后要立即送至看守所,至迟不得超过24小时,但《监察法》并未规定采取留置措施后送至的场所和时间,对此,不能以反腐败工作的特殊性为由让审判机关无原则地迁就《监察法》的规定而突破刑事诉讼人权保障的要求,也不能将《刑事诉讼法》的相关规定直接适用于监察调查程序中,而应当参照刑事诉讼法及其司法解释的相关规定,不断完善监察取证程序,以期实现《监察法》与《刑事诉讼法》的有机衔接。另一方面,根据《监察法实施条例》的规定,讯问、搜查、查封、扣押等措施的适用要全程录音录像,此要求高于《刑事诉讼法》的相关规定,因而职务犯罪案件办理实践中,无论监察机关还是审判机关,都应当落实"全程录音录像"的要求。

结　语

　　监察调查权的行使是落实监察监督权的举措,也是开启监察处置权的基础。监察法律法规所规定的监察调查措施是比较丰富的,监察机关的行使空间也是比较灵活的,这无疑为高效反腐提供了坚实的支撑和保障。当然,监察调查措施的适用通常也伴随着对被调查人及相关人员基本权利的干预甚至是重大干预,因而基于程序原理和比例原则,深入探究、构建科学完备的监察调查措施的规范体系和实施体系,对于职务犯罪案件被调查人的权利保障具有极其重要的意义。

第七章
监察调查证据的诉讼衔接与权利保障

提　要：从证据与程序的关系来看，证据不仅需要与待证事实有关联，而且还是一种法律程序产品，是一系列法律行为后产生的某种结果。对证据问题的讨论，不应当脱离形成、收集、运用证据的法律程序。不同法律程序在程序目的、程序性质、程序保障、程序严格性等方面存在不同，进而影响和塑造了不同性质的证据，产生了证据衔接问题。相较于刑事侦查程序，监察调查程序的规范密度较低，权力授予具有概括性，权利保障存在"短板"。因此，将在监察调查程序中形成的证据直接运用于程序严格性较高的刑事诉讼程序中，可能会带来事实认定的风险和证据运用正当性的质疑。在当前的立法框架下，要求监察调查参照刑事诉讼法的相关规定具有重要的规范意义。为实现监察证据与刑事诉讼证据的有效衔接,还需要进行立法完善,尽快赋予被调查人不被强迫自证其罪、权利告知等权利;健全监察调查取证程序,在言词证据方面进一步完善讯问、询问程序,在实物证据方面重视取证合法性、证据来源、证据保管等方面的规定。此外,确立监察调查阶段重复性供述的排除规则,构建监察调查录音录像随案移送制度,落实调查人员的出庭说明义务。

在国家监察体制改革中,监察证据与刑事证据的有效衔接,对于推进反腐败斗争、强化被调查人的权利保障都具有重要意义。

从腐败犯罪发生的规律来看,多数腐败犯罪都是从违反党纪、政纪开始,直至触犯刑事法律。对于监察调查中收集的实物证据可以作为刑事证据使用,一般并无分歧,但对于言词证据能否在刑事诉讼中直接使用,学理上则存在一定的争论。[①] 为了促进监察调查证据与刑事证据衔接问题的解决,《监察法》第33条规定:"监察机关依照本法规定收集的物证、书证、证人证言、被调查人供述和辩解、视听资料、电子数据等证据材料,在刑事诉讼中可以作为证据使用。监察机关在收集、固定、审查、运用证据时,应当与刑事审判关于证据的要求和标准相一致。以非法方法收集的证据应当依法予以排除,不得作为案件处置的依据。"《监察法实施条例》第59条第2款进一步规定:"监察机关依照监察法和本条例规定收集的证据材料,经审查符合法定要求的,在刑事诉讼中可以作为证据使用。"据此,监察证据可以进入刑事诉讼中作为证据直接使用。

---

① 参见韩旭:《监察委员会调查收集的证据材料在刑事诉讼中使用问题》,载《湖南科技大学学报(社会科学版)》2018年第2期。

《监察法》《监察法实施条例》构建了一个独立的法律程序,对公职人员职务违法、职务犯罪行为的调查适用《监察法》及相关规定。与刑事侦查程序相比,监察调查程序在规范密度、权力行使、程序保障等方面存在一定差异。在当前的立法框架下,要求监察机关在收集、固定证据时参照刑事诉讼法的相关规定,既契合了以审判为中心的诉讼制度改革的要求,又有助于优化监察调查的程序环境,为监察证据与刑事证据的有效衔接提供正当性。

不过,目前学界对监察调查所获的证据材料何以作为刑事证据、如何理解《监察法》第33条第1款与第2款之间的关系等问题的探讨尚不够深入,进而影响到监察证据在刑事诉讼中的实践运用。以下拟就此展开研究,以期能深化相关的认识和实践。

一、证据是一种法律程序产品

从证据与程序的关系来看,证据不仅需要与待证事实有关联,而且还是一种法律程序产品,是一系列法律行为后产生的某种结果,不同法律程序影响和塑造了不同的证据。① 对证据问题的讨论,不应当脱离形成、收集、运用证据的法律程序。② 不同法律程序在程序目的、程序性质、程序保障、程序严格性等方面存在不同,

---

① 这一观点受到了S.Gless教授论述的启发,她在欧盟证据自由流动的背景下提出,证据是一种"法律构筑物(Legal construct)"。See S.Gless, Mutual Recognition, Judicial Inquiries, Due Process and Fundamental Rights, in J.A.E.Vervaele, European Evidence Warrant:Transnational Judicial Inquiries in the EU, An twerp–Apeldoorn, Maklu, 2005, p.123.

② 参见[英]威廉·特文宁:《反思证据:开拓性论著》(第二版),吴洪淇等译,中国人民大学出版社2015年版,第231页。

上述差异影响和塑造了不同性质的证据,进而产生了证据衔接的问题。

如上所述,《监察法》第33条第1款明确规定,监察调查中收集的证据材料在刑事诉讼中可以作为证据使用。在学理上,需要追问的是,监察调查收集的证据材料何以进入刑事诉讼,这首先牵涉对"证据是什么"的理解。

(一)证据具有"程序性"

对于"证据是什么"的理解,涉及对证据概念的界定。2000年左右,我国学者曾对证据的概念进行了深入反思和讨论。[①] 在立法上,1979年《刑事诉讼法》第31条规定:"证明案件真实情况的一切事实,都是证据。"1996年《刑事诉讼法》修正时,立法者延续了这一规定。据此,学者对于将证据等同于事实的立场作了深入批判。何家弘教授指出,主张"非属实者不是证据"的观点存在诸多谬误。[②] 随后,对于如何界定证据的概念,学者又辨析了"根据说""材料说""方法说""信息说""内容与形式统一说"等不同主张。[③] 这场学术讨论深化了人们对证据概念及其属性的认识,2012年修正后的《刑事诉讼法》中正式采纳了"材料说"。但是,学界对证据问题的讨论,仍主要采取了"结果化"的研究视角,即静态地讨论相关证据材料在何种情形(或何种条件)下可以作为

---

① 参见宋英辉、汤维建主编:《证据法学研究述评》,中国人民公安大学出版社2006年版,第148页以下。
② 参见何家弘:《让证据走下人造的神坛——试析证据概念的误区》,载《法学研究》1999年第5期。
③ 参见张保生主编:《证据法学》,中国政法大学出版社2009年版,第10—11页。

证据使用,一个被广为接受的观点是,任何证据材料只要具备"三性"(客观性、关联性、合法性),就可以作为证据使用。

上述立场也直接影响到对于在刑事诉讼程序外的其他程序中获得的证据能否直接作为刑事证据问题的讨论。如对于行政执法中获得的证据,有论者认为,行政执法证据具备证据"三性"时,可以在刑事诉讼中作为证据使用。①

对于监察体制改革前,检察院初查获得的"调查笔录"是否可以作为刑事证据使用的问题,有学者指出,"鉴于调查主体同一、作证主体同一、证明事项同一、证据的书面形式同一,而仅仅是作证主体和调查笔录的称谓不同,这种区别不应当对证据效力形成实质性的影响"②。

笔者无意回到关于证据概念的争论上,但是对于证据或刑事证据的理解,应当回到证据与程序的关系层面,从以下两个方面来理解:一是证据不仅需要与待证事实具有关联性,更是一种法律程序产品;二是证据是一系列法律行为后的一个结果。前者是基础,后者依赖于对前者的认识。在第一个层面,证据材料必须可靠可信,且与待证事实具有关联性才有资格作为证据使用。法律语境中的证据与日常指称的证据有所不同,是一种在法律框架下形成的程序产品。有论者指出,"证据很久以来就成了法律领域内的一个专门用语"③。进言之,法律语境中的证据不仅是一个专门用

---

① 参见孙伟:《行政执法证据刑事司法化的现实性浅析》,载《山西省政法管理干部学院学报》2013年第1期。
② 龙宗智:《初查所获证据的采信原则——以渎职侵权犯罪案件初查为中心》,载《人民检察》2009年第13期。
③ 何家弘:《让证据走下人造的神坛——试析证据概念的误区》,载《法学研究》1999年第5期。

语,而且在个案中受到实体法和程序法的双重影响。实体法上的构成要件决定了证据关联性指向的待证事实,而程序法上的证据种类则决定了哪些形式的证据可以作为证据使用①,更重要的是,证据是在一定收集、固定、保管程序后形成的。在这个意义上,证据是一种法律程序产品。不同法律程序对证据的要求不同,不同(法律)程序环境下也形成和塑造了不同的证据,如民事证据、刑事证据、监察证据等。

在第二个层面,证据不仅仅是一种结果,更是一系列法律行为后形成的一种程序结果。因此,对于证据的认识,以及对证据衔接问题的讨论,必须基于"程序化"的证据观念。按照特文宁教授的说法,必须以一种"过程思维"来重新审视证据问题。②"程序化"的证据思维方式更为强调证据形成的程序环境③,强调证据形成过程的合法性及证据形成中的权利保障。从程序的角度认识证据的思维方式,与传统上将证据视为一种纯粹的"结果"的思维方式不同。从这一角度出发,任何种类证据的形成、取得、运用都依赖于一定的程序,法律证据不应当脱离法律程序独立存在;任何种类的证据在形成或取得过程(或程序)中都可能出错,不存在绝对可靠的客观性证据。在我国证据立法上,"程序化"的证据思维也已被立法者、司法者逐渐认可,如立法上对违反法定程序取得的物证、书证的裁量排除的规定,但"结果化"的证据思维方式在我国立法、司法

---

① 参见冯俊伟:《刑事证据分布理论及其运用》,载《法学研究》2019年第4期。

② 参见[英]威廉·特文宁:《反思证据:开拓性论著》(第二版),吴洪淇等译,中国人民大学出版社2015年版,第253页。

③ 保罗·罗伯茨教授也主张"证据性问题的语境化研究",参见[英]保罗·罗伯茨:《普通法系证据法的五个基本谬误》,阳平译,载《证据科学》2018年第1期。

中仍然占据主导地位,导致对很多证据问题的讨论难以深入。

(二)程序环境对证据的影响与塑造

法律程序的存在,塑造了一个与日常生活不同的法的空间。①在法的空间里,不仅证据运用要受到法律程序的严格规范,如举证、质证、认证必须依照一定程序进行,同时,证据的形成和收集也受到法律程序的影响和约束。不同法律程序对证据有不同要求,不同程序环境也形成和塑造了不同性质的证据。这也是为何会产生行政执法证据与刑事证据衔接、监察调查证据与刑事证据衔接等问题的根源所在。综上,程序环境的差异是造成不同程序中证据不同的重要原因。②虽然我国学界未专门讨论"程序环境"这一术语,但学者对一些程序要素对证据的影响已经有所关注,如刑事侦查和行政执法在取证主体、取证程序、程序保障等方面存在差异。③笔者将秉承"回到法律程序"的基本立场,认为程序环境(包含不同的程序要素)影响和塑造了不同的证据,进而带来了证据衔接问题。以下将对我国学者关注较多的、对证据形成有重要影响的程序目的、程序主体、程序保障、程序严格性四个方面进行分析。

第一,程序目的。刑事诉讼程序以在个案中实现国家刑罚权为目的,公正是其首要价值。民事诉讼程序更多致力于纠纷解决,

---

① 参见王亚新:《民事诉讼中的依法审判原则与程序保障(代译序)》,载[日]谷口安平:《程序的正义与诉讼》(增补本),王亚新、刘荣军译,中国政法大学出版社2002年版,第13—14页。

② See PJ Schwikkard, Convergence, Appropriate Fit and Values in Criminal Process, in Paul Roberts and Mike Redmayne(eds.), Innovations in Evidence and Proof: Integrating Theory, Research and Teaching, Hart Publishing, 2007, p.334.

③ 参见郑曦:《行政机关收集的证据在刑事诉讼中的运用》,载《行政法学研究》2014年第3期。

程序便捷、对当事人处分权的充分关照成为程序设计的核心。我国立法上还规定了一审终审的小额诉讼程序,可被看作民事程序进一步简化的一个例证。而行政执法程序重视的是秩序维护,如果执法程序过于烦琐则会降低行政效率,损害行政价值。特文宁教授指出:"刑事、民事和其他重要程序都是基于不同目的而存在,而每一背景下的证据规则背后的价值都应该契合于这些目的。"①法律程序目的不同影响了证据的形成和运用。

第二,程序主体。从证据与程序的关系出发,对证据的评价必须考虑取证主体。虽然很多学者都对我国刑事诉讼中取证主体合法性问题作了批评②,但是,在论及行政执法证据与刑事证据衔接问题时,有学者也承认,"行政执法人员数量庞大……思想和业务素质参差不齐"③,取证人员的职业素养直接影响到证据的质量。调查取证人员的职业素养等问题,也是其他法律程序考量的重要因素,对于检察机关在反腐败调查中地位提升的原因,有论者总结道,检察官在人员素质、敬业精神和自主权方面都要优于警察,更容易受到政府和民众的信任。④

第三,程序保障。程序保障主要是指对程序参与者的权利保障,包括对程序相对人、证人、其他程序参与人等的权利保障。不

---

① [英]威廉·特文宁:《反思证据:开拓性论著》(第二版),吴洪淇等译,中国人民大学出版社2015年版,第226页。
② 参见万毅:《取证主体合法性理论批判》,载《江苏行政学院学报》2010年第5期。
③ 龙宗智:《进步及其局限——由证据制度调整的观察》,载《政法论坛》2012年第5期。
④ 参见田禾主编:《亚洲反腐败法律机制比较研究》,中国人民公安大学出版社2009年版,第106—107页。

同法律程序中程序参与人的法律地位和程序权利并不相同。① 如监察程序中的被调查人与刑事诉讼中的犯罪嫌疑人、被告人的法律地位不同,刑事诉讼中的犯罪嫌疑人、被告人与证人的法律地位也不同。即使同样被称为证人,公安机关在刑事立案前与立案后,给证人的权利义务告知书的内容也不同,原因就在于立案前其可能属于行政案件中的证人,应当按照《行政处罚法》《治安管理处罚法》《公安机关办理行政案件程序规定》等进行告知,立案后系刑事诉讼中的证人,应当依据《刑事诉讼法》《公安机关办理刑事案件程序规定》等进行告知。

第四,程序严格性。不同法律程序的严格性不同,刑事诉讼程序较之行政执法程序等更为严格,在规范密度上也更高。我国刑事诉讼法不仅包括刑事诉讼法典,还包括司法解释、部门规章和其他规范性文件等。相关法律规范对刑事诉讼的不同程序环节,甚至讯问录音录像等技术化问题都作了细致规定。相较而言,行政执法程序的规范密度则不足。在行政执法证据进入刑事诉讼的问题上,有论者指出,行政执法证据可以直接进入刑事诉讼,不仅有违刑事诉讼中的职权原则,也有悖于刑事取证的严格性要求。② 在违反法律程序的法律后果上,刑事诉讼也更严格,如刑事诉讼中的非法证据排除规则已被广泛接受,但民事诉讼、行政诉讼中应否严格适用非法证据排除规则还存在广泛争论。③

---

① 参见冯俊伟:《国家监察体制改革中的程序分离与衔接》,载《法律科学》2017年第6期。
② 参见龙宗智:《进步及其局限——由证据制度调整的观察》,载《政法论坛》2012年第5期。
③ 参见张立平:《中国民事诉讼不宜实行非法证据排除规则》,载《中国法学》2014年第1期。

二、监察调查与刑事侦查的程序环境比较

程序环境是对法律程序及其运行的整体性描述,从动态角度观察,包括程序告知、程序参与、程序公开、程序保障、程序严格性等方面。对程序环境进行评价的核心是对"权力—权利"的关注。一方面,应当考虑法律程序中国家权力的配置、制约问题;另一方面,应当考虑如何保障当事人的程序权利。

(一)两种法律程序下的程序环境

根据相关改革文件,我国监察体制改革的重要目的是形成集中统一、权威高效的监察体系,强化对腐败行为的打击,提升国家治理体系和治理能力现代化的水平。因此,监察程序及其具体制度设计也须契合这一目的。在这一背景下,2018年3月我国正式通过的《监察法》构建了一个新的、独立的法律程序[①],区别于原有的行政监察程序和刑事诉讼程序。在《监察法》中,立法者并未严格区分针对公职人员的职务违法调查与职务犯罪调查,而是采取了一体化的调查模式,并在整体上形成了一个包括调查主体、调查范围、调查程序、调查措施、调查监督、调查结果的监察调查程序构造。监察调查程序与刑事侦查程序既有关联又有区别。两者都能启动刑事追诉[②],监察调查程序不仅面向职务犯罪,还面向职务违

[①] 进一步论证,参见叶青、程衍:《关于独立监察程序的若干问题思考》,载《法学论坛》2019年第1期。

[②] 参见《监察法》第34条规定,被调查人既涉嫌严重职务违法或者职务犯罪,又涉嫌其他违法犯罪的,一般应当由监察机关为主调查,其他机关予以协助。

法,而刑事侦查程序适用于普通犯罪,以及司法人员实施的部分职务犯罪。①

从程序环境评价角度观察,权力的配置和制约牵涉权力依据、权力主体、权力性质、权力启动、权力监督五个方面,程序权利保障涉及程序告知、程序参与、程序权利、程序救济四个方面。在权力配置和制约中,权力依据是指权力运行的法律依据;权力主体是指权力的行使主体,牵涉取证人员的职业素养等方面;权力性质主要是指公权力的性质而非机构的性质;权力启动关注的是权力启动的法律条件,主要是指立案的条件;权力监督关注的是对调查权或侦查权进行监督的方式。在程序权利保障中,程序告知涉及权利告知,这是当事人有效参与一定法律程序的前提;程序参与包括程序主体的法律地位及其参与法律程序的方式(自己参与程序或者委托专业法律人士一同参与程序);程序权利主要关注主体享有哪些程序权利,尤其关注不同法律程序中相关主体所享有的程序权利的差异;程序救济是指在法律程序中,在当事人的权利受到侵害时,有哪些法律救济途径。在对监察调查与刑事侦查的程序环境进行比较时②,也需要关注上述几个方面。

在《监察法》通过后,我国在犯罪调查上已经形成了二元模式:一是对普通犯罪和部分职务犯罪采取的"侦查—公诉"模式;二是对监察机关管辖的职务犯罪采取的"调查—公诉"模式。③ 在这种二元化的调查模式下,监察调查与刑事侦查的权力行使依据

---

① 参见《刑事诉讼法》第19条。
② 需要说明的是,监察调查与监察改革前的政务违纪违法调查不同。刑事侦查与政务违纪违法调查的对比,参见冯俊伟:《国家监察体制改革中的程序分离与衔接》,载《法律科学》2017年第6期。
③ 参见李奋飞:《"调查——公诉"模式研究》,载《法学杂志》2018年第6期。

并不相同,在权力配置、制约和程序权利保障方面也存在差异。在权力行使的依据上,监察调查与刑事侦查分别依据不同的法律规范,监察调查依据《监察法》及相关规定进行,并不适用《刑事诉讼法》及其司法解释等的规定。在权力主体上,监察调查的权力主体是监察委员会,具体由监察人员行使。刑事侦查权的主体是公安机关、检察机关,具体由公安机关、检察机关的侦查人员来行使。公安部还对公安机关不同内设部门办理的刑事案件作了明确规定,侦查人员的范围也较为明确。① 由于我国监察体制改革正在推进过程中,监察人员的具体范围并不清晰,对于监察人员的职业准入(包括知识结构、工作经验和年限、职业道德要求等)尚不存在明确规范,这在一定程度上影响了监察人员范围的厘清。《监察法》第14条规定了监察官制度,这是提高监察人员职业门槛和职业素养的重要途径,宜通过立法进一步明确和细化。在权力性质上,监察调查与刑事侦查分别属于不同的权力领域,监察调查包括职务违法调查和职务犯罪调查,刑事侦查主要是对一般刑事犯罪的调查,也包括对司法人员实施的部分职务犯罪的调查。在权力启动上,根据《监察法》第39条的规定,监察调查启动的条件是监察对象涉嫌职务违法犯罪,需要追究法律责任。根据《刑事诉讼法》第112条的规定,刑事诉讼的立案条件是,公安司法机关经对相关材料审查后,认为有犯罪事实,需要追究刑事责任。因此,监察调查的立案条件低于刑事立案的条件。在权力监督上,监察调查和刑事侦查都存在内部监督和外部监督机制,在监察调查中,内部监督机制更受重视。在公安机关直接立案侦查的案件中,除了公安机关的内部监督,检察机关还可以进行外部监督。在程序权

---

① 参见《公安部刑事案件管辖分工规定》及后续的补充规定。

利保障方面,刑事侦查中的程序告知规定更为完善,被追诉人享有更多诉讼权利,其可以自己参与,也可聘请律师作为辩护人一同参与刑事侦查程序,在权利受损时还可以申请第三方(侦查监督主体)进行监督。

(二)初步的比较分析

从监察调查与刑事侦查的程序环境比较来看,一个初步的结论是,刑事侦查的程序环境更优,规范密度更高,更有助于保障被追诉人的程序权利。当然,在一些程序设计上,监察法对监察调查的规定较之刑事诉讼法的规定更为严格,主要包括三个方面:一是对讯问、搜查等取证措施全程录音录像的要求。[①]《监察法》第41条第2款规定:"调查人员进行讯问以及搜查、查封、扣押等重要取证工作,应当对全过程进行录音录像,留存备查。"二是更为严格的证据保管、涉案财物保管要求,如《监察法》第25条第2款规定:"对调取、查封、扣押的财物、文件,监察机关应当设立专用账户、专门场所,确定专门人员妥善保管,严格履行交接、调取手续,定期对账核实,不得毁损或者用于其他目的。对价值不明物品应当及时鉴定,专门封存保管。"三是证据原物、原件的严格要求。《监察法》第25条第1款规定:"采取调取、查封、扣押措施,应当收集原物原件。"这较之刑事诉讼法的规定更为严格,未作例外规定。

需要说明的是,整合反腐力量,设立针对腐败行为的独立的监察调查程序,具有一定的合理性,从《联合国反腐败公约》的精神和规定来看,腐败犯罪的特殊性以及打击腐败犯罪的困难,也内在

[①] 参见魏晓娜:《职务犯罪调查与刑事诉讼法的适用》,载《中国人民大学学报》2018年第4期。

地要求将腐败犯罪与其他犯罪行为相区别,并可以采取特定的调查措施。但是,相关调查程序仍然应当符合程序公正的一般要求。① 与刑事侦查程序的程序环境比较,我国《监察法》中确立的监察调查程序有如下特点:

第一,监察调查程序的条文有限,规范密度较低。从当前监察立法现状来看,我国关于监察调查程序的规定条文较少、规范密度不足。《监察法》共69条,对监察机关及其职责、监察范围和管辖、监察权限等方面作出了规定。其中,第四章规定了监察权限、监察措施;第五章监察程序共15个条文,对案件的受理、初步核实、立案、调查原则、调查措施、调查方案、案件处置等作了规定。2021年通过的《监察法实施条例》虽然已达287条,但对于留置等措施的规定仍然比较粗疏。对此,不妨稍作对比,我国2018年修正后的《刑事诉讼法》共308条,最高人民法院等六部门发布的《关于实施刑事诉讼法若干问题的规定》(2012年发布,共40条)、《公安机关办理刑事案件程序规定》(2020年发布,共388条)、《人民检察院刑事诉讼规则》(2019年发布,共684条)、《最高人民法院关于适用〈中华人民共和国刑事诉讼法〉的解释》(2021年发布,共655条)等规范性文件对侦查措施、侦查程序、强制措施及其适用等又作了进一步的细化规定。

从程序法理来讲,立法关于侦查权或者调查权的程序规定越是完备、周延,越有利于规范国家权力的运行。我国刑事程序法治进步的一个重要体现,便是法律程序不断完善、法律条文不断增多。由此,我国监察法律法规应当进一步完善监察调查的相关规

---

① 参见张建伟:《法律正当程序视野下的新监察制度》,载《环球法律评论》2017年第2期。

定,弥补监察调查程序规范密度不足的问题,促进监察调查程序环境的优化。

第二,监察调查程序中的权力授予具有一定的概括性。《监察法》第二章明确了监察机关的职责,第四章、第五章规定了监察权限、监察措施和监察程序。在权力主体上,监察调查主体与刑事侦查主体明显不同。从权力配置角度观察,监察调查中的权力授予具有一定的概括性。在监察调查中,监察机关有权采取讯问、询问、留置、搜查、查封、扣押、技术调查等调查取证措施,向有关单位和个人收集相关证据,但立法中对于如何采取这些措施或者以何种程序进行则未作细致规定。以备受关注的留置措施为例,立法中规定了留置的条件,同时规定"对涉嫌行贿犯罪或者共同职务犯罪的涉案人员,监察机关可以依照前款规定采取留置措施"(第22条)。与改革前的"双规"措施相比,留置措施的适用范围更大。上述规定仍属于授权性条款,对于有效打击腐败行为具有重要价值,但立法上未对留置适用程序作出细致规定。综上,授权的概括性与程序规定的密度不足,使监察调查的程序环境存在进一步提升的空间。2019年中共中央纪委、国家监察委员会印发的《监察机关监督执法工作规定》[①]和2021年国家监察委员会发布的《监察法实施条例》,对于促进监察权规范行使,优化监察调查程序有重要意义。

第三,监察调查程序中的权利保障存在不足。为了促进监察调查程序中被调查人的权利保障,《监察法》对于被调查人的程序

[①] 参见《中共中央纪委国家监察委员会印发〈监察机关监督执法工作规定〉》,http://www.ccdi.gov.cn/toutiao/201907/t20190715_197112.html,2019年8月1日访问。

权利作了规定,主要包括以下权利:一是程序告知权,立案调查决定应当向被调查人宣布(第39条);二是申请办案人员回避的权利(第58条);三是对违反法律法规、侵害被调查人合法权益的行为进行申诉的权利(第60条);四是对处理决定不服的申请复审、复核的权利(第49条);五是获得国家赔偿的权利(第67条)。除了上述权利,被调查人还享有不受刑讯逼供等非法取证、在留置期间获得饮食、休息和安全等方面的权利。

有学者指出,"不是说只有刑事诉讼程序才能保障被调查人权利,程序完备的监察程序同样可以起到这一作用"①。不过,在刑事侦查程序中,被追诉人享有诸多重要程序权利,如无罪推定的权利、不被强迫自证其罪的权利、获得律师帮助、获得法律援助等权利,而《监察法》并未规定监察调查中被调查人享有上述权利。在程序告知方面,即使监察调查和刑事侦查中都存在程序告知,但在告知要求和具体内容上也有所不同。整体而言,刑事侦查中程序告知的规定较为细致。②

综上,在程序规范密度不足与授权具有一定概括性的背景下,如何有效保障被调查人的程序权利,是我国《监察法》实施中面临的重要问题之一。③

---

① 马怀德:《对监察法草案的七点看法》,http://fzzfyjy.cupl.edu.cn/info/1021/7785.htm,2019年1月20日访问。
② 参见《刑事诉讼法》第120条第2款规定:"侦查人员在讯问犯罪嫌疑人的时候,应当告知犯罪嫌疑人享有的诉讼权利,如实供述自己罪行可以从宽处理和认罪认罚的法律规定。"
③ 参见李奋飞:《"调查——公诉"模式研究》,载《法学杂志》2018年第6期。

三、监察证据与刑事证据衔接的合理路径

从证据与程序的关系上看,将在某一法律程序中形成的证据运用于程序严格性较高的法律程序中,可能带来事实认定上的风险以及证据运用正当性上的质疑,因此不同的证据需要有效衔接。在监察调查适用《监察法》及相关规定的背景下,《监察法》第33条对证据衔接问题作了回应,具有重要的规范意义。

(一)监察调查程序环境的优化

证据的形成、收集、运用与程序环境密切相关这一论断,在我国虽然缺乏专门的讨论,但已经为学者所感知,尤其体现在刑事立案前所获的证据能否进入刑事诉讼问题的相关讨论中。在初查所获的证据能否作为刑事证据使用的问题上,龙宗智教授在原则上肯定的同时,还加上了这一限定条件:"能够作为审判证据的立案前笔录,应当完全按照刑事诉讼法关于讯问嫌疑人、被告人以及询问证人、询问被害人的要求制作,如果取证程序出现严重瑕疵,该人证不能作为诉讼证据。"[①]在我国《监察法》通过后,根据相关规定,对职务违法犯罪行为的调查应当根据《监察法》及相关规定进行。诚如前述,在当前的法律框架下,监察调查在程序环境方面与刑事侦查相比,存在着较大差异,如何促进监察证据与刑事证据衔接的正当性是一个需要解决的重要问题。对此,改革者和立法者都

---

① 龙宗智:《初查所获证据的采信原则——以渎职侵权犯罪案件初查为中心》,载《人民检察》2009年第13期。

作出了回应。在监察制度改革试点阶段,相关部门解释道,"监察机关应依照法定程序,参照刑事诉讼法对证据形式要件和实质要件的要求,全面、客观地收集被调查人有无违法犯罪以及情节轻重的证据,包括物证、书证、证人证言、被调查人供述和辩解、视听资料、电子数据等证据材料。收集、固定、审查、运用证据时,应当与刑事审判关于证据的要求和标准相一致"[①]。《监察法》第 33 条规定:"监察机关依照本法规定收集的物证、书证、证人证言、被调查人供述和辩解、视听资料、电子数据等证据材料,在刑事诉讼中可以作为证据使用。监察机关在收集、固定、审查、运用证据时,应当与刑事审判关于证据的要求和标准相一致。"在《监察法》通过后,权威部门所作的《监察法》条文释义中进一步明确,监察机关收集的证据材料要与刑事诉讼证据衔接,同时指出,在审判中心主义的背景下,监察调查收集的证据材料在刑事诉讼中使用,应当符合《刑事诉讼法》和《最高人民法院关于适用〈中华人民共和国刑事诉讼法〉的解释》中"证据"章的证据种类、证据收集程序、证据的审查认定要求等。[②]

综上,在监察机关的监察调查适用《监察法》及相关规定,并且部分监察调查行为可能启动刑事追诉的背景下,要求监察机关"参照刑事诉讼法对证据的要求"或者"在收集、固定、审查、运用

[①] 《怎样确保监察机关调查取得的证据符合刑事诉讼证据标准?》,http://www.ccdi.gov.cn/special/sdjjs/pinglun_sdjxs/201801/t20180124_162438.html,2019 年 8 月 1 日访问。

[②] 参见中共中央纪律检查委员会、中华人民共和国国家监察委员会法规室编写:《〈中华人民共和国监察法〉释义》,中国方正出版社 2018 年版,第 169 页。学者也认同"两高"关于刑事诉讼的司法解释、《公安机关办理刑事案件程序规定》等构建的证据收集、认定规则,是保障监察和公安司法机关法法衔接的重中之重。参见吴建雄、王友武:《监察与司法衔接的价值基础、核心要素与规则构建》,载《国家行政学院学报》2018 年第 4 期。

证据时与刑事审判关于证据的要求和标准相一致",构成了监察证据与刑事诉讼证据衔接的重要规范基础。笔者认为,从证据与程序的关系角度出发,在当前的立法框架下,要求监察调查参照刑事诉讼法的相关规定有重要的规范意义。

(二)监察调查如何参照刑事诉讼法

从证据与程序的关系出发,证据是一系列法律行为后产生的一种结果,对证据问题的讨论应当与法律程序的程序环境相结合。接下来应当分析的问题是,监察调查如何参照刑事诉讼法?从理论上看,对于"如何参照刑事诉讼法"这一问题,存在两种不同的方案:

一是直接援引式参照。在这一方案中,主张者认为,应当将职务违法调查与职务犯罪调查适当区分,对公职人员职务犯罪的调查实质上属于刑事侦查,因此应当直接适用刑事诉讼法的相关规定。具体包括两种做法:第一种做法是,职务犯罪监察调查活动都适用刑事诉讼法的相关规定。[1] 这也是监察体制改革过程中部分学者所期待的一种方案。第二种做法是,职务犯罪监察调查受到刑事诉讼法和监察法的双重规范,在监察法上对职务犯罪调查作特别规定,未作特别规定时,依照刑事诉讼法的相关规定进行。[2] 从理论上看,第二种做法不仅符合刑事程序的一般法理,在比较法上也可以找到类似立法例,这为相关问题的解决提供了一种可借鉴的思路。但是,也有学者指出,第二种做法存在的问题是,将监

---

[1] 参见卞建林:《监察机关办案程序初探》,载《法律科学(西北政法大学学报)》2017年第6期。

[2] 参见卞建林:《监察机关办案程序初探》,载《法律科学(西北政法大学学报)》2017年第6期;纵博:《监察体制改革中的证据制度问题探讨》,载《法学》2018年第2期。

察调查区分为职务违法调查、职务犯罪调查,并不符合我国监察改革的目的和精神,还存在割裂监察权的可能。①

二是间接融合式参照。这一方案是指监察机关对于职务违法犯罪的调查适用监察法的规定,鉴于当前监察调查的程序环境与刑事侦查的程序环境存在差异,为契合以审判为中心的诉讼制度改革的要求,监察法及相关规定中应当吸收刑事诉讼法中的部分规定,"将刑事诉讼程序的规定内化为监察规范"②。有论者进一步提出,这一方案可以通过两种方式进行:"一是将刑事诉讼法的程序标准直接转化、吸收进《监察法》;二是通过程序、证据方面的衔接使刑事诉讼法'反射性'地规制职务犯罪调查。"③

从《监察法》《监察法实施条例》的规定来看,立法者采取了这种间接融合的方案。主要表现在两个方面:一是一些重要取证条款直接参照了刑事诉讼法的规定。④ 有论者指出,"《监察法》第23条关于查询、冻结的规定,第24条关于搜查的规定,第25条关于调取、查封、扣押财物、文件、电子数据的规定,第26条关于勘验检查的规定,第27条关于鉴定的规定,除审批等程序性事项之外,涉及取证规范的内容均与《刑事诉讼法》的规定一致"⑤。二是为了满足《监察法》第33条第2款规定的监察证据"应当与刑事审

---

① 参见叶青、程衍:《关于独立监察程序的若干问题思考》,载《法学论坛》2019年第1期。
② 陈卫东、聂友伦:《职务犯罪监察证据若干问题研究——以〈监察法〉第33条为中心》,载《中国人民大学学报》2018年第4期。
③ 魏晓娜:《职务犯罪调查与刑事诉讼法的适用》,载《中国人民大学学报》2018年第4期。
④ 参见陈卫东、聂友伦:《职务犯罪监察证据若干问题研究——以〈监察法〉第33条为中心》,载《中国人民大学学报》2018年第4期。
⑤ 李勇:《〈监察法〉与〈刑事诉讼法〉衔接问题研究——"程序二元、证据一体"理论模型之提出》,载《证据科学》2018年第5期。

判关于证据的要求和标准相一致"的要求,在监察法中未对取证程序作出规定时,应当参照《刑事诉讼法》和最高人民法院司法解释中的相关规定。①

根据上文的分析,在法律适用中,应当将《监察法》第33条第1款与第2款、第3款的规定相结合作整体理解,不宜分别解读和适用。在立法上采取间接融合式参照方案后,这一方案需要解决的问题有:在立法技术上,刑事诉讼法中的哪些条款应被融合?应当局限于"证据的形式要件和实质要件"吗?在实践层面,哪些与证据有关的条文可以作用于监察调查?

如上所述,证据与法律程序联系紧密,因此不能静态地考虑证据问题,更不能认为对刑事诉讼法的参照限于《刑事诉讼法》和最高人民法院司法解释中的"证据"章。根据证据与程序的互动关系,对《监察法》第33条第2款"监察机关在收集、固定、审查、运用证据时,应当与刑事审判关于证据的要求和标准相一致"的理解,不仅包括对《刑事诉讼法》和《最高人民法院关于适用〈中华人民共和国刑事诉讼法〉的解释》"证据"章的参照和融合,还应当包括对其他取证程序和相关权利保障规定的参照和融合。②

四、监察证据与刑事证据衔接实践中的问题

职务犯罪办理实践中,监察调查证据与刑事诉讼证据在衔接

---

① 参见中共中央纪律检查委员会、中华人民共和国国家监察委员会法规室编写:《〈中华人民共和国监察法〉释义》,中国方正出版社2018年版,第169页。
② 参见陈卫东、聂友伦:《职务犯罪监察证据若干问题研究——以〈监察法〉第33条为中心》,载《中国人民大学学报》2018年第4期。

上尚存一些问题,需要重视和解决。

(一) 监察调查取得的言词证据可作为刑事证据直接使用的问题

《监察法》第 33 条勾勒了刑事审判与监察调查程序有关证据衔接的框架。[①] 根据《监察法》第 33 条第 1 款的规定,监察机关依法收集的书证、物证等实物证据以及被调查人的供述和辩解等言词证据,均可以直接在刑事诉讼程序中使用,无须转化。而在监察委员会设立之前纪委主导查办的职务犯罪案件中,对于纪检机关收集固定的证据材料,只有实物证据可以直接在刑事诉讼中使用,犯罪嫌疑人的口供等言词证据必须经过转化才可获得刑事诉讼中的证据资格,由此形成鲜明的对比。

《监察法》作出上述规定的主要理论根据是,应当区分证据的使用资格与证据资格,对证据使用资格的要求是"只要是以合法手段获取的具有关联性、可靠性的证据,就可以作为诉讼证据使用,无论对于实物证据,还是言词证据均应如此,取证的时间阶段不应是合法性要件之一"[②]。但笔者认为,将证据使用资格与证据资格相区分以论证其正当性的观点,可能忽略了一个基本的前提:证据属性的同一性。在刑事诉讼中,谈论证据使用资格与证据资格的前提是所有的证据应当同属于刑事证据的范畴,相对于民事证据、行政证据等,刑事证据取得的法定条件通常要高一些,不能完全等同,尤其是言词类证据。监察程序中收集的证据特别是在违纪调查、职务违法调查中收集的言词证据如果与刑事证据相混淆,一股

---

① 参见孟穗、冯靖:《监察调查与刑事诉讼的衔接问题研究》,载《河北法学》2019 年第 4 期。

② 纵博:《监察体制改革中的证据制度问题探讨》,载《法学》2018 年第 2 期。

脑地进入刑事审判中,显然会增加法官的审判难度,削弱被告人的权利保障。

现实中,由于以下三个方面的原因,司法机关对监察调查所得言词证据材料的真实性、合法性是很难进行准确辨识的:一是言词证据极易受到收集主体和收集程序的影响,具有多变性、反复性和主观性;二是监察调查程序具有很强的压力性和封闭性,监察人员开展的讯问、询问取证活动不直接受到《刑事诉讼法》的规制,辩护律师无法介入为被调查人提供帮助;三是相较于《刑事诉讼法》对证据的规定,《监察法》《监察法实施条例》明显薄弱,原则性强。① 因而,在监察法律法规没有参照刑事诉讼法律规范进一步提高权利保障措施的前提下,允许监察调查取得的言词证据直接在刑事诉讼中使用,就存在一定的风险。

鉴于此,笔者认为,监察机关依法收集的书证、物证等实物证据,可以直接在刑事诉讼中使用,但监察机关依据目前监察法律法规收集的被调查人供述等言词证据,必须在进入刑事诉讼后由检察机关重新收集,而不得直接在刑事诉讼中使用。当然,对此可以设定一些必要的例外,即在被追诉人对相关笔录内容无异议,证人因病死亡、无法联系并且相关笔录内容具有可靠性等情形下,可以将监察机关依法收集的言词证据在刑事诉讼中直接使用。

(二)刑讯逼供与重复性供述的排除问题

《刑事诉讼法》以及《关于办理刑事案件严格排除非法证据若

---

① 参见《监察法》关于证据的规定共有9个条文,其中与刑事诉讼法衔接有关的仅有3条,《监察法实施条例》关于证据的规定也只有11个条文,而2018年修正后的《刑事诉讼法》采取设置"证据"专章的方式,对证据的收集、固定、审查与运用进行具体的规范。

干问题的规定》《最高人民法院关于适用〈中华人民共和国刑事诉讼法〉的解释》等规范性文件对于刑事侦查过程中非法获取证据的排除及其操作方法作出了明确的规定。《监察法》第33条第3款也规定了监察调查程序中的非法证据排除问题,即"以非法方法收集的证据应当依法予以排除,不得作为案件处置的依据";《监察法实施条例》更是在第65条作出了具体的规定:"对于调查人员采用暴力、威胁以及非法限制人身自由等非法方法收集的被调查人供述、证人证言、被害人陈述,应当依法予以排除。前款所称暴力的方法,是指采用殴打、违法使用戒具等方法或者变相肉刑的恶劣手段,使人遭受难以忍受的痛苦而违背意愿作出供述、证言、陈述;威胁的方法,是指采用以暴力或者严重损害本人及其近亲属合法权益等进行威胁的方法,使人遭受难以忍受的痛苦而违背意愿作出供述、证言、陈述。收集物证、书证不符合法定程序,可能严重影响案件公正处理的,应当予以补正或者作出合理解释;不能补正或者作出合理解释的,对该证据应当予以排除。"可见,当下非法证据排除规则贯通于刑事诉讼程序和监察调查程序,在核心理念和操作规定上具有内在的一致性。

不过,与普通犯罪案件相比,在监察机关调查的职务犯罪案件中,非法证据排除规则更加难以落地。面对强势的监察机关,法院和检察机关即便确认监察讯问中存在刑讯逼供行为,通常也很难排除由此获得的证据。此外,还存在一大难题,即重复性供述的排除问题。2021年发布的《最高人民法院关于适用〈中华人民共和国刑事诉讼法〉的解释》第124条尽管确立了包括监察调查案件在内的刑事案件重复性供述排除规则,即"采用刑讯逼供方法使被告人作出供述,之后被告人受该刑讯逼供行为影响而作出的与该供述相同的重复性供述,应当一并排除,但下列情形除外:(一)调查、侦查期间,监察机关、侦查机关根据控告、举报或者自己发现等,确认或者不能排除以非法方法收集证据而更换调查、侦查人员,其他调查、侦查人员再次讯问时告知有关权利和认罪的法律后果,被告人自愿供述的;(二)审查逮捕、审查起诉和审判期间,检察人员、审判人员讯问时告知诉讼权利和认罪的法律后果,被告人自愿供述的"。但《监察法》《监察法实施条例》等监察法律法规并未规定监察调查期间重复性供述的排除问题,这就导致监察机关不仅在调查阶段基本不会考虑排除被调查人的重复性供述,而且极为反对和排斥检法机关对被调查人重复性供述的排除。

(三)同步录音录像不随案移送与庭审难以实质化的问题

我国当下推行的以审判为中心的诉讼制度改革,要求庭审实质化,法官要严格依据证据裁判原则作出裁判。在监察机关办理的职务犯罪案件中,如果法院庭审时启动了非法证据排除程序,检察机关对证据合法性的证明最有力的方式是调阅讯问同步录音录像。但如前所述,《监察法》第41条对讯问录音录像的规定是监察机关"留存备查",并不随案移送司法机关。至于录音录像如何"备查",何种情况下可以调取、监察机关不同意检法机关的调取时如何处理、辩护律师是否有权查看讯问同步录音录像等,法律都没有作出具体规定,这就导致实践中,检察院、法院即便为了办案需要,也往往很难调取和审查监察机关制作的讯问录音录像材料。[①] 按照《监

[①] 正如有学者指出的,在监察机关调查的职务犯罪案件中,录音录像材料"留存备查"这一规定基本封闭了辩方查核的可能性,甚至检察机关查核、审判机关调取均有一定困难。参见龙宗智:《监察与司法协调衔接的法规范分析》,载《政治与法律》2018年第1期。

刑衔接意见》第12条的规定①,检法机关只能商请监察机关调取,而且监察机关内部要履行复杂的审批手续。倘若监察机关不同意调取同步录音录像,则作为监察对象的检、法办案人员,也没有什么有效的制约办法。据调研,有些地方的职务犯罪案件中,经协调后,负责调查的监察机关只同意法官和检察官一同来监察机关查看录音录像。

问题由此而来:在屏蔽辩护律师的查阅可能的情况下,仅仅由检法机关的办案人员查阅讯问录音录像,律师如何提出质证意见?尤其是,如果监察机关既不同意调取讯问的同步录音录像,也不允许法官和检察官前来监察机关查看录音录像,则对于辩护方提出异议的被告人供述,检察院、法院能否直接排除?在目前的法律框架下,这些问题是很难予以回答的,也必然会影响着庭审实质化的推进。

(四)调查人员出庭难

当被告人或其辩护律师质疑监察证据取得的合法性时,由于监察调查人员是最直接的亲历者,因而对于公诉人来讲,调查人员出庭也是有力的证明方法。

---

① 参见《关于加强和完善监察执法与刑事司法衔接机制的意见(试行)》第12条规定:"对于监察机关立案调查的职务犯罪案件,存在下列情形之一,人民检察院、人民法院经审查认为有必要的,可以商请监察机关调取讯问被调查人的同步录音录像,对证据收集的合法性以及被调查人供述的真实性进行审查,监察机关应当支持配合,在监察机关案件审理部门报本机关主要负责人审批后,由承办的调查部门提供:(1)犯罪嫌疑人、被告人或者辩护人提出犯罪嫌疑人、被告人供述系非法取得,并提供相关线索或者材料的;(2)犯罪嫌疑人、被告人或者辩护人提出讯问活动违反法定程序,并提供相关线索或者材料的;(3)犯罪嫌疑人、被告人或者辩护人提出讯问笔录内容不真实,并提供相关线索或者材料的;(4)人民检察院、人民法院认为讯问活动可能存在暴力、威胁等非法取证行为的。"

为推进以审判为中心的诉讼制度改革,贯彻庭审实质化的要求,《刑事诉讼法》第 59 条规定,法庭调查过程中,检察机关为证明证据收集的合法性,可以提请法院通知有关侦查人员或者其他人员出庭说明情况,经人民法院通知,有关人员应当出庭;不仅如此,最高人民法院 2017 年发布的《关于全面推进以审判为中心的刑事诉讼制度改革的实施意见》第 25 条还明确要求,"不得以侦查人员签名并加盖公章的说明材料替代侦查人员出庭。经人民法院通知,侦查人员不出庭说明情况,不能排除以非法方法收集证据情形的,对有关证据应当予以排除"。

《监察法实施条例》也明确了监察调查人员出庭说明的义务,在第 229 条第 2 款规定:"人民法院在审判过程中就证据收集合法性问题要求有关调查人员出庭说明情况时,监察机关应当依法予以配合。"不过,遗憾的是,2021 年发布的《最高人民法院关于适用〈中华人民共和国刑事诉讼法〉的解释》在对调查人员出庭说明情况的要求上有所退缩,在第 135 条第 3 款规定:"公诉人提交的取证过程合法的说明材料,应当经有关调查人员、侦查人员签名,并加盖单位印章。未经签名或者盖章的,不得作为证据使用。上述说明材料不能单独作为证明取证过程合法的根据。"

正是由于上述规定及其他因素的综合影响,职务犯罪案件的审判过程中,对于辩方就监察调查取证的合法性提出的质疑或者申请监察调查人员出庭的申请,无论法院如何进行协调,实践中监察调查人员很少出庭,而往往以书面的"情况说明"材料予以应对。比如,在徐钟徇私枉法罪案中,被告人及辩护人在一审中均提出了排除非法证据申请,认为调查人员不具有刑事案件的调查主体资格,故该调查的讯问、询问程序严重违法,应当予以排除,并申请证人出庭接受质询,但证人始终未出庭。① 另据学者调研,监察机关向法庭出具的"情况说明"相当程度地存在着真实性存疑、可靠性有限以及对庭审直接言词原则的破坏等问题②,而且引发了一些难以处理的问题,比如,倘若法院应检察机关之提请,通知监察调查人员对证据收集的合法性出庭说明情况,但后者无正当理由拒不出庭时,法院能否排除此异议证据,目前缺乏相关的规定。

五、监察调查证据与刑事证据衔接困境的突破

为了促进监察证据与刑事证据的有效衔接,监察调查的立法完善首先应当重视以下两个方面:一是应当重视监察调查中的程序权利保障,尽快赋予被调查人不被强迫自证其罪、权利告知等权利。二是应当参照刑事诉讼法及其司法解释等的相关规定,进一步完善取证程序。在言词证据方面,进一步完善讯问、询问程序;在实物证据方面,应当重视取证合法性、证据来源、证据保管等方面的规定。此外,针对上述实践中的问题,还应当进行以下四个方面的努力。

(一)监察调查取得的言词证据不宜一律在刑事诉讼中直接使用

监察机关办理的职务犯罪案件中,如前所论,应当构建独立的刑事立案程序。在此基础上,笔者认为,应以刑事立案作为区分犯

---

① 参见云南省曲靖市中级人民法院(2021)云 03 刑终 127 号刑事裁定书。
② 参见杨宇冠、高童非:《职务犯罪调查人员出庭问题探讨》,载《社会科学论坛》2018 年第 6 期。

罪证据与违纪违法证据的标准,也作为监察机关收集的言词证据是否应当转化的时间节点。具体而言,在刑事立案前收集的言词证据不能直接在刑事诉讼中适用,需要按照《刑事诉讼法》的规定重新收集;刑事立案后依据《刑事诉讼法》规定的程序要求所取得的言词证据则可以直接适用,维持法秩序的统一性。

(二)确立监察调查阶段重复性供述的排除规则

贯彻《监察法》第33条第2款"监察机关在收集、固定、审查、运用证据时,应当与刑事审判关于证据的要求和标准相一致"的规定,提升职务犯罪案件办理的质量,未来应当完善监察法律法规,确立监察调查期间重复性供述的排除规则。具体而言,在监察调查中,对于被调查人受之前监察调查人员采取的刑讯逼供行为影响所作出的重复性供述,原则上应当排除,不得作为起诉意见的依据;案件进入审判程序后,被告人当庭翻供的,法庭应当调查审查起诉阶段检察人员是否告知被追诉人讯问主体更换、相关诉讼权利及其自愿认罪的法律后果[①],如果检察人员没有进行上述告知,法院有权将监察调查阶段获取的被调查人有罪供述予以排除;如果监察机关发现其调查人员存在刑讯逼供行为而没有更换调查人员,那么此后的调查期间监察办案人员所获得的被调查人重复性供述应当一律排除。

(三)构建录音录像随案移送制度

《监察法》颁布之前,"留存备查"是一种管理制度而非诉讼制

---

① 参见陈光中、邵俊:《我国监察体制改革若干问题思考》,载《中国法学》2017年第4期。

度。《监督执纪规则》第 48 条规定:"对涉嫌严重违纪或者职务违法、职务犯罪问题的审查调查谈话、搜查、查封、扣押(暂扣、封存)涉案财物等重要取证工作应当全过程进行录音录像,并妥善保管,及时归档,案件监督管理部门定期核查。"据此,"留存备查"的核查主体是案件监督管理部门,主要是监察机关内部的一种事务处理机制。

为适应庭审实质化改革的要求,未来应当通过修法,构建录音录像随案移送制度。具体可以充分发挥现代网络技术的发展,监察机关、公诉机关和审判机关联合探索建立录音录像的云存储应用,随着案件在不同机关间的流转逐步开放查阅权限,不仅公诉机关、审判机关可以查阅相关录音录像资料,当事人也可申请检法机关进行查阅,从而创造与随案移送相同的效果。倘若监察机关不随案移送录音录像资料,而该录音录像资料对案件事实的认定和证据合法性的证明具有重要影响时,法官可以基于"存疑有利被告"的原则作出排除该证据的裁定。

(四)落实调查人员的出庭说明义务

为推进以审判为中心的诉讼制度改革,在职务犯罪案件审判中,对于辩方就监察机关取证合法性提出的质疑,负责案件调查的监察人员应当摒弃以自身特殊性为由拒不出庭的思维,积极出庭说明情况,禁止以调查人员签名并加盖公章的说明材料代替调查人员出庭。经法院通知,调查人员不出庭说明情况,且不能排除以非法方法收集证据情形的,法院应当对有关证据予以排除。

根据目前《刑事诉讼法》及《最高人民法院关于适用〈中华人民共和国刑事诉讼法〉的解释》的规定,调查人员、侦查人员就取证合法性出庭,只是"说明证据收集过程,并就相关情况接受控辩双方和法庭的询问"。换言之,出庭的调查人员不是证人,即使说谎,也无须承担伪证罪的罪责。笔者认为这种情况应当加以改变,因为调查人员出庭说明证据收集过程,就相关情况接受控辩双方和法庭的询问,其实质上就是一种"程序性事项"的证人,因此,未来修订相关法律法规时,应当明确出庭调查人员的证人身份,促使其出庭如实说明情况。

第八章
监察调查中涉罪被调查人的认罪认罚从宽权利

提　要：相较于刑事诉讼法中的认罪认罚从宽制度，《监察法》所规定的认罪认罚从宽制度具有两重特殊性：一是程序上的双重约束，即必须经监察机关领导人员集体研究并上提一级批准；二是实体上的双重要求，即被调查人要"主动"认罪认罚，并具有法定的"四种情形"之一。由于这两重特殊性的要求均非《刑事诉讼法》中认罪认罚从宽制度适用的必要条件，因而《监察法》中认罪认罚从宽制度的适用门槛显然要高一些。与此同时，监察调查程序的封闭性较强，被调查人与监察机关的协商能力失衡，难以有效保障被调查人认罪认罚的自愿性。因此，需要赋予被调查人后果告知权和律师帮助权，发挥检察机关在认罪认罚从宽制度中的主导作用，强化被调查人与监察机关的协商能力，实现认罪认罚从宽制度适用标准的合理衔接,规范监察机关从宽处罚建议的提出方式,确保被调查人认罪认罚的自愿性和获得从宽处罚的权利。

一、问题的提出

2016年7月,中央全面深化改革领导小组审议通过了《关于认罪认罚从宽制度改革试点方案》。2016年9月,全国人大常委会通过《关于授权最高人民法院、最高人民检察院在部分地区开展刑事案件认罪认罚从宽制度试点工作的决定》。2016年11月,最高人民法院、最高人民检察院、公安部、国家安全部、司法部联合印发《关于在部分地区开展刑事案件认罪认罚从宽制度试点工作的办法》,认罪认罚从宽处罚制度的试点就此正式拉开序幕。2018年10月,认罪认罚从宽制度写入修改后的《刑事诉讼法》。

早在刑事诉讼法正式确立认罪认罚从宽制度之前,2018年3月颁布的《监察法》第31条就对职务犯罪案件的认罪认罚从宽制度做出如下规定:"涉嫌职务犯罪的被调查人主动认罪认罚,有下列情形之一的,监察机关经领导人员集体研究,并报上一级监察机关批准,可以在移送人民检察院时提出从宽处罚的建议:(一)自动投案,真诚悔罪悔过的;(二)积极配合调查工作,如实供述监察机关还未掌握的违法犯罪行为的;(三)积极退赃,减少损失的;(四)具有重大立功表现或者案件涉及国家重大利益等情形的。"

职务犯罪案件适用认罪认罚从宽制度,符合宽严相济刑事政策,有利于最大限度地实现办理职务犯罪案件效果,有利于推进反腐败工作。① 不过,对于职务犯罪案件中认罪认罚从宽制度的适用是否有别于非职务犯罪案件,在理论上颇多争论。否定论者认为,基于权利保障的需要与节约司法资源的角度,对涉罪被调查人应当同等适用认罪认罚从宽制度。② 肯定论者则认为,监察调查程序不同于刑事侦查程序,监察机关作为反腐败专责机关也不同于司法机关与行政机关,因而认罪认罚从宽制度在职务犯罪监察调查阶段的适用应当具有特殊性。

笔者认为,从《监察法》第31条的内容来看,已经超出了《刑事诉讼法》的相关规定,从而构成了《刑事诉讼法》中认罪认罚从宽制度的"特别法"规定。具体而言,较之于《刑事诉讼法》中的认罪认罚从宽制度,《监察法》中的认罪认罚从宽制度具有两重特殊性:一是程序上的双重约束,即监察机关适用认罪认罚从宽制度,必须经领导人员集体研究并上提一级批准;二是实体上的双重要求,即被调查人要"主动"认罪认罚并具有"四种情形"之一。由于这两重特殊性的要求均非《刑事诉讼法》中认罪认罚从宽制度适用的必要条件,因而《监察法》中认罪认罚从宽制度的适用门槛显然要高一些。

从媒体披露的许多高官受审案件中不难发现,当下职务犯罪审理尤其是高官职务犯罪案件庭审中,普遍呈现出如下一系列景象:被告人认罪认罚,忏悔连连,不申请证人出庭作证,更不会申请调查人员出庭说明情况,甚至不聘请律师协助辩护,控辩对抗的"烽烟"不再,庭审匆匆结束,判决从宽量刑,被告人表示绝不上

---

① 参见金某某受贿案(检例第75号),最高人民检察院第二十批指导性案例。
② 参见屈新、吕云川:《监委会移送的职务犯罪案件需经检察机关审查起诉》,载《西华大学学报(哲学社会科学版)》2017年第4期。

诉……究其原因,除个别案件外,职务犯罪案件基本上都通过控辩协商乃至审辩协商适用了认罪认罚从宽制度,被告人"认罪认罚程序",一切实质性定罪量刑和关于被告人非法所得的处理问题都在庭前得到了解决,庭审中自然便不再有争议和论辩,风平浪静地走过场。

不过,调研中发现一个值得关注的现象,这就是在监察机关办理的职务犯罪案件中,因担心适用认罪认罚从宽制度有放纵或轻纵官员犯罪之嫌疑,社会效果不好,加之监察机关内部有严格的审批程序要求,所以虽然职务犯罪案件最终普遍在审查起诉或审判阶段采取认罪认罚从宽程序解决,但监察调查阶段,不仅讯问笔录等材料中很少体现犯罪嫌疑人是否认罪认罚,而且在卷宗中很少写明适用了认罪认罚从宽制度,这就大大地影响了职务犯罪案件中认罪认罚从宽制度的适用质效。在这方面,从最高人民检察院发布的指导性案例"金某某受贿案"①中可以得到一定的反映。2007年至2018年,被告人金某某在担任安徽省某医院党委书记、院长期间,利用职务上的便利,为请托人在承建工程项目、销售医疗设备、销售药品、支付货款、结算工程款、职务晋升等事项上提供帮助,非法收受他人财物共计1161.1万元、4000欧元。安徽省检察机关在提前介入金某某案件过程中注意到,金某某到案后,真诚认罪悔罪,表示愿意接受处罚,并已积极退缴全部赃款,初步判定本案具备适用认罪认罚从宽制度条件。安徽省监察委员会调查终结移送安徽省人民检察院起诉,检察机关经审查认定,被告人符合刑事诉讼法规定的认罪认罚从宽制度适用条件,故适用认罪认罚从宽制度办理。检察机关及时告知权利,保障辩护律师的阅卷权、

---

① 金某某受贿案(检例第75号),最高人民检察院第二十批指导性案例。

会见权,充分听取金某某及其辩护律师的意见,提出确定刑量刑建议,金某某也自愿签署了《认罪认罚具结书》。法院据此适用普通程序简化审理案件,采纳检察院提出的量刑建议并当庭宣判,金某某当庭表示服判不上诉。

当然,对此问题的观察和理解也不能停留于表面。从调研来看,在监察调查阶段,认罪认罚从宽制度实际上得到了不少的运用,只不过是监察机关"做得多说得少"或者"只做不说"而已。监察机关对于被调查人的从宽处罚建议有时不直接体现在卷宗中或者写入起诉意见书,而是通过非正式的口头沟通方式传达给后续的检法机关并为后者所接受,从而在实质上实现从宽的效果,甚至在一些案件中,监察机关通过"四种形态"的转化运用对认罪认罚的被调查人作非罪化处置。

当下实践中,检察环节认罪认罚从宽制度的适用率已超过90%[①],职务犯罪案件认罪认罚从宽制度的适用率有可能更高。与此同时,根据《监察法》的规定,律师不能介入监察调查活动,调查机关也没有义务保障被调查人获得法律帮助,被调查人在监察调查阶段的认罪认罚活动只能独自进行和决断,因而其认罪认罚的自愿性和真实性是否得到充分的保障,就值得特别关注。鉴于此,本部分拟就职务犯罪案件监察调查程序中被调查人的认罪认罚从宽权利保障问题展开研究。

---

① 2023年最高人民检察院检察长在全国人民代表大会上所作的《最高人民检察院工作报告》。

二、监察调查程序中认罪认罚从宽制度适用的法规范分析

(一)适用条件:"认罚"基础上适度限缩的"认罪"

根据《监察法》第31条的规定,在监察调查程序中,适用认罪认罚从宽制度在实体方面需要同时满足以下两个条件:

第一,涉嫌职务犯罪的被调查人主动认罪认罚。一方面,被调查人应当如实供述自己的罪行,对指控的犯罪事实没有异议。当然,需要指出的是,在监察机关"刑法纪一体"的调查格局中,监察调查阶段适用的认罪认罚从宽制度中的"认罪"不仅仅是对职务犯罪事实的承认,而且还包含对违纪事实、职务违法事实的承认,是"认错+认罪"的总称。在大多数情况下,职务犯罪行为往往也是职务违法与违纪行为,但针对同一监察对象,也完全可能存在区别于其职务犯罪事实的违纪或职务违法事实。因此,需要具体案件具体分析:当职务犯罪事实与职务违法、违纪事实具有同一性时,允许"认错+认罪";当职务犯罪事实与职务违法、违纪事实不具有同一性时,应当注意认错与认罪的分离,只要认罪就符合《监察法》规定的认罪认罚从宽制度中的"认罪"之要求。另一方面,被调查人应当同意接受处罚,不得有毁灭、伪造证据,隐匿、转移财产,暗中串供、干扰证人作证等对抗调查的行为。换言之,"认罚"既包括态度层面,也包括行为层面,仅有认罚的意思表示而没有行为上的具体作为,不能认定为"认罚"。当然,由于被调查人的行为触犯刑法的同时往往也构成违纪违法,因而愿意接受纪检监察

机关作出的纪律处分或者政务处分也是被调查人的"认罚"行为。① 此外,《监察法》规定的认罪认罚从宽制度还特别强调认罪认罚的"主动性",要求被调查人认罪认罚的行为在一定时间之前作出,即只有被调查人的涉嫌违纪或者职务违法、职务犯罪问题未被纪检监察机关掌握,或者虽被掌握,但尚未受到纪检监察机关的审查调查谈话、讯问或者尚未被采取留置措施时,被调查人向纪检监察机关投案的行为才符合"主动性"的要求。②

第二,满足四种情形之一。这四种情形分别是:自动投案,真诚悔罪悔过;积极配合调查工作,如实供述监察机关还未掌握的违法犯罪行为;积极退赃,减少损失;具有重大立功表现或者案件涉及国家重大利益等。其中,第一种情形与《刑法》中关于"一般自首"的规定相符合。第二种情形与相关文件关于职务犯罪案件办理中"特殊自首"的规定有类似之处,大致包括"犯罪分子如实交代办案机关未掌握的罪行,与办案机关已掌握的罪行属不同种罪行的;办案机关所掌握线索针对的犯罪事实不成立,在此范围外犯罪分子交代同种罪行的;办案机关掌握部分犯罪事实,犯罪分子交代了同种其他犯罪事实的;办案机关掌握的证据不充分,犯罪分子如实交代有助于收集定案证据的;办案机关仅掌握小部分犯罪事实,犯罪分子交代了大部分未被掌握的同种犯罪事实的;如实交代对于定案证据的收集有重要作用的"等情形,③总体上属于"如实交代"的情形。第三种情形是职务犯罪案件办理中挽回损失方面

---

① 参见赵恒:《职务犯罪案件认罪认罚从宽制度研究》,载《比较法研究》2022年第2期。
② 同上注。
③ 参见《关于办理职务犯罪案件认定自首、立功等量刑情节若干问题的意见》。

的规定。第四种情形则与相关文件关于职务犯罪案件办理中"重大立功"的规定相类似,且增加了"涉及国家重大利益"的情形。正是基于上述附加情形的要求,有学者指出,"职务犯罪案件适用认罪认罚从宽的条件相较一般刑事案件适用认罪认罚从宽要更加严苛"①。

由上可见,"主动"+"认罪"+"认罚"+"四种情形之一"的适用条件是在认罚的基础上限制了对"认罪"的认定。通常而言,"自首和坦白,只需要认罪即可,不必然要求认罚"②,而"认罚"作为必要的适用条件,实际上成了基础性条件,在此基础上,对于监察调查阶段被调查人在"四种情形"之外的或者"被动"性的"认罪",则不能适用认罪认罚从宽制度。

《监察法》对职务犯罪案件适用认罪认罚从宽制度中的"认罪"进行的上述限缩,体现了立法对职务犯罪案件量刑情节认定方面的审慎态度。之所以如此,主要背景是国家监察体制改革之前,"部分职务犯罪案件是经纪检监察机关查办后移交司法程序的,这样就直接导致了相当数量的案件被不当轻判,这些问题在一定程度上影响到了职务犯罪的打击力度,在社会上也产生了一些负面影响"③。监察体制改革之后,为避免或防范此现象的出现,提高反腐败工作的成效,《监察法》严格了认罪认罚从宽制度的适用条件。

---

① 瞿目:《职务犯罪调查阶段认罪认罚从宽的探讨——以〈监察法〉第31条为中心》,载《华南理工大学学报(社会科学版)》2020年第1期。
② 李勇:《认罪认罚与自首、坦白之界分》,载《检察日报》2020年2月15日第3版。
③ 《关于办理职务犯罪案件认定自首、立功等量刑情节若干问题的意见》。

(二)适用程序:集体研究与上提一级审批的双重控制

根据《监察法》第 31 条的规定,涉嫌职务犯罪的被调查人主动认罪认罚,满足相应情形的,监察机关经领导人员集体研究,并报上一级监察机关批准,可以在移送检察院时提出从宽处罚的建议。据此,从宽处罚的建议之做出,首先要经监察机关的领导人员集体研究,然后再报上一级监察机关批准。

上述适用程序中的双重控制模式,体现了监察调查阶段落实认罪认罚从宽制度的审慎性,有助于减少乃至杜绝不当提出量刑从宽建议的情形。不过,这也存在一定的问题。

第一,作为职务犯罪的调查机关,监察机关通常并非最终的程序终结者,其后还有检察机关与法院的审查和把关,因而对于认罪认罚从宽制度的适用,设定如此复杂的内部决策和审批程序,可能有违比例原则。诚然,在以往职务犯罪的办理实践中,存在一定程度的不当轻判现象,尽管有诉前机关把关不严的原因,但最根本的还是传统侦查中心主义诉讼模式以及庭审虚化、制约乏力所致,因而一味地强化审批未必是对症之策。

第二,可能会对检法机关的诉审活动造成不当影响甚至干预。在我国的党政权力体系中,监察机关具有相对于检法机关的优势地位,且重视改判率、退回补充调查率等内部考核指标,对于经过内部复杂审批程序后作出的从宽处罚建议,自然极其不愿被检法机关否定,由此一来,无疑会对后续的检法机关客观公正地处理案件构成不小的挑战。

第三,不当地抑制了监察机关适用认罪认罚从宽制度的积极性。监察机关适用认罪认罚从宽制度的目的之一是通过让被调查人获得诉讼利益,来换取其认罪认罚的配合行为,但烦琐的审批程序会削弱监察机关适用认罪认罚从宽制度的意愿。

(三) 从宽处罚建议:尚待厘清的权力边界

根据《监察法》第 31 条的规定,监察机关有向检察机关提出从宽处罚建议的权力。对于该项权力,应当从以下三个方面进行理解:

第一,赋予监察机关提出从宽处罚建议的权力具有合理性。在刑事诉讼中,公诉方、辩护方乃至被害方都试图通过诉讼活动影响法官的量刑,法律也允许各方以"量刑建议""量刑意见"等形式直接向法庭提出。[①] 在被调查人认罪认罚的案件中,监察机关作为广义上的控方,其提出从宽处罚的建议与检察机关提出的量刑建议相一致,也是客观公正的履职要求,只不过前者更多的是对相关量刑情节的如实记录与对量刑的初步建议,后者则基于前者的工作进行全面审查和具体判断。

第二,《监察法》并未明确监察机关提出从宽处罚建议的方式和限度。从实践中看,由于存在较大的解释空间,各地监察机关对于认罪认罚案件中从宽处罚建议权的运用方式并不完全一致。其所提出的从宽处罚建议有较为原则的,也有较为明确具体的。不过,从尊重检察机关在认罪认罚案件中发挥主导责任的角度出发,具体的刑罚种类和刑罚执行方式等不应当是监察机关从宽处罚建议包含的主要事项。[②]

第三,监察机关并非一定要提出从宽处罚的建议。原因在于:

---

① 参见陈瑞华:《论相对独立的量刑程序——中国量刑程序的理论解读》,载《中国刑事法杂志》2011 年第 2 期。

② 参见赵恒:《职务犯罪案件认罪认罚从宽制度研究》,载《比较法研究》2022 年第 2 期。

其一,监察机关提出具体处罚建议的能力存在局限性。监察机关承担着繁重的监督、调查和处置职责,不仅要查处职务犯罪案件,而且要处理违纪和职务违法行为,这些工作的办理不仅需要大量的人力和财力,而且从宽处罚建议的提出特别是具体处罚建议的提出需要有相应的专业能力与经验基础,在这方面,监察调查人员整体上要弱于检察机关和法院。其二,对于被调查人认罪认罚的案件,如果监察机关只是笼统地提出建议司法机关从宽处罚的意见,意义是有限的。因为即便监察机关不提出此建议,后续的检察机关和法院也不会忽视被调查人的认罪认罚意愿和行为,而且会积极促进认罪认罚的达成。因此就不难理解,《监察法》第31条中的表述是监察机关"可以"在移送人民检察院时提出从宽处罚的建议。

三、监察调查程序中被调查人认罪认罚从宽权利保障方面的问题

(一)监察调查程序的封闭性难以有效保障认罪认罚的自愿性

在监察机关调查的职务犯罪案件中,认罪认罚从宽制度推行的关键是确保被调查人认罪认罚的自愿性。从理论上讲,认罪认罚的自愿性有赖于律师帮助权、后果知情权、意愿撤回权、自愿事实被审理权的制度保障。[①] 但在封闭的监察调查程序中,被调查

---

① 参见韩晗:《认罪认罚自愿性的法院审查难题及其破解》,载《烟台大学学报(哲学社会科学版)》2019年第6期。

人认罪认罚自愿性的保障较为薄弱。

一方面,目前的法律不允许律师介入监察调查活动为被调查人提供法律帮助。律师帮助权在认罪认罚从宽制度设计中占据"基石性"的地位,律师参与有助于防范不规范的调查行为①,尤其是在认罪认罚自愿性的保障方面,律师作为被调查人与调查机关之外的第三方,其介入调查阶段的认罪认罚活动,能起到重要的监督和见证作用。但在律师无法介入的情况下,监察调查阶段的认罪认罚自愿性就存在较大的不确定性。

另一方面,在封闭的监察办案环境中,被调查人对于认罪认罚的后果告知权也很难落实。实践中,监察机关在调查环节大多未告知被调查人有适用认罪认罚从宽制度的权利和相关具体政策,即便告知也时常出现选择性告知或诱导性告知的现象。综上分析,职务犯罪案件中被调查人认罪认罚的自愿性保障,目前主要依靠调查机关与办案人员的自我规范。

(二)被调查人与监察机关的协商能力失衡

第一,监察机关掌握"主动""认罪""认罚"等概念的解释权以及是否适用认罪认罚从宽制度的决定权,有权认定被调查人是否满足认罪认罚从宽制度的适用条件,在职务犯罪案件调查进程和结果处理上处于绝对的主导和控制地位。

第二,被调查人的"协商"能力较低。被调查人处于留置场所的压力氛围下,对有关认罪认罚从宽政策的了解基本上是来源于监察机关的介绍以及其自身的知识储备,通常不具备与监察机关

---

① 参见王敏远:《认罪认罚从宽制度疑难问题研究》,载《中国法学》2017年第1期。

进行量刑协商所需要的案件整体把控能力、同类案件的结果比较能力和案件情节的具体分析能力,同时又缺乏律师的帮助,因而与监察机关的"协商"能力有限。

第三,认罪认罚从宽活动被纳入监察机关的案件调查工作中。在监察调查阶段,调查机关的工作重点是收集证据、查明事实,认罪认罚的认定工作自然要服从于调查工作。实践中,被调查人认罪认罚的同时有时会对案件相关情节提出一些异议或者辩解,这不仅通常得不到监察机关的有效回应,而且很容易被视为不配合调查工作①,进而对监察机关提出量刑建议造成不利影响。正如有学者所指出的,"即使被告人自愿认罪,大部分案件的被告人及其辩护人也会对受贿、贪污以及挪用公款的具体数额或者赃物价值的认定提出异议,这些数额又会对量刑产生重要影响。辩方和控方很难就量刑问题达成一致意见,'认罪'不'认罚'现象较为普遍,从而限制了该制度的适用"②。

(三)监察程序与刑事诉讼程序的衔接不畅

其一,当职务犯罪案件由监察调查阶段进入审查起诉阶段,被调查人否定自己先前作出的认罪承诺时,检察机关对于监察机关提出的从宽处罚建议应当如何处理,存在不同的做法。一种做法是,检察机关直接否定监察机关提出的从宽处罚建议,在重新进行

---

① 权威解释就此指出,在认定被调查人认罪认罚的过程中,如果被调查人对自己行为的性质进行辩解,或者在供述中,对有些细节或者情节记不清楚或者确实无法说清楚的,不能认为是隐瞒或者不配合调查工作。参见中共中央纪律检查委员会、中华人民共和国国家监察委员会法规室编写:《〈中华人民共和国监察法〉释义》,中国方正出版社 2018 年版,第 164 页。

② 韩旭:《监察委员会办理职务犯罪案件程序问题研究——以 768 份裁判文书为例》,载《浙江工商大学学报》2020 年第 4 期。

审查判断后,向法院提出自己的量刑建议;另一种做法是,检察机关将有关情况通报监察机关,并在此基础上沟通协商相关情况后进行处理。从理论上讲,前者符合检察机关作为公诉机关以及认罪认罚从宽制度适用主导者的身份定位,后者则符合检察机关与监察机关相互配合的工作原则。就处理结果而言,两者未必存在不同,但其处理过程体现了不同的理念:前者体现了制约先于配合的理念,后者体现了配合先于制约的理念。笔者认为,防范可能出现的监察中心主义是监察体制改革的重要目标①,而检、监机关独立公正行使好各自的权力,正是审前阶段贯彻审判中心主义的重要体现,因此,相互制约就体现出了更为重要的价值。②

其二,纪检监察机关作出的党纪和政务处分中有关被调查人在监察调查期间的表现之认定,会对后续检法机关适用认罪认罚从宽制度构成实质性影响。具体而言,在移送司法机关之前,纪检监察部门往往会对被调查人作出党纪和政务处分,其中可能涉及被调查人在调查期间的表现。如果被调查人在调查期间实施了对抗组织审查的行为,那么后续的检法机关自然就很难认定其已经认罪悔罪,从而不会适用认罪认罚从宽制度;如果被调查人在调查期间因存在思想顾虑或畏惧心理,谈话初期有避重就轻、拒不交代等表现,但经思想教育后能够积极配合组织调查、如实交代问题的,则后续的检法机关作出处理时,存在明显的地方差异性:各地检法机关受纪检监察机关作出的不同党纪和政务处分的影响,在适用认罪认罚从宽制度上存在较大差别,由此出现了法律适用的不平等性。

---

① 参见秦前红:《我国监察机关的宪法定位以国家机关相互间的关系为中心》,载《中外法学》2018年第3期。
② 参见董茂云:《监察委员会独立性地位的三个认识维度》,载《东方法学》2020年第3期。

四、权利保障视野下职务犯罪案件认罪认罚从宽制度的完善

从权利保障的视角分析,职务犯罪案件认罪认罚从宽制度的完善需要进行以下五个方面的努力。

(一)独立的职务犯罪案件认罪认罚从宽制度建构论之否定

有学者认为,从认罪认罚从宽制度在调查阶段与诉讼阶段进行衔接的角度出发,需要建构独立的职务犯罪认罪认罚从宽制度。① 笔者认为,此观点值得商榷,理由如下:

第一,对职务犯罪调查特殊性的强调不构成建立独立的职务犯罪认罪认罚从宽制度的充足理由。因为每一类犯罪都有其特殊之处,倘若因此都追求认罪认罚从宽制度的独立建构,则会导致认罪认罚从宽制度的整体崩溃以及适用混乱。

第二,囿于国家监察体制的特殊性以及监察法律法规的独立性,建构独立的职务犯罪认罪认罚从宽制度,仍然改变不了认罪认罚从宽制度在调查阶段与诉讼阶段的分离状态,检察机关是无法在监察调查阶段适用认罪认罚从宽制度时发挥主导作用的。

第三,认罪认罚从宽制度在调查阶段与诉讼阶段衔接的关键不在于是否有独立的职务犯罪认罪认罚从宽制度,而在于要处理好《监察法》与《刑事诉讼法》之间的关系以及职务犯罪调查与违纪违

---

① 参见瞿目:《职务犯罪调查阶段认罪认罚从宽的探讨——以〈监察法〉第31条为中心》,载《华南理工大学学报(社会科学版)》2020年第1期。

法审查之间的关系,实现"法法贯通"与"纪法衔接"。

(二)保障被调查人的后果告知权和法律帮助权

第一,为了保证监察调查阶段认罪认罚从宽制度适用的正当性,使被调查人在理性的心理状态下主动认罪认罚,监察机关在进行调查时,应当向被调查人告知相关法律规定,以及主动认罪认罚可能产生的法律后果,并以通俗易懂的语言进行解释说明,使被调查人形成正确的法律预期,避免进入刑事诉讼程序后因对检察机关给予的从宽处理意见不接受而出现翻供现象。当然,监察办案人员不得做出具体的从宽幅度承诺,以免引发"诱供"行为。此外,监察机关不得诱导性地忽略"认罪""认罚"的定罪量刑后果而过分强调"从宽",从而使被调查人在违背真实意愿的情况下做出有罪供述。

第二,在认罪认罚过程中特别是被调查人签署具结书等重要的法律文书时,应当赋予被调查人获得律师帮助的权利,允许律师在场为其提供法律帮助,保障被调查人认罪认罚的自愿性和真实性。为此,如前文所述,应当通过修法,构建职务犯罪案件中监察调查阶段的值班律师制度,明确值班律师有义务为被调查人、涉案人员了解监察活动认罪认罚从宽处罚建议制度以及相关法律后果提供必要的法律帮助。[①] 当然,从长远来讲,应当赋予被调查人聘请辩护律师的权利。

(三)强化检察机关在认罪认罚从宽制度适用中的主导作用

第一,检察机关在提前介入监察程序中,应当关注被调查人认

---

① 参见赵恒:《职务犯罪案件认罪认罚从宽制度研究》,载《比较法研究》2022年第2期。

罪认罚的情况。根据《国家监察委员会与最高人民检察院办理职务犯罪案件工作衔接办法》第 12 条、第 14 条的规定,当案件进入审理阶段后,监察机关可以书面商请人民检察院派员介入,"审核案件材料,对证据标准、事实认定、案件定性及法律适用提出书面意见,对是否需要采取强制措施进行审查"①。此外,最高人民检察院通过指导性案例的发布,正在推进检察机关对被调查人认罪认罚情况的关注。在前述金某某受贿案这一指导性案例中,最高人民检察院就指出,检察机关通过提前介入监察机关办理职务犯罪案件工作,即可根据案件事实、证据、性质、情节、被调查人态度等基本情况,初步判定能否适用认罪认罚从宽制度。案件移送起诉后,人民检察院应当及时告知犯罪嫌疑人享有的诉讼权利和认罪认罚从宽制度相关法律规定,保障犯罪嫌疑人的程序选择权。②

第二,检察机关对于监察机关移送审查起诉的认罪认罚案件应当全面审查。在职务犯罪案件中,检察机关应当重新审查认罪认罚的相关事实,客观公正地判断被调查人是否符合认罪认罚从宽制度的适用条件,审核认罪认罚的真实性与合法性。正如有研究者所指出的,"强化对认罪认罚案件多维度的法律监督制约,确保制度准确适用,是检察机关法律监督宪法定位的必然要求"③。

第三,适当简化监察机关适用认罪认罚从宽制度的审批程序。目前监察机关适用认罪认罚从宽制度的内部审批程序过于严格,不利于被调查人认罪认罚从宽权利的保障。适当简化监察机关对

---

① 《国家监察委员会与最高人民检察院办理职务犯罪案件工作衔接办法》第 14 条。
② 参见金某某受贿案(检例第 75 号),最高人民检察院第二十批指导性案例。
③ 贾宇:《认罪认罚从宽制度与检察官在刑事诉讼中的主导地位》,载《法学评论》2020 年第 3 期。

于适用认罪认罚从宽制度的审批程序,有助于弱化监察机关的决定对检察机关可能造成的不当影响,提高被调查人认罪认罚情况被检察机关关注的机会,更好地发挥检察机关在适用认罪认罚从宽制度中的主导作用。为此建议,除个别职务级别高、社会影响大的职务犯罪案件外,监察调查机关可以自行决定认罪认罚从宽制度的适用,不须报请上级监察机关审批。

(四)认罪认罚从宽制度适用标准的合理衔接

第一,明确检法机关对职务犯罪案件中认罪认罚的审查标准。如前所述,相较于《刑事诉讼法》的规定,《监察法》第31条提高了认罪认罚从宽制度的适用标准。对于监察机关调查终结移送司法机关的职务犯罪案件,如果监察机关认定认罪认罚情况的存在并提出了从宽处罚的建议,则检法机关在审查确认被调查人认罪认罚的自愿性和真实性基础上,加以确认即可;如果监察机关没有适用认罪认罚从宽制度,则检法机关仍然要审查和判断是否存在认罪认罚的情况,但依照的应当是《刑事诉讼法》规定的标准,以更好地保护被调查人的认罪认罚从宽权利。

第二,厘定监刑互涉案件中认罪认罚从宽制度的适用标准。实践中,同一被调查人可能同时涉嫌监察机关管辖的职务犯罪与公安司法机关管辖的其他犯罪[①],有时会出现被调查人在监察机

[①] 比如,在2020年山东省任城监狱疫情事件中,经调查,山东省纪检监察机关对省监狱管理局原党委委员、副局长王文杰,任城监狱原党委书记、监狱长刘葆善,任城监狱原党委委员、副监狱长邓体贺,任城监狱干警陈民华等人涉嫌严重违纪违法问题立案审查调查;检察机关对王文杰、刘葆善、邓体贺等3名司法工作人员涉嫌玩忽职守罪等罪名立案侦查;公安机关对陈民华等人涉嫌妨害传染病防治罪立案侦查。参见《山东省任城监狱疫情事件已查清:对相关责任人依纪依法严肃处理》,载《中国纪检监察报》2020年3月5日第2版。

关调查的职务犯罪案件中不构成认罪认罚,但在公安司法机关负责的其他犯罪案件中构成认罪认罚的情况。为此,应当区分认罪认罚从宽制度的适用标准,不能混淆或者混用,充分保障被调查人、犯罪嫌疑人的认罪认罚从宽权利。

(五)规范监察机关从宽处罚建议的提出方式

《监察法》《监察法实施条例》均未明确认罪认罚案件中从宽处罚建议的提出方式。这就意味着监察机关向检察机关提出的从宽处罚建议可以是笼统性的,也可以是幅度性的,还可以是精确性的。笼统性的从宽处罚建议是指监察机关仅概括性地建议检察机关对被调查人从宽处罚;幅度性的从宽处罚建议是指监察机关在确定刑种的基础上给出量刑的参考幅度;精确性的从宽处罚建议则是指监察机关提出明确具体的刑种与刑期。有实务人员主张,监察机关办案人员不得在提出从宽处罚建议中明确具体的量刑建议,否则容易引发"诱供"行为,影响监察机关调查的权威性。[1] 笔者对此予以认同,认为监察机关提出的从宽处罚建议原则上应当"宜粗不宜细",是概括性的和笼统性的,只有在特别复杂的案件中才可以提出幅度性的从宽处罚建议。

当然,按照最高人民法院、最高人民检察院2021年制定的《关于常见犯罪的量刑指导意见(试行)》规定,"对于被告人认罪认罚的,综合考虑犯罪的性质、罪行的轻重、认罪认罚的阶段、程度、价值、悔罪表现等情况,可以减少基准刑的30%以下",认罪认罚的时间越早,从宽处罚的幅度越大。实践中,针对被追诉人在侦

---

[1] 参见吴成杰:《职务犯罪案件适用认罪认罚从宽制度问题研究》,载《山东法官培训学院学报》2021年第3期。

查/调查、起诉、审判三个不同阶段的认罪认罚,不少地方的法院量刑时分别按照减少基准刑的 30%、20%、10% 的比例予以从宽处理。具体到职务犯罪案件中,调查阶段认罪认罚的,从宽处罚幅度要高于起诉阶段和审判阶段的认罪认罚。因此,被调查人在调查阶段认罪认罚的,无论监察机关在将案件移送审查起诉时是否向检察机关提出从宽处罚的建议,监察机关都应当如实记录,以保障被调查人的认罪认罚从宽权利。

第九章
监察调查中涉罪被调查人的平等处置权利

提　要：自国家监察体制改革推行以来，纪检监察机关每年的立案总量和处分总量均大幅度上升，但移送检察机关审查起诉的职务犯罪案件数量急剧下降，与之前检察机关查办职务犯罪的数量之间也呈现出巨大反差。此种现象的出现，主要源于纪检监察机关对相关政策的充分贯彻和对监督执纪"四种形态"的转化运用，但其中存在将本应移送司法机关追诉的犯罪案件不当地以"四种形态"转化之名予以出罪化的现象值得重视。监察委员会办理监察案件，应当坚持罪刑法定原则、程序法定原则和适用法律一律平等原则；应当规范"四转三"程序，在监察案件中建构独立的刑事立案制度，改革监察撤案制度，建构有效的刑事撤案监督规则，保障涉罪被调查人在法律面前的平等处置权利。

国家监察体制改革以来,在各级纪检监察机关的共同努力下,我国反腐败斗争取得了压倒性胜利。伴随着一批批大案要案的查处,纪检监察机关执纪执法的威慑力和权威性提高到前所未有的程度。不过,与此同时,数据显示,近年来纪检监察机关每年的立案总量和处分总量虽然大幅度上升,但移送检法机关追诉的职务犯罪案件数量急剧下降,与国家监察体制改革之前检察机关每年查办职务犯罪的数量之间呈现出巨大的反差。个中缘由,颇值得探究。特别是,纪检监察机关在运用"四种形态"处理被调查人员时,不时可见将"第四种形态"的犯罪行为作为"第三种形态"处置的案例,这是否会削弱罪刑法定原则,进而导致涉罪被调查人被不平等处理的问题,需要予以重视和研究。

一、纪检监察机关的强势反腐与移送追诉职务犯罪数量的急剧下降

(一)纪检监察机关的反腐成效显著

对国家监察体制改革前后纪检监察机关的执纪执法数据进行对比,可以直观展现国家监察体制改革以来的反腐成效。从中央纪委国家监委2017—2021年通报的每年第一季度的办案数据来看,全国纪检监察机关在接受信访举报、处置问题线索、谈话函询、立案、处分、处分厅局级干部、处分县处级干部等方面的办案数据基本上都是呈上升之势,保持在一个较高的水平上,只有一项办案

数据即处分省部级干部数呈下降态势(见表5)。①

表5　2017—2021年第一季度全国纪检监察机关办案情况

	2017年	2018年	2019年	2020年	2021年
接受信访举报(万件次)	62.3	75	75.2	62.0	83.7
处置问题线索(万件)	19.4	28.6	36.4	32.7	44.0
谈话函询(万件次)	3.8	5.9	7.2	7.4	8.0
立案(万件)	10.2	11.9	13.8	10.4	13.5
处分(万件)	8.5	9.6	11.7	9.3	11.6
处分省部级干部(人)	14	22	10	10	5
处分厅局级干部(人)	400	680	1000	691	715
处分县处级干部(人)	3500	4500	6000	4000	5000

另据统计,2020年1—9月,全国纪检监察机关共立案44.3万件,处分39万人。其中,处分省部级干部18人,厅局级干部1989人,县处级干部1.4万人。② 2021年1—9月,全国纪检监察机关共立案47万件,处分41.4万人(其中党纪处分34.5万人)。处分省部级干部22人,厅局级干部2058人,县处级干部1.7万人,乡科级干

---

① 参见《中央纪委通报2017年第一季度全国纪检监察机关纪律审查情况》,载 https://www.ccdi.gov.cn/toutiao/201704/t20170417_125518.html,2021年9月1日访问;《中央纪委国家监委通报2018年第一季度全国纪检监察机关审查调查情况》,载 https://www.ccdi.gov.cn/toutiao/201804/t20180417_170131.html,2021年9月1日访问;《中央纪委国家监委通报2019年第一季度全国纪检监察机关监督检查、审查调查情况》,载 https://www.ccdi.gov.cn/yaowen/201904/t20190418_192487.html,2021年9月1日访问;《中央纪委国家监委通报2020年第一季度全国纪检监察机关监督检查、审查调查情况》,载 https://www.ccdi.gov.cn/toutiao/202004/t20200424_216110.html,2021年9月1日最后访问;《中央纪委国家监委通报2021年第一季度全国纪检监察机关监督检查审查调查情况》,https://www.ccdi.gov.cn/toutiao/202104/t20210420_239951.html,2021年9月1日访问。

② 参见何韬:《推进新时代纪检监察工作高质量发展之九一体推进不敢腐不能腐不想腐》,https://www.ccdi.gov.cn/toutiao/202101/t20210119_234137.html,2021年9月1日访问。

部6万人,一般干部6.7万人,农村、企业等其他人员26.8万人。① 就此可见,纪检监察机关的反腐败工作力度和强度整体上均远超以往。

(二)移送追诉的职务犯罪案件数量急剧下降

实践中,与反腐败工作强势推进同时存在的一个现象是,移送检察机关审查起诉的职务犯罪案件数量急剧下降。国家监察体制改革开始于2016年11月,此前职务犯罪案件侦查由检察机关负责,2017年是职务犯罪案件办理转隶监察委员会的过渡之年,2018年3月《监察法》颁布后,职务犯罪案件基本上均交由监察机关调查。根据《中国法律年鉴》和最高人民检察院披露的相关数据等②,笔者对监察体制改革前后数年(2014—2021年)查办职务犯罪案件的情况进行了统计(见表6、表7)。

表6 2014—2021年全国检察机关办理职务犯罪案件情况

	2014年	2015年	2016年	2017年	2018年	2019年	2020年	2021年
查办各类职务犯罪案件(件)	41487	40834	未披露	未披露				
查办各类职务犯罪人数(人)	55101	54249	47650	46032(非监察体制改革试点省份检察机关)				

---

① 参见《中央纪委国家监委通报2021年1至9月全国纪检监察机关监督检查审查调查情况》。

② 参见2015—2022年最高人民检察院检察长在全国人民代表大会上所作的《最高人民检察院工作报告》;中国法学会主管主办:《中国法律年鉴》,中国法律年鉴社出版2015年版,第168页。

(续表)

	2014年	2015年	2016年	2017年	2018年	2019年	2020年	2021年
受理各级监委移送职务犯罪人数(人)					16092	24234	19760	20754
起诉人数(人)	35854	未披露	未披露	未披露	9802	18585	15346	16693

表7 2018—2021年纪检监察机关立案处分情况①

	2018年	2019年	2020年	2021年
中央纪委国家监委立案审查调查中管干部数(人)	68	45	24	63
全国纪检监察机关立案审查调查数(万件)		61.9	61.8	63.1
全国纪检监察机关给予党纪政务处分数(万人)	66.1	58.7	60.4	62.7
涉嫌犯罪移送检察机关数(万人)			2.1	1.976

据此分析,职务犯罪案件数量从侦查/调查阶段到审查起诉阶段、审判阶段呈逐步递减的状况。比如,在国家监察体制改革前,检察机关立案侦查的职务犯罪案件数与人数均多于最终移送到检察公诉部门的职务犯罪案件数与人员数量,移送到检察公诉部门的职务犯罪案件数与人员数量又大于最终起诉到法院的职务犯罪案件数与人员数量,而最终起诉的职务犯罪案件数与人员数量必然大于最终定罪的职务犯罪案件与人员数量。按照我国刑事司法

---

① 参见《2018—2021纪检监察机关查办案件部分数据对比》,载西南公法研究微信公众号,2022年2月26日;2021年最高人民检察院检察长在全国人民代表大会上所作的《最高人民检察院工作报告》。

规律,这种递减趋势是缓慢的和渐进的。囿于可以查到的相关数据较为有限,笔者仅以2014年全国检察机关的数据为例,检察机关"反贪部门共受理贪污贿赂案件线索48523件、初查36235件、立案侦查31851件41237人,……最终决定起诉35854人,人民法院作出有罪判决28047人"[1],据此,涉案人员的"立案侦查/调查—起诉"比率大致为86.9%。倘若参照该比率计算,则表6中2015—2017年职务犯罪涉案人员的起诉数每年大概都应当在40000人以上。但在国家监察体制改革全面推行后的2018—2020年,职务犯罪案件的起诉人数分别为9802人、18585人、15346人,即便其中存在信息披露时部分案件尚未公诉等因素,且假定"立案侦查/调查—起诉"比率为100%(实际上不可能达到),起诉人数也只不过分别为16092、24234人、19760人。换言之,从2018年开始,监察机关移送检察机关审查起诉的职务犯罪案件数量和涉案人员起诉数量均呈大幅下降趋势。

全国法院系统审结贪污贿赂等职务犯罪案件的下述数据基本上也能印证国家检察体制改革前后职务犯罪案件刑事起诉所发生的显著变化(见表8)。

表8 2014—2021年全国各级法院审结贪污贿赂等职务犯罪案件情况[2]

	2014	2015	2016	2017	2018	2019	2020	2021
审结案数(万件)	3.1	3.4	4.5	5.6	2.8	2.5	2.2	2.3
审结人数(万件)	4.4	4.9	6.3	7.6	3.3	2.9	2.6	2.7

---

[1] 中国法学会主管主办:《中国法律年鉴》,中国法律年鉴社出版2015年版,第168页。

[2] 参见2015—2020年最高人民法院院长在全国人民代表大会上所作的《最高人民法院工作报告》。

据此不难发现,抛开审判期限导致的积案等因素,除个别年份外,2018—2021年全国各级法院审结贪污贿赂等职务犯罪案件出现了逐年下滑趋势,有些年份的下滑幅度还很大。职务犯罪案件在监察机关办理的案件中处于"极极少数"状态,不仅是一种比例的减少,更是职务犯罪案件办理数量的大幅减少,有学者将这种下降趋势称为"断崖式"下降。①

(三)反差何以出现——"四种形态"的运用与案件分流

监察机关对职务犯罪移送起诉数量的急剧下降与社会公众对纪检监察机关强势反腐的实践观感之间之所以出现反差,与纪检监察机关对监督执纪"四种形态"的转化运用存在密切关联。党的十八大以来,中央明确提出并实施"以治标为主,为治本赢得时间、打好基础、做好准备、积累经验、赢得主动"的腐败治理战略,坚持"以党内法规管住绝大多数,以刑法惩罚极少数",并构建了从党纪处分到政纪处分再到刑事处罚的多元化、阶梯型问责方式,其形象化表述就是监督执纪"四种形态"。运用好监督执纪的"四种形态",具体来说就是指"党内关系要正常化,批评和自我批评要经常开展,让咬耳扯袖、红脸出汗成为常态;党纪轻处分和组织处理要成为大多数;对严重违纪的重处分、作出重大职务调整应当是少数;而严重违纪涉嫌违法立案审查的只能是极极少数。这'四种形态'都是为了惩前毖后、治病救人,必须改变要么是'好同志',要么是'阶

---

① 参见詹建红、崔玮:《职务犯罪案件监察分流机制探究——现状、问题及前瞻》,载《中国法律评论》2019年第6期。

下囚'的状况,真正体现对党员的严格要求和关心爱护"①。

监督执纪"四种形态"的含义是:第一种形态是经常开展批评和自我批评、约谈函询,让"红红脸、出出汗"成为常态;第二种形态是党纪轻处分、组织调整成为违纪处理的大多数;第三种形态是党纪重处分、重大职务调整的成为少数;第四种形态是严重违纪涉嫌违法立案审查的成为极少数。根据相关文件的规定,监督执纪"四种形态"的处理方式主要如下(见表9):

表9 监督执纪"四种形态"的处理方式②

	类型	组织措施
第一种形态	谈话函询了结;"面对面"初步核实了结	提醒谈话;警示谈话;批评教育;纠正或责令停止违纪行为;责成退出违纪所得;限期整改;责令作出口头或书面检查;召开民主生活会批评帮助;责令公开道歉(检讨);通报(通报批评);诫勉(诫勉谈话);其他批评教育类措施
第二种形态	党纪轻处分(党内警告和党内严重警告);政务轻处分(警告、记过、记大过和降级)	取消荣誉称号;撤销政协委员资格;终止(罢免、撤销、责令辞去)人大代表资格;取消预备党员资格;取消(罢免)当选资格;终止党代表资格;停职(停职检查);调整(调离)职务(岗位);免职;引咎辞职;责令辞职;改任非领导职务;安排提前退休;降低退休待遇;其他组织调离类措施
第三种形态	党纪重处分(撤销党内职务、留党察看和开除党籍);重大职务调整	降职;取消退休待遇;解聘;解除劳动合同;辞退;组织除名(劝退);其他重大职务调整类措施

---

① 《王岐山在福建调研时强调全面从严治党严明党的纪律把握运用监督执纪"四种形态"》,载 https://www.ccdi.gov.cn/toutiao/201509/t20150926_124284.html,2021年11月20日访问。

② 参见《监督执纪"四种形态"》,载职务犯罪研究微信公众号,2021年8月27日。

(续表)

	类型	组织措施
第四种形态	纪检监察机关立案审查后移送司法机关；司法机关判处刑罚后移送纪检监察机关作出"双开"处分	不仅包括职务犯罪的起诉，而且包括因其他犯罪给予的"双开"处分

从实践中看，国家监察体制推行以来的几年中，全国各级纪检监察机关积极推动监督执纪"四种形态"的运用，取得了明显成效（见表 10）。

表 10 2018—2021 年监督执纪"四种形态"的基本情况①

	2018 年	2019 年	2020 年	2021 年
全国纪检监察机关运用"四种形态"批评教育帮助和处理总数（万人）	173.7	184.9	195.4	212.5
运用第一种形态（万人/占比）	110.4/63.6%	124.6/67.4%	133/68.1%	148.7/70%
运用第二种形态（万人/占比）	49.5/28.5%	46.3/25%	48.5/24.8%	49.4/23.2%
运用第三种形态（万人/占比）	8.2/4.7%	7.2/3.9%	7.1/3.6%	7/3.3%
运用第四种形态（万人/占比）	5.5/3.2%	6.8/3.7%	6.8(涉嫌职务犯罪、移送检察机关的1.7;因其他犯罪被"双开"的5.1)/3.5%	7.4(涉嫌职务犯罪，移送检察机关的1.8;因其他犯罪被开除党籍、开除公职的5.6)/3.5%

---

① 参见《中央纪委国家监委通报 2021 年对纪检监察干部监督检查审查调查情况》，载《中国纪检监察报》2022 年 2 月 24 日；《2018—2021 纪检监察机关查办案件部分数据对比》，载西南公法研究微信公众号，2022 年 2 月 26 日。

以山东省为例,2021年上半年,山东省纪检监察机关运用"四种形态"批评教育帮助和处理共71440人次。其中,运用第一种形态批评教育帮助44641人次,占总人次的62.5%;运用第二种形态处理20910人次,占29.3%;运用第三种形态处理2470人次,占3.4%;运用第四种形态处理3419人次,占4.8%。[①] 据此,第四种形态的占比高于全国普遍情况。

综上可见,各级纪检监察机关贯彻惩前毖后、治病救人的方针和宽严相济的刑事政策,把纪律和规矩挺在前面,"纪在法前",坚持集体研究、集体决策,抓早抓小、防微杜渐,在对涉案事实进行监察调查的基础上,将违纪案件、职务违法案件、职务犯罪案件进行分流,对于部分介于第四种形态与第三种形态之间的案件,在满足相应条件的情况下,为实现反腐工作政治效果、纪法效果和社会效果的统一,而以第三种形态进行处理,职务犯罪案件数量由此大幅度下降。

二、"四种形态"的转化运用

(一)"四种形态"转化中亟待重视的问题

实践中,监督执纪"四种形态"的运用在严密纪法之网、落实宽严相济刑事政策、防微杜渐、清除腐败的同时,也出现了值得重视的失范现象,即一些纪检监察机关在"四种形态"转化运用过程中存在随意性和宽严失度的问题。

[①] 参见《2021年上半年全省纪检监察机关监督检查、审查调查情况》,https://mp.weixin.qq.com/s/cDnGel_yHwHfWrnqwky-Cg,2021年8月12日访问。

具体而言,既存在将本可以适用第一种形态进行"咬耳扯袖、红脸出汗"的却人为"拔高"为适用第二种形态给予纪律处分的现象,也有个别纪检监察干部在人情因素等的影响下,错误认为"四种形态"可以超越党纪国法,对应当移送司法机关的严重违法犯罪行为也可以用"四种形态"转化"兜底"。①还有一些地方纪检监察机关出现了通过消解刑法的刚性而追求所谓"极极少数"的政策效果的现象,不少被查处的官员收受"礼金"的行为明明已经符合受贿的特征,却被人为地改变行为的性质,将其作为一般收受"礼金"的违纪行为处理,"实践中出现大量的'以罚代刑'的现象,严重损害了法治反腐的权威性"②。以下试举几个案例来管中窥豹纪检监察机关办理职务犯罪实践中从"第四种形态"转化为"第三种形态"处理的情况。

个案1:江西省安义县纪委监委对干部戴某的处理。2019年10月,安义县纪委监委综合考虑戴某违纪违法的行为后果、主动投案认错悔错态度以及一贯表现等因素,经过集体研究并征求上级纪委监委意见,对于戴某收受两瓶"剑南春"酒和两条"青花瓷"香烟(价值共计3260元)以及现金5万元的行为,决定由移送检察机关审查起诉转为开除党籍、政务撤职、降为二级科员处分,即从第四种形态转化为第三种形态处理。③

个案2:海南黎明清通过虚增项目预算费套取资金行为的处

---

① 参见佘建康、周玉龙:《浅析如何提升"四种形态"转化运用的精准度》,载《中国纪检监察报》2018年7月4日第8版。
② 孙国祥:《反腐败刑事政策时代转型的逻辑与法治化思考》,载《社会科学辑刊》2021年第5期。
③ 参见黄金花:《一封举报信背后的"四转三"形态转化》,https://baijiahao.baidu.com/s?id=1664002781734221608&wfr=spider&for=pc,2021年12月17日访问。

理。2018年4月,黎明清通过虚增项目预算费套取资金48300元用于违规发放员工补贴,其个人领取7000元。2019年7月,黎明清受到党内警告处分,相关违纪款已收缴。①

个案3:珲春市林业局原副局长李光哲收受礼品礼金的处理。2011年至2020年,李光哲任珲春市林业局副局长期间,在每年年节时,违规收受珲春市个体经营业主刘某、李某等管理服务对象给予的土特产、酒水礼品、礼金,共计价值约9.26万元。李光哲因此受到开除党籍处分,收缴违纪所得。②

无论是从人类刑事法制发展的历史还是从宽严相济刑事政策的适用来看,选择性执法都是刑事法律实践中的正常现象,只是现代法治原则要求,选择性执法要符合法律规定和合理性原则,确保平等追诉和平等保护。不过,在我国现行社会环境中,在缺乏有效权力制约的具有"线性结构"特征的职务犯罪调查程序中,人情、关系、金钱等因素容易乘虚而入,进而侵蚀执法平等原则,导致宽严失度。

与此同时,由于纪检监察调查实体内容的混合性和调查程序的非公开性,因而对于"四种形态"转化实践中出现的上述失范行为,社会大众和其他国家机关难以了解和监督。在类似监察案件中进行不当的差别化处理,特别是将本已构成犯罪且不具有法定免除刑事责任情形的被调查人予以出罪化的"以纪法代刑"现象,违背了刑事法治理念,对纪检监察机关的权威性和国家监察体制改革的行稳致远均具有不可忽视的负面影响。正如犯罪学的研究

---

① 参见《海南保亭通报2起违反中央八项规定精神问题》,http://www.ccdi.gov.cn/gzdt/xfjb/201910/t20191011_202283.html,2021年7月22日访问。

② 参见《延边州纪委监委公开通报2起违规收受礼品礼金典型问题》,载《吉林日报》2021年6月10日第2版。

所表明的,在犯罪预防方面,"严惩"(着眼于惩罚结论的严厉性)不如"严查"(强调惩罚对象的无遗漏性),应当贯彻"严而不厉"的刑事政策思想,织密法网,减缓刑罚体系的严厉性,才能有效震慑犯罪,遏制住那些潜在犯罪者的侥幸心理,实现刑罚预防犯罪的目的。因此,对于"四种形态"的转化运用特别是第四种形态向第三种形态的转化,必须认真对待和合理规制。

当然,在监察体制改革推行初期,纪检监察机关对选择性执法权力会运用得比较克制,因而上述风险即便已经显现,也不会太明显。不过,时间一长,当社会各界对监察机关办案活动的关注越来越少,纪检监察机关的内部自律开始松懈之时,上述问题可能就会凸显出来。

(二)"四种形态"的转化运用程序

实践中,"四种形态"的转化运用通常要履行如下程序:纪检监察机关对于已经立案审查的案件,由案件承办部门在审查报告中提出适用形态转化的建议;或者案件承办部门虽未提出转化建议,但经审理认为应当适用形态转化的,先由审理部门集体审议,再提交案件专题会议研究同意后形成审理报告,提请纪委常委会、监委委务会审议。

对适用第四种形态转化为第三种形态处理的,经纪检监察机关审理部门集体审议后,提请纪委监委会议研究。待研究同意后,由纪委监委牵头组织召开反腐败协调小组联席会议论证,经论证形成一致意见的,报上一级纪检监察机关审批。其中对案件适用第四种形态向第三种形态转化的,在作出处分决定前,必须先向上级纪委监委请示。①

三、"四种形态"转化运用中非罪化处置的法律规制

(一)法治原则的坚守

监察机关"四种形态"转化运用中需要坚持多种法治原则,其中特别重要的有以下三个方面:

其一,罪刑法定原则。我国《刑法》第3条规定:"法律明文规定为犯罪行为的,依照法律定罪处刑;法律没有明文规定为犯罪行为的,不得定罪处刑。"监察机关在调查处置环节,对于经调查确认贪贿数额严重超出该类犯罪的法定起刑点(比如,高达十多万元、数十万元甚至更高数额)的公职人员,在其不具备《刑事诉讼法》第16条规定的六种"不应追究刑事责任"情形时,不能仅仅基于政策的实施需要就对被调查人做去罪化处理。

其二,程序法定原则。纪检监察机关在监督执纪"四种形态"的运用特别是从"第四种形态"向"第三种形态"的转化上,应当坚持程序法定原则,严格依照《宪法》《监察法》等法律法规的规定,不得恣意行使监察处置权力。要清醒地认识到腐败治理规律,不能急于求成,违背法律规定,强行改变腐败行为的性质,突破纪、法、刑的界限,将职务犯罪行为作为职务违法或违纪行为来处理。

其三,适用法律一律平等原则。平等适用法律是被调查人的

---

① 参见佘建康、周玉龙:《浅析如何提升"四种形态"转化运用的精准度》,载《中国纪检监察报》2018年7月4日第8版。

合法权利。《监察法》第5条规定:"国家监察工作严格遵照宪法和法律,以事实为根据,以法律为准绳;在适用法律上一律平等,保障当事人的合法权益。"《监察法实施条例》第7条也规定:"监察机关应当在适用法律上一律平等,充分保障监察对象以及相关人员的人身权、知情权、财产权、申辩权、申诉权以及申请复审复核权等合法权益。"在纪检监察机关的处置权力行使过程中,贯彻治病救人、宽严相济的政策理念,有益于提升反腐败工作的成效,但应当注意不能以政策架空法律,相关政策的实施应当限定在法定的范围内。相应地,对于已经有确实充分证据证明且依法应当追究刑事责任的职务犯罪案件,纪检监察机关不能单纯地以落实监察政策、提高反腐败的社会效果为由予以出罪。除非通过修法,增设类似《刑事诉讼法》第182条的条款,授权纪检监察机关在特殊情形下不追究监察对象刑事责任的权力;否则,有可能会"重蹈纪法不分、以纪代刑的覆辙"①,进而损害反腐败工作的法治化及其长远效果。

(二)"四转三"程序的法治化塑造

第一,明确规定"四转三"的具体标准和禁止情形。对于"四转三",目前尚没有明确的法定标准,具体到个案中,如前文所述,理由多种多样,各有不同,规范化不足。为此,应当研究制定纪检监察工作中贯通运用"四种形态"的指导意见,特别是适用"四转三"的制度规定,明确硬性标准和禁止性条款。②

---

① 孙国祥:《反腐败刑事政策时代转型的逻辑与法治化思考》,载《社会科学辑刊》2021年第5期。
② 参见《如何把四种形态运用到监察工作中》,载《中国纪检监察报》2020年11月19日第6版。

第二,在监察案件中建构独立的刑事立案制度。如前所述,未来应当在监察案件中尽快实现"二元化"的立案程序设计,构建独立的刑事立案程序。在目前"一元化"的监察立案程序中,对于有证据证明构成犯罪依法应当追究刑事责任的被调查人,有干部管理权的监察机关倘若决定不移送检察机关审查起诉,而是按照"第三种形态"给予被调查人政务处分,则只需内部集体研究通过即可,不存在外部的制约和阻力,而且也不需要走撤案程序,因为无论是移送检察机关审查追诉还是给予被调查人党纪政务处分,都是目前监察立案后可以做出的处理结论。换言之,在目前的一元化监察立案框架中,监察机关对于案件的处置具有较大的自主权力和伸缩空间,被调查人和其他机关很难对监察案件中从第四种形态转化为第三种形态的处置活动构成有效的制衡,因而存在一定的腐败风险。

倘若在监察调查中增加一道独立的职务犯罪立案程序,则监察机关调查终结后拟对被调查人进行"四转三"的话,在操作上就会受到严格的限制:一是要履行刑事撤案程序;二是要予以充分说理。由此可见,设置独立的职务犯罪调查程序的重要意义,在于案件一经立案进入职务犯罪调查程序中,监察机关就不能随意撤案,这无疑对后续可能的撤案活动确立了有力的程序控制,强化了制约和监督,降低了监察处置权力恣意行使的风险,保障类似案件的被调查人获得平等处置的权利。

第三,适应二元化的监察立案程序需求,完善监察撤案制度。撤案与立案相伴。有立案程序,自然就会存在撤案的问题。现实中,一些撤案并非案件办理的能力、水平所致,而是因为证据不足或者因为应国家政策法律调整的需要,因此刑事撤案的存在是正常现象。与刑事立案程序的增设相适应,应当将监察撤案区分为政纪撤案和刑事撤案,并明确监察刑事撤案的标准。由此,改变目前监察撤案程序一体化、混沌化的状况,防范纪检监察机关不当地"以纪法代刑"来消化案件的现象,并通过及早终结调查程序,让被调查人摆脱讼累,对被调查人的合法权益形成更有力的保障。通过后者,强化监察刑事撤案的可操作性和可评判性。监察刑事撤案标准可以具体确定为:刑事立案依据失实,或者没有证据证明存在犯罪行为,不应对被调查人追究刑事责任。其核心要求在于"是否需要追究刑事责任",而是否需要追究刑事责任,要根据《刑法》《刑事诉讼法》等法律规范来确认。

第四,建构有效的刑事撤案监督规则。一方面,应当确立检察机关对监察刑事撤案的监督权力,使检察机关有权对监察机关应当进行刑事撤案而不撤案的行为进行监督,也有权对监察机关随意撤销刑事立案的行为进行监督,从而将监察机关对被调查人的行为认定为犯罪但决定转化为前三种形态加以处理的情形纳入检察监督的范围。另一方面,为保证检察机关对监察机关撤案监督的实效性和权威性,应当明确规定检察机关有权要求监察机关说明刑事撤案的理由,并在认为监察机关的刑事撤案理由不能成立时,有权通知监察机关继续进行刑事调查或者移送检察机关审查起诉,检察机关接到通知后应当继续进行刑事调查,或者移送检察机关审查起诉。通过诸如此类的制度建设,强化对监察机关的非罪化处置活动之制约,防范随意出罪的风险,保障监察案件中法律适用的公平性以及被调查人在法律面前的平等对待权利。

参考文献

一、著作

1.《〈中华人民共和国监察法〉案例解读》编写组编写:《〈中华人民共和国监察法〉案例解读》,中国方正出版社2018年版。

2.《纪检监察办案审查技巧与违纪违法证据收集运用全书》编写组主编:《纪检监察办案审查技巧与违纪违法证据收集运用全书》,红旗出版社2018年版。

3.《监察与司法有效衔接工作指引》编写组编写:《监察与司法有效衔接工作指引》,中国方正出版社2019年版。

4.《监督执纪"四种形态"典型案例剖析》编写组编写:《监督执纪"四种形态"典型案例剖析》,中国方正出版社2019年版。

5.陈国庆主编:《职务犯罪监察调查与审查起诉衔接工作指引》,中国检察出版社2019年版。

6. 陈瑞华:《程序正义理论》,中国法制出版社 2010 年版。

7. 陈卫东:《模范刑事诉讼法典》,中国人民大学出版社 2005 年版。

8. 傅美惠:《侦查法学》,中国检察出版社 2016 年版。

9. 《纪检监察办案程序规定学习手册》,中国法制出版社 2018 年版。

10. 季卫东:《法律程序的意义》(增补版),中国法制出版社 2012 年版。

11. 季卫东:《法治秩序的建构》(增补版),商务印书馆 2019 年版。

12. 郭华:《监察制度改革与监察调查权的界限》,经济科学出版社 2019 年版。

13. 刘军主编:《刑事诉讼法原理与实务》,中国政法大学出版社 2014 年版。

14. 马静华:《中国刑事诉讼运行机制实证研究(三)》,法律出版社 2010 年版。

15. 秦前红主编:《监察法学教程》,法律出版社 2019 年版。

16. 《世界各国刑事诉讼法》编辑委员会编译:《世界各国刑事诉讼法》(欧洲卷),中国检察出版社 2016 年版。

17. 宋英辉、汤维建主编:《证据法学研究述评》,中国人民公安大学出版社 2006 年版。

18. 孙笑侠:《程序的法理》,商务印书馆 2005 年版。

19. 田禾主编:《亚洲反腐败法律机制比较研究》,中国人民公安大学出版社 2009 年版。

20. 魏昌东、钱小平主编:《职务违纪、违法、犯罪办案一本通》,法律出版社 2019 年版。

21. 吴克利:《调查"谈话"方略与技巧:纪检监察办案实务》,中国法制出版社 2014 年版。

22. 谢佑平主编:《程序法定原则研究》,中国检察出版社 2006 年版。

23. 张保生主编:《证据法学》,中国政法大学出版社 2009 年版。

24. 张明楷:《刑法学》(第 5 版),法律出版社 2016 年版。

25. 张曙:《刑事诉讼管辖制度研究》,法律出版社 2020 年版。

26. 中共中央纪律检查委员会中华人民共和国国家监察委员会法规室编写:《〈中华人民共和国监察法〉释义》,中国方正出版社 2018 年版。

27. 中共中央纪律检查委员会、中华人民共和国国家监察委员会法规室:《〈监察机关监督执法工作规定〉释义》,中国方正出版社 2019 年版。

28. 中共中央文献研究室编:《十八大以来重要文献选编(上)》,中央文献出版社 2014 年版。

29. 周岩编写:《纪检监察机关执纪执法实务问答》,中国方正出版社 2020 年版。

30. 周赟:《"应当"一词的法哲学研究》,山东人民出版社 2008 年版。

31. 左卫民等:《中国刑事诉讼运行机制实证研究》,法律出版社 2007 年版。

32. 左卫民等:《中国刑事诉讼运行机制实证研究(二)》,法律出版社 2009 年版。

33. [美]罗纳德·J.艾伦等:《证据法——文本、问题和案例》(第 3 版),张保生等译,高等教育出版社 2006 年版。

34. [日]谷口安平:《程序的正义与诉讼》(增补本),王亚新、刘荣军译,中国政法大学出版社 2002 年版。

35. [英]威廉·特文宁:《反思证据:开拓性论著》(第二版),吴洪淇等译,中国人民大学出版社 2015 年版。

二、报刊文章

1. 卞建林:《监察机关办案程序初探(西北政法大学学报)》,载《法律科学》2017 年第 6 期。

2. 卞建林:《配合与制约:监察调查与刑事诉讼的衔接》,载《法商研究》2019 年第 1 期。

3. 陈光中、姜丹:《关于〈监察法(草案)〉的八点修改意见》,载《比较法研究》2017 年第 6 期。

4. 陈光中、兰哲:《监察制度改革的重大成就与完善期待》,载《行政法学研究》2018 年第 4 期。

5. 陈光中:《关于我国监察体制改革的几点看法》,载《环球法律评论》2017 年第 2 期。

6. 陈光中:《监察制度改革不能忽视程序法治》,载《财经》2017 年第 8 期。

7. 陈景发:《论行政调查与犯罪侦查》,载《警大法学论集》1998 年第 3 期。

8. 陈明、吕继东:《贪污贿赂案件职能管辖错位问题研究》,载《中国刑事法杂志》2006 年第 4 期。

9. 陈瑞华:《论监察委员会的调查权》,载《中国人民大学学报》2018 年第 4 期。

10. 陈瑞华:《论相对独立的量刑程序——中国量刑程序的理论解读》,载《中国刑事法杂志》2011 年第 2 期。

11. 陈卫东:《职务犯罪监察调查程序若干问题研究》,载《政治与法律》2018年第1期。

12. 陈卫东、聂友伦:《职务犯罪监察证据若干问题研究——以〈监察法〉第33条为中心》,载《中国人民大学学报》2018年第4期。

13. 陈永生:《证据保管链制度研究》,载《法学研究》2014年第5期。

14. 程雷:《刑事诉讼法与监察法的衔接难题与破解之道》,载《中国法学》2019年第2期。

15. 重庆市纪委监委案件审理室:《加强协作配合推动法法衔接高效顺畅——落实监察法对案件审理工作的新要求(五)》,载《中国纪检监察报》2018年7月25日第8版。

16. 邓矜婷:《纪委、检察机关办案规范的整合:一个连接理论与实践的分析路径》,载《法学家》2018年第6期。

17. 董坤:《法规范视野下监察与司法程序衔接机制——以〈刑事诉讼法〉第170条切入》,载《国家检察官学院学报》2019年第6期。

18. 董坤:《论监察机关与公安司法机关的管辖衔接——以深化监察体制改革为背景》,载《法商研究》2021年第6期。

19. 董茂云:《监察委员会独立性地位的三个认识维度》,载《东方法学》2020年第3期。

20. 封利强:《检察机关提前介入监察调查之检讨——兼论完善监检衔接机制的另一种思路》,载《浙江社会科学》2020年第9期。

21. 冯俊伟:《国家监察体制改革中的程序分离与衔接》,载《法律科学》2017年第6期。

22. 冯俊伟:《刑事证据分布理论及其运用》,载《法学研究》2019年第4期。

23. 冯俊伟:《〈监察法〉实施中的证据衔接问题》,载《行政法学研究》2019年第6期。

24. 龚雄艳:《监察指定管辖疑难问题辨析》,载《中国纪检监察报》2020年4月22日第8版。

25. 韩晗:《认罪认罚自愿性的法院审查难题及其破解》,载《烟台大学学报(哲学社会科学版)》2019年第6期。

26. 韩旭:《监察委员会办理职务犯罪案件程序问题研究——以768份裁判文书为例》,载《浙江工商大学学报》2020年第4期。

27. 韩旭:《监察委员会调查收集的证据材料在刑事诉讼中使用问题》,载《湖南科技大学学报(社会科学版)》2018年第2期。

28. 何家弘:《让证据走下人造的神坛——试析证据概念的误区》,载《法学研究》1999年第5期。

29. 何家弘:《中国反腐治标论》,载《法学杂志》2015年第10期。

30. 贺东航、孔繁斌:《中国公共政策执行中的政治势能——基于近20年农村林改政策的分析》,载《中国社会科学》2019年第4期。

31. 洪家殷:《行政调查与刑事侦查之界限》,载《东吴法律学报》2013年第1期。

32. 黄武:《做好深度融合这篇大文章》,载《中国纪检监察》2017年第13期。

33. 《积极探索实践形成宝贵经验国家监察体制改革试点取得实效——国家监察体制改革试点工作综述》,载《光明日报》2017年11月6日版。

34. 贾宇:《认罪认罚从宽制度与检察官在刑事诉讼中的主导地位》,载《法学评论》2020年第3期。

35. 雷磊:《法律程序为什么重要？反思现代社会中程序与法治的关系》,载《中外法学》2014年第2期。

36. 李奋飞:《"调查——公诉"模式研究》,载《法学杂志》2018年第6期。

37. 李勇:《〈监察法〉与〈刑事诉讼法〉衔接问题研究——"程序二元、证据一体"理论模型之提出》,载《证据科学》2018年第5期。

38. 李勇:《认罪认罚与自首、坦白之界分》,载《检察日报》2020年2月15日第3版。

39. 李震:《国家监察体制下职务犯罪案件指定管辖研究——基于对241名副厅级以上官员职务犯罪案件的统计分析》,载《南方论刊》2021年第5期。

40. 梁坤、梁斌:《监察调查一体化程序之证成》,载《中国刑警学院学报》2021年第3期。

41. 林永翰:《前侦查行为——行政调查与刑事侦查之中间地带》,台湾地区政治大学法律学系2006年学位论文。

42. 刘磊:《刑事诉讼法与监察法衔接的政治逻辑》,载《地方立法研究》2018年第5期。

43. 刘夏:《论我国反腐败机构的整合与完善——以监察体制改革为视角》,载《理论导刊》2017年第2期。

44. 刘艳红:《〈监察法〉与其他规范衔接的基本问题研究》,载《法学论坛》2019年第1期。

45. 刘勇:《纪检监察机关与检察机关办案衔接制度研究》,江西财经大学2016年硕士学位论文。

46. 刘振洋：《论国家监察体制重构的基本问题与具体路径》，载《法学》2017年第5期。

47. 刘忠：《读解双规侦查技术视域内的反贪非正式程序》，载《中外法学》2014年第1期。

48. 龙宗智、白宗钊、谭勇：《刑事诉讼指定管辖若干问题研究》，载《法律适用》2013年第12期。

49. 龙宗智：《初查所获证据的采信原则——以渎职侵权犯罪案件初查为中心》，载《人民检察》2009年第13期。

50. 龙宗智：《监察体制改革中的职务犯罪调查制度完善》，载《政治与法律》2018年第1期。

51. 龙宗智：《监察与司法协调衔接的法规范分析》，《政治与法律》2018年第1期。

52. 龙宗智：《进步及其局限——由证据制度调整的观察》，载《政法论坛》2012年第5期。

53. 吕玥等：《使"反腐败"铁拳威力更大——浙江开展国家监察体制改革试点工作纪实（下）》，载《浙江日报》2017年11月17日第1版。

54. 马怀德等：《聚焦国家监察体制改革》，载《浙江人大》2016年第12期。

55. 孟穗、冯靖：《监察调查与刑事诉讼的衔接问题研究》，载《河北法学》2019年第4期。

56. 孟松：《监察法与刑事诉讼法衔接中的监察管辖问题探讨》，载《理论探索》2021年第3期。

57. 秦前红、陈家勋：《党政机构合署合并改革的若干问题研究》，载《华东政法大学学报》2018年第4期。

58. 秦前红、石泽华：《监察委员会留置措施研究》，载《苏州大学学报(法学版)》2017年第4期。

59. 秦前红、石泽华:《监察委员会调查活动性质研究:以山西省第一案为研究对象》,载《学术界》2017年第6期。

60. 秦前红:《监察体制改革的逻辑与方法》,载《环球法律评论》2017年第2期。

61. 秦前红:《我国监察机关的宪法定位以国家机关相互间的关系为中心》,载《中外法学》2018年第3期。

62. 屈新、吕云川:《监委会移送的职务犯罪案件需经检察机关审查起诉》,载《西华大学学报(哲学社会科学版)》2017年第4期。

63. 瞿目:《职务犯罪调查阶段认罪认罚从宽的探讨——以〈监察法〉第31条为中心》,载《华南理工大学学报(社会科学版)》2020年第1期。

64. 任建明、杨梦婕:《国家监察体制改革:总体方案、分析评论与对策建议》,载《河南社会科学》2017年第6期。

65. 任学强:《论职务犯罪案件指定管辖决策机制的行政化及其矫正》,载《河北法学》2018年第1期。

66. 《如何把四种形态运用到监察工作中》,载《中国纪检监察报》2020年11月19日第6版。

67. 佘建康、周玉龙:《浅析如何提升"四种形态"转化运用的精准度》,载《中国纪检监察报》2018年7月4日第8版。

68. 沈思:《国家监察体制改革中法治保障初步思考》,载《中国纪检监察报》2017年2月15日第8版。

69. 沈宇峻:《论渎职犯罪"前提罪"的侦查管辖权》,载《犯罪研究》2005年第3期。

70. 施鹏鹏:《国家监察委员会的侦查权及其限制》,载《中国法律评论》2017年第2期。

71. 宋小海、孙红:《国家监察体制改革试点的初步研究》,载《观察与思考》2017年第2期。

72. 孙国祥:《反腐败刑事政策时代转型的逻辑与法治化思考》,载《社会科学辑刊》2021年第5期。

73. 孙红卫:《论我国牵连案件并案侦查管辖的冲突与协调》,载《河南财经政法大学学报》2016年第1期。

74. 孙伟:《行政执法证据刑事司法化的现实性浅析》,载《山西省政法管理干部学院学报》2013年第1期。

75. 谭世贵:《监察体制改革中的留置措施:由来、性质及完善》,载《甘肃社会科学》2018年第2期。

76. 田力男:《涉众型经济犯罪涉案财物先行处置初探》,载《法学杂志》2020年第8期。

77. 童之伟:《对监察委员会自身的监督制约何以强化》,载《法学评论》2017年第1期。

78. 万毅:《取证主体合法性理论批判》,载《江苏行政学院学报》2010年第5期。

79. 王俊民、潘建安:《刑事案件职能管辖冲突及其解决》,载《法学》2007年第2期。

80. 王敏远:《认罪认罚从宽制度疑难问题研究》,载《中国法学》2017年第1期。

81. 王旭:《国家监察机构设置的宪法学思考》,载《中国政法大学学报》2017年第5期。

82. 王中胜:《谈话、讯问、询问三项措施有何不同》,载《中国纪检监察》2018年第12期。

83. 汪海燕:《职务犯罪案件认罪认罚从宽制度研究》,载《环球法律评论》2020年第2期。

84. 魏晓娜:《职务犯罪调查与刑事诉讼法的适用》,载《中国人民大学学报》2018年第4期。

85. 吴成杰:《职务犯罪案件适用认罪认罚从宽制度问题研究》,载《山东法官培训学院学报》2021年第3期。

86. 吴建雄、李春阳:《健全国家监察组织架构研究》,载《湘潭大学学报(哲学社会科学版)》2017年第1期。

87. 吴建雄、王友武:《监察与司法衔接的价值基础、核心要素与规则构建》,载《国家行政学院学报》2018年第4期。

88. 吴建雄:《监察委员会的职能定位与实现路径》,载《中国党政干部论坛》2017年第2期。

89. 吴鹏、范学臣:《"联合执法"的问题及完善路径》,载《中国行政管理》2006年第5期。

90. 谢登科:《论立案型留置措施》,载《兰州学刊》2022年第10期。

91. 谢小剑、崔晓立:《重大职务犯罪案件异地管辖实证分析》,载《昆明理工大学学报(社会科学版)》2018年第1期。

92. 谢小剑:《刑事职能管辖错位的程序规制》,载《中国法学》2021年第1期。

93. 熊秋红:《监察体制改革中职务犯罪侦查权比较研究》,载《环球法律评论》2017年第2期。

94. 薛钦峰:《警察刑事调查权之滥用》,载《司法改革杂志》1999年第2期。

95. 《延边州纪委监委公开通报2起违规收受礼品礼金典型问题》,载《吉林日报》2021年6月10日版。

96. 闫鸣:《监察委员会是政治机关》,载《中国纪检监察报》

2018年3月8日第3版。

97. 阳平:《我国监察管辖制度体系的构成及完善》,载《法治研究》2020年第6期。

98. 杨金霞:《完善高官腐败犯罪异地审判制度之建议》,载《江苏法制报》2017年8月14日第7版。

99. 杨宇冠、高童非:《论监察机关与审判机关、检察机关、执法部门的互相配合和制约》,载《新疆社会科学》2018年第3期。

100. 杨宇冠、高童非:《职务犯罪调查人员出庭问题探讨》,载《社会科学论坛》2018年第6期。

101. 姚莉:《监察案件的立案转化与"法法衔接"》,载《法商研究》2019年第1期。

102. 叶青、程衍:《关于独立监察程序的若干问题思考》,载《法学论坛》2019年第1期。

103. 俞新民、常祯:《职务犯罪案件管辖权争议问题探析》,载《中国检察官》2019年第17期。

104. 袁相亭、刘方权:《监察与司法的管辖衔接机制研究》,载《交大法学》2019年第4期。

105. 詹建红、崔玮:《职务犯罪案件监察分流机制探究——现状、问题及前瞻》,载《中国法律评论》2019年第6期。

106. 张建伟:《法律正当程序视野下的新监察制度》,载《环球法律评论》2017年第2期。

107. 张磊:《做好深度融合大文章——山西开展国家监察体制改革试点工作纪实(下)》,载《中国纪检监察报》2017年6月8日第1版。

108. 张立平:《中国民事诉讼不宜实行非法证据排除规则》,载《中国法学》2014年第1期。

109. 张云霄、温树飞:《论我国职务犯罪技术侦查措施适用与人权保障之平衡——以与国外职务犯罪技术侦查措施适用比较研究为视角》,载《法学杂志》2014年第7期。

110. 张兆松、丁阿楠:《职务犯罪案件异地管辖之完善》,载《浙江工业大学学报(社会科学版)》2016年第3期。

111. 赵德华、张东晓:《浅谈查询和调取措施的运用》,载《中国纪检监察报》2021年3月24日第8版。

112. 赵恒:《职务犯罪案件认罪认罚从宽制度研究》,载《比较法研究》2022年第2期。

113. 曾锋东、刘昆:《监察调查走进公众视线》,载《中国纪检监察报》2018年1月5日第4版。

114. 郑曦:《行政机关收集的证据在刑事诉讼中的运用》,载《行政法学研究》2014年第3期。

115.《中央纪委国家监委通报!》,载《法治日报》2022年1月23日第4版。

116. 周岩:《监察管辖与侦查管辖如何衔接》,载《中国纪检监察报》2021年2月24日第8版。

117. 周长军:《监察委员会调查职务犯罪的程序构造研究》,载《法学论坛》2018年第2期。

118. 周长军、韩晗:《监察立案的法理反思与制度优化》,载《山东大学学报(哲学社会科学版)》2022年第6期。

119. 周长军、张瑞斌:《国家监察体制改革中纪法衔接的问题与应对》,载《云南大学学报(社会科学版)》2023年第2期。

120. 朱孝清:《刑事诉讼法与监察法衔接中的若干争议问题》,载《中国刑事法杂志》2021年第1期。

121. 纵博:《监察体制改革中的证据制度问题探讨》,载《法学》2018年第2期。

122. 纵博:《监察委员会调查权运行法治化的若干问题探讨》,载《宁夏社会科学》2018年第3期。

123. 左卫民:《规避与替代——搜查运行机制的实证考察》,载《中国法学》2007年第3期。

124. 左卫民、刘帅:《监察案件提前介入:基于356份调查问卷的实证研究》,载《法学评论》2021年第5期。

125. [英]保罗·罗伯茨:《普通法系证据法的五个基本谬误》,阳平译,载《证据科学》2018年第1期。

126. Justice William O. Douglas, Comment in Joint Anti-Fascist Refugee Comm. v. Mcgrath, 341 U.S.123179 (1951).

127. PJ Schwikkard, Convergence, Appropriate Fit and Values in Criminal Process, in Paul Roberts and Mike Redmayne(eds.), Innovations in Evidence and 126. Proof: Integrating Theory, Research and Teaching, Hart Publishing, 2007.

128. S.Gless, Mutual Recognition, Judicial Inquiries, Due Process and Fundamental Rights, in J.A.E.Vervaele, European Evidence Warrant:Transnational Judicial Inquiries in the EU, Antwerp-Apeldoorn, Maklu, 2005.

129. William H. Kuehnle, Standards of Evidence in Administrative Proceedings, 49 N. Y. L. Sch. L. Rev. 829, 845(2004-2005).

三、网络材料

1. 2015—2022年《最高人民检察院工作报告》。
2. 2015—2022年《最高人民法院工作报告》。
3. 《2018—2021纪检监察机关查办案件部分数据对比》,载西南公法研究微信公众号,2022年2月26日。

4.《2021年上半年全省纪检监察机关监督检查、审查调查情况》,https://mp.weixin.qq.com/s/cDnGel_yHwHfWrnqwky－Cg,最后访问日期:2021年8月12日。

5.蔡如鹏:《中共首次公布党内法制定规划首提"宪法为上"》,https://china.huanqiu.com/article/9CaKrnJDx4p,最后访问日期:2022年4月12日。

6.《海南保亭通报2起违反中央八项规定精神问题》http://www.ccdi.gov.cn/gzdt/xfjb/201910/t20191011_202283.html,最后访问日期:2021年7月22日。

7.何家弘:《监察体制改革应坚守法治底线》,https://www.sohu.com/a/131146316_380930,最后访问日期:2022年3月1日。

8.何韬:《推进新时代纪检监察工作高质量发展之九—一体推进不敢腐不能腐不想腐》,https://www.ccdi.gov.cn/toutiao/202101/t20210119_234137.html,最后访问日期:2021年9月1日。

9.黄金花:《一封举报信背后的"四转三"形态转化》,https://baijiahao.baidu.com/s?id=1664002781734221608&wfr=spider&for=pc,最后访问时间:2021年12月17日。

10.《监督执纪"四种形态"》,载职务犯罪研究微信公众号,2021年8月27日。

11.马怀德:《对监察法草案的七点看法》,法治政府网,http://fzzfyjy.cupl.edu.cn/info/1021/7785.htm,最后访问日期:2019年1月20日。

12.《泰安市创立跨部门涉案财物管理第一个省级标准》,http://www.sd.xinhuanet.com/ztjn/2021－02／28/c_1127145301.htm,最后访问日期:2021年8月1日。

13.《王岐山在福建调研时强调全面从严治党严明党的纪律把握运用监督执纪"四种形态"》,https://www.ccdi.gov.cn/toutiao/201509/t20150926_124284.html,最后访问日期:2021年11月20日。

14.《怎样确保监察机关调查取得的证据符合刑事诉讼证据标准?》,http://www.ccdi.gov.cn/special/sdjjs/pinglun_sdjxs/201801/t20180124_162438.html,最后访问日期:2019年8月1日。

15.《中共中央纪委国家监察委员会印发〈监察机关监督执法工作规定〉》,http://www.ccdi.gov.cn/toutiao/201907/t20190715_197112.html,最后访问日期:2019年8月1日。

16.《中央纪委国家监委通报2018年第一季度全国纪检监察机关审查调查情况》,https://www.ccdi.gov.cn/toutiao/201804/t20180417_170131.html,最后访问日期:2021年9月1日。

17.《中央纪委国家监委通报2019年第一季度全国纪检监察机关监督检查、审查调查情况》,https://www.ccdi.gov.cn/yaowen/201904/t20190418_192487.html,最后访问日期:2021年9月1日。

18.《中央纪委国家监委通报2020年第一季度全国纪检监察机关监督检查、审查调查情况》,https://www.ccdi.gov.cn/toutiao/202004/t20200424_216110.html,最后访问日期:2021年9月1日。

19.《中央纪委国家监委通报2021年1至9月全国纪检监察机关监督检查审查调查情况》,https://baijiahao.baidu.com/s?id=1714787891146989326&wfr=spider&for=pc,最后访问日期:2021年10月26日。

20.《中央纪委国家监委通报2021年第一季度全国纪检监察机关监督检查审查调查情况》,https://www.ccdi.gov.cn/toutiao/202104/t20210420_239951.html,最后访问日期:2021年9月1日。

21.《中央纪委通报2017年第一季度全国纪检监察机关纪律审

查情况》,https://www.ccdi.gov.cn/toutiao/201704/t20170417_125518.html,最后访问日期:2021年9月1日。

22. 周帆:《怎样提升涉案财物处理规范化水平》,中央纪委国家监委网站,https://baijiahao.baidu.com/s? id = 1696980385708991214&wfr = spider&for=pc,最后访问日期:2022年3月16日。

23.《业务探讨│监察机关与侦查机关互涉案件有哪些办理模式?》,https://www.ccdi.gov.cn/hdjln/ywtt/201910/t20191030_18336.html,最后访问日期:2021年12月24日。

24.《最高检案件管理办公室负责人就人民检察院刑事诉讼涉案财物管理规定答记者问》,https://www.sohu.com/a/5180104_118060,最后访问日期:2021年7月28日。

附 录
国家监察体制改革中的纪法衔接问题①

一、问题的提出

党的十八大以来,以习近平同志为核心的党中央深刻认识到,腐败不仅是人民群众反映最强烈、对党执政基础威胁最大的问题,更是导致党脱离群众的危险之源。党的二十大报告进一步强调,腐败是危害党的生命力和战斗力的最大毒瘤,反腐败是最彻底的自我革命。② 正是基于对腐败危害的警醒和对反腐败重要性的认识,2016 年 10 月党中央决定在北京、山西、浙江三省市先行开展

---

① 此文系与博士生张瑞斌合作,发表于《云南大学学报(社会科学版)》2023 年第 2 期,原文标题是"国家监察体制改革中纪法衔接的问题与应对"。
② 参见习近平:《高举中国特色社会主义伟大旗帜 为全面建设社会主义现代化国家而团结奋斗——在中国共产党第二十次全国代表大会上的报告》,https://www.12371.cn/2022/10/25/ARTI1666705047474465.shtml,2022 年 10 月 29 日访问。

监察体制改革试点工作;2017年10月党的十九大决定将国家监察体制改革试点工作在全国推开。构建集中统一、权威高效的中国特色监察体制是国家监察体制改革的总体目标,运用法治思维和法治方式惩治腐败则是国家监察体制改革的指导原则。

监察范围过窄、反腐力量分散、纪法衔接不畅是监察体制改革之前存在的三大突出问题,以致职务犯罪案件办理中出现了"先移后处""先法后纪""带着党籍蹲监狱"的现象,削弱了反腐败斗争的政治效果、纪法效果和社会效果。① 随着职务犯罪调查权力转隶监察委、《监察法》《公职人员政务处分法》《宪法》《刑事诉讼法》等相关法律的"立改废"以及纪委与监察委合署办公模式的确立,前两个问题应当说已经得到了较好的解决,基本实现了法律规范体系的自我完备和融贯。在此背景下,国家监察体制改革全面深化的重点逐渐向"纪法衔接"转移,不断强化执纪审查与依法调查的有序对接和相互贯通。②

"纪法衔接"作为深化国家监察体制改革的重要举措和抓手,承载着新时代全面依法治国与全面从严治党的双重意蕴。一方面,正如《中共中央关于全面推进依法治国若干重大问题的决定》所指出的,要"注重党内法规同国家法律的衔接和协调,提高党内法规执行力"。具备党员身份的公职人员不能仅满足于遵守国家法律,还要以党纪作为评价自身行为的根本准则。为了消除党员干部违纪违法行为的灰色地带,就必须使纪法之间的衔接紧密而有序,将党员干部不敢腐的笼子扎得牢固而严密。另一方面,深化

---

① 参见谢超:《〈监察法〉对中国特色反腐败工作的法治影响》,载《法学杂志》2018年第5期。
② 参见刘一霖:《贯通规纪法 衔接纪法罪》,载《中国纪检监察报》2022年2月23日第5版。

国家监察体制改革需要构建党统一指挥、全面覆盖、权威高效的监督体系,把以预防性为主的党纪监督与以惩治性为主的国法监督贯通起来,形成预惩协同的反腐败治理体系。

2018年中共中央印发的《中央党内法规制定工作第二个五年规划(2018—2022年)》明确提出,坚持党内法规同国家法律衔接和协调。不过,党纪与国法作为中国特色社会主义法治体系中两套不同的规范体系,在制定主体、制定程序、约束对象、作用方式、规范实效等方面存在显著差异,如何衔接和协调不仅是政策话语,而且需要理论层面的回应。① 因此,厘清纪法的关系与衔接困境,寻找合理可行的破解方案,促进两种不同规范体系的有序衔接,实现腐败治理效能与法治反腐的有机统一,成为亟待研究的重要课题。

二、党纪与国法的关系

党纪,字面含义为党的"每个成员遵守的规章、条文"②。广义上的党纪等同于党内法规③,包括党章以及党的组织法规、领导法规、自身建设法规、监督保障法规;狭义上的党纪专指党的监督保

---

① 参见王立峰、李洪川:《党内法规同国家法律衔接和协调中的主体定位及其职责完善》,载《探索》2021年第4期。

② 中国社会科学院语言研究所词典编辑室:《现代汉语词典》(第6版),商务印书馆2012年版,第613页。

③ 参见《中国共产党党内法规制定条例》第3规定,"党内法规是党的中央组织,中央纪律检查委员会以及党中央工作机关和省、自治区、直辖市党委制定的体现党的统一意志、规范党的领导和党的建设活动、依靠党的纪律保证实施的专门规章制度"。

障法规,包括《中国共产党纪律处分条例》(以下简称《纪律处分条例》)、《中国共产党纪律检查机关监督执纪工作规则》(以下简称《监督执纪规则》)等在内的 7 种党规、9 种规范性文件和法律在内的义务性规范的总体。① 近些年来,为加强党的监督保障法规制度建设,党修订了《中国共产党章程》《中国共产党党内监督条例》《中国共产党巡视工作条例》《中国共产党纪律处分条例》,通过了新的《中国共产党问责条例》和《中国共产党纪律检查机关监督执纪工作规则》,整合了党章和其他党内法规中的纪律要求,将党纪划分为政治纪律、组织纪律、廉洁纪律、群众纪律、工作纪律、生活纪律等六类。② 在本文中,纪法衔接中的"纪"一般就是指狭义上的"党纪"。国法,则是指由立法机关制定的、具有普遍约束力并由国家强制力保障实施的行为规范;纪法衔接中的"法",则是以《监察法》为核心,包括《宪法》《刑法》《公职人员政务处分法》《刑事诉讼法》《监察法实施条例》等在内的国家监察法律体系。国家监察法律体系和党内纪律体系共同构成了党治理腐败的规范遵循。

在纪法衔接的语境之下,理解党纪与国法之间的关系,需要把握以下三个方面:

第一,纪法衔接意味着党纪与国法之间存在界限,不能混淆。习近平总书记 2015 年 10 月在十八届中央政治局常委会第一百一十九次会议关于审议中国共产党廉政准则、党纪处分条例修订稿时的讲话中指出,过去就存在纪法不分问题,把公民不能违反的法律底线作为党组织和党员的纪律底线,降低了对党员要求,最后造成的结果

---

① 参见魏治勋:《论党规的概念、范围与效力等级》,载《法律科学(西北政法大学学报)》2018 年第 2 期。
② 参见龚举文:《纪检监察体制改革下的纪法贯通、法法衔接》,载《党内法规理论研究》2020 年第 1 期。

就是"违纪只是小节、违法才去处理","要么是好同志,要么是阶下囚"的不良后果。纪法衔接明确了党纪和国法之间的界限,使纪委监督和监委监察全面地覆盖了从"好党员"到"阶下囚"的广阔领域,防止党员干部、公职人员的小错误发展成大祸患,防止好人变坏人。①

党纪与国法是两种不同的规范体系,亦即"两把尺子、两种语言",是"显示党纪规范系统与监察法律系统差异的标志式语言"②。《公职人员政务处分法》制定的目的之一就是将党纪处分和政务处分从之前的政纪处分中分离出来,以便实现纪法的有序衔接。在纪法衔接的视域中分析,在制定主体上,党纪一般由党的纪律委员会制定,约束对象是各级党组织和党员;国法则是由具有立法权的全国人大及其常委会或者具有监察法规制定权的监察机关颁布的,约束对象是所有监察对象。在适用后果上,对于违反党纪的党员领导干部,根据情节轻重给予不同的党内处分,这些处分不会直接涉及财产、人身自由和生命的限制或剥夺;对于违反国法的监察对象,则根据其违法的性质和情节给予政务处分乃至刑事处罚,轻则警告或开除等,重则可能剥夺人身自由乃至生命。在规范功能上,国法的适用在腐败治理中主要发挥的是"事后惩治"作用,而党纪的适用尽管也有惩治功能,但在腐败治理中重点发挥"前端预防"作用。纪法衔接,形成了完备自洽、功能健全的反腐败规则体系。

第二,纪法衔接意味着"纪在法前""纪严于法"。习近平总书记在第十八届中央纪委第六次全体会议上的讲话中指出,"坚持纪

---

① 参见谢超:《〈监察法〉对中国特色反腐败工作的法治影响》,载《法学杂志》2018年第5期。
② 蒋凌申:《论监察体制改革中的纪法协同》,载《南京大学学报(哲学・人文科学・社会科学)》2020年第3期。

严于法、纪在法前"。但目前学界对于"纪严于法""纪在法前"的理解存在两个方面的认识误区:一是认为党纪与国法存在位阶高低。比如,有学者认为,党的性质和宗旨决定了党纪高于国法,把纪律挺在法律的前面①;也有学者认为,以党纪高于国法的理念发挥其模范带头作用,是全面从严治党和全面依法治国的要求。②二是认为党纪在严厉性上重于国法。比如,有学者认为,党纪挺在国法前面,是因为党纪比国法更加严厉。③ 笔者认为,这些认识误区亟待澄清。首先,党纪挺在法律前面,只是从功能和政治意义上来说的,并无位阶高低之意。党纪与国法之间不具有可比较性,因为二者属于不同的规范体系;对于违反党纪和法律的腐败分子,在给予党纪处分的同时,通常还要依法作出政务处分或刑事处罚,并不存在适用上的冲突。比如,《北京市纪检监察机关监督执纪工作规则(试行)》规定,对党员监察对象同时存在违纪问题和职务违法犯罪问题的,形成执纪审查、职务违法犯罪调查两份报告。④ 其次,"纪严于法"中的"严"不是"严厉"之意,而是指"严密性"或"严要求"。严厉性是指规范违反行为应当承担的责任后果的严重程度。违反党纪的最重后果是开除党籍,违反法律的后果则可能是人身自由乃至生命的剥夺,因而国法显然比党纪严厉。不过,较之于国法,党纪对于党员行为进行了更为细致和周密的规范,提

---

① 参见周显信、李俊瑶:《论习近平"三种敬畏"思想的内在逻辑》,载《理论探讨》2017年第2期。

② 参见阚宗兰、管新华:《"全面从严治党"的"全面"含义》,载《思想政治教育研究》2017年第5期。

③ 参见肖华:《政治纪律不可违背》,载《中国纪检监察报》2016年11月2日第4版。

④ 参见庄德水:《监察委员会有效运行的结构化逻辑分析》,载《理论与改革》2019年第1期。

出了更高的标准和更严格的要求。一方面,"党规党纪的制定是涵盖政治、组织、生活、财经、工作等多个方面,这明显广于国家法律所调整的内容范围"①;另一方面,违反党纪的门槛远低于违反法律的门槛。党纪以其行为准入的低门槛和高标准、行为规范的严密性和政治性,发挥着腐败治理的前端预防功能;法律则以其行为后果的严重性发挥着腐败治理的末端惩戒功能。坚持纪严于法,是由中国共产党的工人阶级先锋队性质决定的,是中国共产党所担负的历史使命和历史责任决定的,是党要管党、全面从严治党的必然要求②,也凸显了党员干部相较于普通民众的责任担当。只有实现纪法之间的有效衔接,才能促进监督执纪的理性化和规范化。

第三,纪法衔接意味着要运用法治思维和法治方式一体推进执纪执法活动。2013年1月,习近平总书记在第十八届中央纪律检查委员会第二次全体会议中指出,"要善于运用法治思维和法治方式反对腐败,加强反腐败国家立法,加强反腐倡廉党内法规制度建设,让法律制度刚性运行"。《监察法实施条例》第3条规定:"坚持法治思维和法治方式,促进执纪执法贯通、有效衔接司法,实现依纪监督和依法监察、适用纪律和适用法律有机融合。"运用法治思维和法治方式反对腐败,要求将法治理念融入到纪检监察工作中,把依规依纪依法贯穿强化监督、执纪审查、调查处置、巡视巡察、追责问责等各方面和全过程。既要防止对党员随意追责、矫枉过正,又要避免对党员的违纪行为不追责或轻追责,消除"违纪是小节,违法才处理"的错误认识。在明确党纪与国法的界限前提下,逐步实现"党言党语"与"法言法语"的

---

① 陈伟、宋坤鹏:《习近平法治思想中"纪法贯通"的思想蕴涵、时代价值与实践要义》,载《学术界》2022年第5期。
② 参见王田田:《监督执纪"四种形态"的法理基础与价值导向》,载《河南社会科学》2018年第1期。

融合,既体现"党的政治性"又彰显"法的规范性"①,自觉把政治意识与法治思维、政治把握与法治方式统一起来、结合起来,努力实现政治效果、纪法效果、社会效果的融合和最大化②,推进腐败治理体系和治理能力现代化。

三、纪法衔接的制度展开

(一)纪法衔接的政策基础

对于腐败治理,古今中外大致存在四种不同的政策理念:"厉而不严""严而不厉""不严不厉"和"既严又厉"。"厉"是指惩罚后果的严厉性;"严"则主要指法网规制的严密性。笔者认为,在我国,党的十八大特别是国家监察体制改革以来,腐败治理实践中出现了从"厉而不严"向"严而不厉"的政策理念转变,这也是纪法衔接的政策基础。

党的十八大之前,腐败治理实践中遵循的是"厉而不严"的政策理念。一方面,重视对职务犯罪特别是严重职务犯罪案件的查处数量和惩罚力度,强调"重拳反腐",严惩严重腐败分子,发挥刑罚的威慑作用;另一方面,对轻微腐败行为的关注和规制不足,腐败预防举措乏力,法网不够严密,"漏网之鱼"多,以致实践中有被查处的职务犯罪官员不但不反思己过反而质问办案人员"满地跑

---

① 邹东升、姚靖:《党内法规"党言党语"与"法言法语"的界分与融合》,载《探索》2019年第5期。
② 参见本刊评论员:《自觉运用法治思维法治方式 推进纪检监察工作高质量发展》,载《中国纪检监察》2020年第23期。

的都是兔子,为什么只抓我一个?"

党的十八大以来,特别是随着国家监察体制改革的推行,实践中我国对腐败治理的政策理念逐渐向"严而不厉"转变。以零容忍态度反腐惩恶①,"打虎""拍蝇""猎狐"同时发力,"正风肃纪反腐"系统施治,严格执纪执法,对实施违纪、职务违法和职务犯罪的党员或监察对象一律查处,遏制潜在腐败者的侥幸心理。一方面,将反腐端口前移,重视党纪在预防和治理腐败上的关键性作用,"抓早抓小、防微杜渐",织密反腐败的纪法之网。现实中被查处的大多数严重职务犯罪官员普遍都有一个从小贪小腐到大贪大腐再到巨贪巨腐的演变过程,其早期的腐败行为由于恶性小、程度轻,而且有一定的隐蔽性,往往被忽视或放纵,以致当因职务犯罪行为被查处时,大多已"中毒较深",失去了从"好同志"向"阶下囚"转变的阻击时机。因此,党的十八大以来,调整腐败治理理念,重视"抓常、抓细、抓长",强化基础性、日常性的党纪监督工作,纪挺法前,尽可能将腐败行为消灭在萌芽状态,避免轻微腐败行为的恶化和蔓延,促使党员和监察对象形成不想腐和不愿腐的自觉。另一方面,对腐败分子实行"自查从宽、被查从严"政策,鼓励有违纪违法行为的党员和监察对象自首、坦白和立功,坚持"惩前毖后、治病救人",推行主动认罪认罚从宽制度②,逐步实现惩处措施的

---

① 参见习近平:《高举中国特色社会主义伟大旗帜 为全面建设社会主义现代化国家而团结奋斗——在中国共产党第二十次全国代表大会上的报告》,https://www.12371.cn/2022/10/25/ARTI1666705047474465.shtml,2022 年 10 月 29 日访问。

② 区别于刑事诉讼中的认罪认罚从宽制度,参见《监察法》第 31 条的规定,监察调查阶段适用认罪认罚从宽制度,被调查人必须是主动认罪认罚,即只有被调查人的涉嫌违纪或者职务违法、职务犯罪问题未被纪检监察机关掌握,或者虽被掌握,但尚未受到纪检监察机关的审查调查谈话、讯问或者尚未被采取留置措施时,被调查人认罪认罚。

轻缓化,严格控制职务犯罪案件的死刑适用。

对比国家监察体制改革前后纪检监察机关的执纪执法数据,可以直观地展现国家监察体制改革以来"严而不厉"政策理念的贯彻情况以及党纪在腐败治理中的显著成效。从中央纪委国家监委 2017—2021 年通报的每年第一季度的办案数据来看,全国纪检监察机关在接受信访举报、处置问题线索、谈话函询、立案、处分、处分厅局级干部、处分县处级干部等方面的办案数据基本上都是呈上升之势,保持在一个较高的水平上(见附表 1)①,反腐败工作的力度和强度整体上均远超以往。

附表 1　2017—2021 年第一季度全国纪检监察机关办案情况

	2017 年	2018 年	2019 年	2020 年	2021 年
接受信访举报(万件次)	62.3	75.0	75.2	62.0	83.7
处置问题线索(万件)	19.4	28.6	36.4	32.7	44.0
谈话函询(万件次)	3.8	5.9	7.2	7.4	8.0
立案(万件)	10.2	11.9	13.8	10.4	13.5
处分(万件)	8.5	9.6	11.7	9.3	11.6

---

① 参见《中央纪委通报 2017 年第一季度全国纪检监察机关纪律审查情况》,https://www.ccdi.gov.cn/toutiao/201704/t20170417_125518.html,2021 年 9 月 1 日访问;《中央纪委国家监委通报 2018 年第一季度全国纪检监察机关审查调查情况》,https://www.ccdi.gov.cn/toutiao/201804/t20180417_170131.html,2021 年 9 月 1 日访问;《中央纪委国家监委通报 2019 年第一季度全国纪检监察机关监督检查、审查调查情况》,https://www.ccdi.gov.cn/yaowen/201904/t20190418_192487.html,2021 年 9 月 1 日访问;《中央纪委国家监委通报 2020 年第一季度全国纪检监察机关监督检查、审查调查情况》,https://www.ccdi.gov.cn/toutiao/202004/t20200424_216110.html,2021 年 9 月 1 日访问;《中央纪委国家监委通报 2021 年第一季度全国纪检监察机关监督检查审查调查情况》,https://www.ccdi.gov.cn/toutiao/202104/t20210420_239951.html,2021 年 9 月 1 日访问。

(续表)

	2017年	2018年	2019年	2020年	2021年
处分省部级干部(人)	14	22	10	10	5
处分厅局级干部(人)	400	680	1000	691	715
处分县处级干部(人)	3500	4500	6000	4000	5000

与此同时,可以观察到的一个明显现象是:国家监察体制改革以来,移送到检察机关审查起诉的职务犯罪案件数量和提起公诉的职务犯罪案件数量大幅度下降。国家监察体制改革前,职务犯罪由检察机关负责侦查;2018年3月《监察法》颁布后,职务犯罪便基本上均交由监察机关负责调查。笔者根据《中国法律年鉴》和最高人民检察院发布的相关数据等[①],对监察体制改革前后数年(2014—2021)查办职务犯罪案件的情况进行了统计(见附表2),并根据《最高人民法院工作报告》统计了2014—2021年全国法院系统审结贪污贿赂等职务犯罪案件的数据(见附表3),得出了上述判断。

附表2 2014—2021年全国检察机关办理职务犯罪案件情况

	2014年	2015年	2016年	2017年	2018年	2019年	2020年	2021年
查办各类职务犯罪案件(件)	41487	40834	未披露	未披露				
查办各类职务犯罪人数(人)	55101	54249	47650	46032(非监察体制改革试点省份检察机关)				

---

① 参见2015—2022年最高人民检察院检察长在全国人民代表大会上所作的《最高人民检察院工作报告》;以及中国法学会主管主办:《中国法律年鉴》,中国法律年鉴社出版2015年版,第168页。

(续表)

	2014年	2015年	2016年	2017年	2018年	2019年	2020年	2021年
受理各级监委移送职务犯罪人数(人)					16092	24234	19760	20754
起诉职务犯罪人数(人)	35854	未披露	未披露	未披露	9802	18585	15346	16693

附表3　2014—2021年全国各级法院审结贪污贿赂等职务犯罪案件情况[①]

	2014年	2015年	2016年	2017年	2018年	2019年	2020年	2021年
审结案数(万件)	3.1	3.4	4.5	5.6	2.8	2.5	2.2	2.3
审结人数(万件)	4.4	4.9	6.3	7.6	3.3	2.9	2.6	2.7

由上可见,国家监察体制改革前,检察机关立案侦查的职务犯罪案件数与人数、移送到检察机关公诉部门的职务犯罪案件数与人数、起诉到法院的职务犯罪案件数与人数、最终定罪的职务犯罪案件数与人数依次递减,而且递减趋势是缓慢和渐进的。以2014年全国检察机关的办案数据为例,检察机关"反贪部门共受理贪污贿赂案件线索48523件、初查36235件、立案侦查31851件41237人……最终决定起诉35854人,人民法院作出有罪判决28047人"[②],涉案人员的"起诉/立案侦查"比约为86.9%。倘若参照该比率计算,则附表2中2015—2017年职务犯罪涉案人员的起诉数估计每年大概都应在40000人以上(没有查到具体的数据)。但根

---

① 参见2015—2022年最高人民法院院长在全国人民代表大会上所作的《最高人民法院工作报告》。

② 中国法学会主管主办:《中国法律年鉴》,中国法律年鉴社出版2015年出版,第168页。

据附表2中的数据,在国家监察体制改革全面推行后的2018—2021年,职务犯罪案件的实际起诉人数分别为9802人、18585人、15346人、16693人,即便考虑到信息披露时部分移送检察机关的职务犯罪案件尚未提起公诉等因素,且假定"起诉/立案调查(侦查)"比为100%(实际上不可能达到)的话,则2018—2021年职务犯罪案件的起诉人数最多也分别不会超过16092人、24234人、19760人、20754人。也就是说,从2018年开始,纪检监察机关移送检察机关审查起诉的职务犯罪案件数量和涉案人员起诉数量均呈大幅下降态势。从附表3看,较之于2017年之前,2018—2021年全国各级法院审结贪污贿赂等职务犯罪案件数和人数也大致呈下降之势,个别年份的降幅还很大。

(二)纪法衔接的组织保障

为构建集中统一、权威高效的中国特色监察体制,实行党的纪律检查机关和监察机关合署办公模式,为纪法衔接提供了组织基础。

国家监察体制改革之前,对于违纪、职务违法和职务犯罪的调查和处理分别由纪检机关、行政机关、检察机关负责。纪律范围内的事项和处理由纪律决定,法律范围内的事项和处理由法律裁判。[1] 1993年11月发布的中共中央纪委、最高人民检察院、监察部《关于纪检监察机关和检察机关在反腐败斗争中加强协作的通知》第7条就明确指出,"纪检监察机关和检察机关在反腐败斗争中要依法办案,严格区分违反党纪政纪和刑事犯罪的界限,各司其

---

[1] 参见郭世杰:《从"纪法分开"转向"纪法衔接"》,http://views.ce.cn/view/ent/201804/02/t20180402_28686486.shtml,2022年7月31日访问。

职……"由此形成反腐败斗争中"九龙治水"的格局,不仅导致反腐败力量分散,不利于各反腐机关之间的有机联动,而且容易造成追究违法责任遗漏违纪责任或者追究犯罪责任遗漏其他责任的情况,以及责任机制落实不充分的现象①,影响反腐效能的发挥。

2018年3月13日,时任副委员长李建国在向十三届全国人大一次会议所作《监察法(草案)》的说明中指出:"我国80%的公务员和超过95%的领导干部是共产党员,这就决定了党内监督和国家监察具有高度的内在一致性,也决定了实行党内监督和国家监察相统一的必然性。"②在此背景下,国家监察体制改革将原属检察机关的职务犯罪侦查职能转隶至监察委员会,并采取了监察委员会与纪律检查委员会合署办公的模式,推动纪委执纪与监委执法高效衔接。2018年通过的《深化党和国家机构改革方案》明确指出,纪委与监委合署办公实行一套工作机构、两个机关名称。作为党的领导的组织形式之一,合署办公为纪法衔接适用,实现党内监督与国家监督、党的纪律检查与国家监察有机统一,提供了组织保障。③ 纪委监委由此可以综合运用党纪和国法两把尺子,通过一体化的执纪执法调查程序和统一化的审理决策会议,监督、追究党员和所有行使公权力的公职人员的腐败行为,并分别情况给予纪律处分、政务处分或(和)移送检察机关审查起诉的处理。

---

① 参见刘艳红:《〈监察法〉与其他规范衔接的基本问题研究》,载《法学论坛》2019年第1期,第6页。
② 《关于〈中华人民共和国监察法(草案)〉的说明》,http://www.npc.gov.cn/zgrdw/npc/xinwen/2018-03/14/content_2048551.htm,2022年7月26日访问。
③ 参见谢超:《〈监察法〉对中国特色反腐败工作的法治影响》,载《法学杂志》2018年第5期。

(三)纪法衔接的规则指引

国家监察体制改革以来,在反腐败工作中,构建了从党纪处分到政纪处分再到刑事处罚的多元化、阶梯型问责方式,其凝练化表述就是监督执纪"四种形态"。第一种形态是经常开展批评和自我批评、约谈函询,让"红红脸、出出汗"成为常态;第二种形态是党纪轻处分、组织调整成为违纪处理的大多数;第三种形态是党纪重处分、重大职务调整的成为少数;第四种形态是严重违纪涉嫌违法立案审查的成为极少数。2022年10月修正后通过的《中国共产党章程》第40条第3款就明确规定:"运用监督执纪'四种形态',让'红红脸、出出汗'成为常态,党纪处分、组织调整成为管党治党的重要手段,严重违纪、严重触犯刑律的党员必须开除党籍。"2019年印发的《监督执纪规则》第4条也明确要求:"精准有效运用监督执纪'四种形态',把思想政治工作贯穿监督执纪全过程,严管和厚爱结合,激励和约束并重,注重教育转化,促使党员自觉防止和纠正违纪行为,惩治极少数,教育大多数,实现政治效果、纪法效果和社会效果相统一。"监督执纪"四种形态"既是腐败治理的理想目标,也是反腐败工作的具体指引。

国家监察体制改革以来,全国纪检监察机关积极运用监督执纪"四种形态",在反腐败工作方面取得了明显成效。以山东省为例,2021年全省纪检监察机关运用"四种形态"批评教育帮助和处理共150257人次。其中,运用第一种形态批评教育帮助92598人次,占总人次的61.6%;运用第二种形态处理46032人次,占30.6%;运用第三种形态处理5096人次,占3.4%;运用第四种形态处理6531人次,占4.4%。①

由上可见,全国纪检监察机关充分发挥党纪在反腐败斗争中的前端预防作用,在对涉案事实进行纪检监察审查调查的基础上,将违纪案件、职务违法案件、职务犯罪案件进行分流,强化运用监督执纪的前三种形态,对于部分介于第四种形态与第三种形态之间的案件,在满足相应条件的情况下,更多地以第三种形态进行处理,从而将第四种形态即"严重违纪涉嫌违法立案审查"的案件控制在极少数(全国的情况约为3.5%)。前述检察机关受理的移送审查起诉的职务犯罪案件数量之所以大幅度下降,原因尽管比较复杂,但其中比较重要的一点可能是,与实践中监督执纪"四种形态"的转化运用存在密切关联。

(四)纪法衔接的问题分析

如上所述,在反腐败工作中,纪法关系呈现出由多元分治下的"纪法分离"到合力共治下的"纪法衔接"的互动轨迹和鲜明特征。当然,由于纪法衔接工作尚处于初始阶段,实践中也存在一些需要重视和解决的问题。

1. 纪法规范的科学性有待提升

纪法条文的有序和协调是纪检监察工作制度化、规范化的根本保障。党的十八大以来,党内法规体系与法律规范体系的协同建设取得了长足进步。但细加考察不难发现,纪法条文中仍然存在一些模糊性、重复性甚至矛盾性的规定,不仅给办案人员执纪执

---

① 参见《山东省纪委监委通报2021年全省纪检监察机关监督检查审查调查情况》,https://baijiahao.baidu.com/s? id = 1722883929734298768&wfr = spider&for = pc,2022年3月12日访问。

法带来困惑,降低办案效率,而且使办案人员容易混淆纪法界限,给被调查人合法权利的保障带来风险。

第一,纪法规范对于同一事项的规定存在重复或差异化现象。《监督执纪规则》是党在监督执纪中遵循的基本规范,对于纪委监委执纪执法中的线索处置、初步核实、审查调查以及案件审理等环节大多做了统一的原则性规定,但其中有些规定存在不必要的重复或者不合理的差别。比如,关于留置措施,《监督执纪规则》第40条规定:"审查调查组可以依照党章党规和监察法,经审批进行谈话、讯问、询问、留置、查询、冻结、搜查、调取、查封、扣押(暂扣、封存)、勘验检查、鉴定,提请有关机关采取技术调查、通缉、限制出境等措施";第41条则单独对留置措施的使用进行规定,要求"需要对被审查调查人采取留置措施的,应当依据监察法进行,在24小时内通知其所在单位和家属,并及时向社会公开发布。因可能毁灭、伪造证据,干扰证人作证或者串供等有碍调查情形而不宜通知或者公开的,应当按程序报批并记录在案。有碍调查的情形消失后,应当立即通知被留置人员所在单位和家属",除"及时向社会公开发布"的表述外,其他内容与《监察法》第44条的规定相同。笔者认为,删去第41条,同时在第40条第1款最后增加"采取留置措施的,及时向社会公开发布"的表述,完全能够起到同样的规范效果。此外,在留置后的程序要求上,《监督执纪规则》与《监察法》《监察法实施条例》的规定存在不合理的差别。尽管执纪调查程序中不能适用留置措施,但由于现实中不少违纪的公职人员同时涉嫌实施了职务违法犯罪行为,因此《监督执纪规则》为了便于纪检监察机关办案过程中的纪法衔接和贯通,同时对只能适用于严重职务违法和职务犯罪案件调查的留置措施进行了规定,但遗憾的是,与《监察法》《监察法实施条例》在留置后的程序要求等方面的规定缺乏一致性,即《监督执纪规则》没有对调查期间解除留置的程序以及留置期间发生安全事故、事件的处置做出规定,而《监察法》《监察法实施条例》则缺乏有关留置后及时向社会公开发布的规定。

再如,对于被处分人的申诉救济,《监督执纪规则》第59条规定"对不服处分决定的申诉,由批准或者决定处分的党委(党组)或者纪检监察机关受理;需要复议复查的,由纪检监察机关相关负责人批准后受理……复议复查工作应当在3个月内办结";《公职人员政务处分法》第55条规定:"公职人员对监察机关作出的涉及本人的政务处分决定不服的,可以依法向作出决定的监察机关申请复审;公职人员对复审决定仍不服的,可以向上一级监察机关申请复核。"而《监察法》第49条则规定:"监察对象对监察机关作出的涉及本人的处理决定不服的,可以在收到处理决定之日起一个月内,向作出决定的监察机关申请复审,复审机关应当在一个月内作出复审决定;监察对象对复审决定仍不服的,可以在收到复审决定之日起一个月内,向上一级监察机关申请复核,复核机关应当在二个月内作出复核决定。"由此可见,三个规范性文件的规定至少存在三个方面的区别:一是同样是对处分决定的申诉规定,使用的术语存在差别:《监督执纪规则》中称为"复议复查",《公职人员政务处分法》《监察法》中则称为"复审"。二是对于可否向上级纪检监察机关申请复核,《公职人员政务处分法》《监察法》予以明确肯定,《监督执纪规则》中的规定则较为模糊。三是办理期限的规定不尽相同:《监督执纪规则》要求复议复查应当在3个月内办结,《监察法》则规定复审机关应当在1个月内作出复审决定,而《公职人员政务处分法》没有具体的规定。

第二,纪法条文的部分规定之间存在矛盾。如前所述,《监督执纪规则》虽然属于党内法规,但对监察机关办理职务违法犯罪案件也有规范作用。其中第 34 条规定,纪检监察机关在初步核实阶段一般可以采取谈话、调取、查阅、查核、鉴定勘验、暂扣等必要措施,需要采取技术调查或者限制出境等措施的,应当严格履行审批手续,交有关机关执行。这就与《监察法实施条例》第 55 条存在矛盾,该条规定监察机关在初步核实阶段只能采取谈话、询问、查询、调取、勘验检查、鉴定措施,立案后才可以采取讯问、留置、冻结、搜查、查封、扣押、通缉以及技术调查、限制出境措施。从逻辑上讲,职务违法犯罪案件的社会危害性要高于违纪案件,而既然职务违法犯罪案件的初步核实阶段都不能适用对被调查人人身权利、财产权利造成重大干预的技术调查、限制出境等措施,那么根据比例原则,违纪案件的初步核实阶段就更不适宜允许采取技术调查、限制出境等措施。因此,《监督执纪规则》第 34 条关于初步核实阶段可以采取技术调查或限制出境措施的规定,不仅有悖于法治原理,而且与《监察法》《监察法实施条例》的相关规定存在明显矛盾,容易为纪检监察人员办案实践中突破《监察法》《监察法实施条例》的规定滥用技术调查等措施打开方便之门。

第三,纪法衔接的有关条文规定模糊。比如,《监督执纪规则》第 35 条第 3 款规定:"初步核实情况报告应当报纪检监察机关主要负责人审批,必要时向同级党委主要负责人报告";第 57 条第 3 款规定:"审理工作完成后,对涉及的其他问题线索,经批准应当及时移送有关纪检监察机关处置"。其中,诸如"必要时""及时"等表述缺乏明确的界定标准,实践中为纪检监察机关办案留下了较大的灵活空间,导致国家廉洁政治建设中的纪法衔接机制存在制度漏洞,不利于机制的顺利运行。①

2. 立案审查调查的一体化

根据《监督执纪规则》,纪检监察机关对于同时涉及违纪、职务违法和职务犯罪的案件办理,一般要经历五个环节:首先,对案件问题线索进行综合分析,按照谈话函询、初步核实、暂存待查、予以了结4类方式进行分类处置;其次,经过谈话函询后,发现被反映人涉嫌违纪或者职务违法、职务犯罪需要追究纪律和法律责任的,提出初步核实意见;再次,综合分析初步核实情况,按照拟立案审查调查、予以了结、谈话提醒、暂存待查或者移送有关党组织处理等方式提出处置建议;复次,对部分已经掌握违纪或者职务违法、职务犯罪事实和证据,具备审查调查条件的案件,进行立案审查调查;最后,对涉嫌违纪或者违法、犯罪案件严格依规依纪依法审核把关后,提出纪律处理或者处分意见,涉嫌职务犯罪的则移送司法机关。各环节中的重要问题都需要经集体研究后,报纪检监察机关相关负责人、主要负责人审批。

可见,纪检监察机关对于同时涉及违纪、职务违法和职务犯罪案件的办理,没有根据案件事实涉及的具体性质进行程序分流,各类审查调查程序混合进行。尽管在形式上,纪检监察机关对违纪和违法犯罪行为分别立案,但是通常会同步启动,审查调查程序一体推进,这就意味着区分党纪立案和监察立案的做法只具有形式化的象征意义,因此,可称为立案审查调查的"纪行刑一体化"。

在这种一体化办案模式下,不严格区分案件事实的性质,纪检监察机关将违纪、职务违法和职务犯罪作为一个整体的案件事实

---

① 参见陈伟、宋坤鹏:《习近平法治思想中"纪法贯通"的思想蕴涵、时代价值与实践要义》,载《学术界》2022年第5期。

来办理,相应地,立案后也不存在独立的执纪程序、职务违法调查程序或职务犯罪调查程序,正如有学者所指出的,"监察实践对违反党纪政纪、职务违法和涉嫌职务犯罪的问题线索(案件)未做任何区分,统一纳入监察调查(审查)程序,犹如通过一条生产线生产多种不同规格的产品一样"①。另一方面,由于审查调查程序的一体推进,实践中审查调查措施的使用基本上不会再受制于案件性质的限定,纪检监察机关往往根据办案需要在违纪案件、职务违法案件、职务犯罪案件的调查中打通使用。

这种由同一办案主体对违纪、职务违法、职务犯罪的立案审查调查同步启动、一体推进、"一竿子插到底"的办案模式,便于纪检监察机关高效收集证据、查清事实和及时做出处置决定,有利于集中统一反腐败力量,提升反腐败效能。但是违纪、职务违法、职务犯罪案件的性质毕竟有别,需要遵循的规范不同,对党员、监察对象处置后果的严厉性也存在差异,因此,就意味着其审查调查程序应当有不同的要求,不能适用完全相同的审查调查措施。在目前的一元化纪检监察立案框架下,违纪立案、职务违法立案和职务犯罪立案合而为一,导致立案本应发挥的区分和规范不同性质案件中调查措施的功能虚化。即便是诸如留置等对被审查调查人基本权利造成重大干预的强制性措施,实践中也可能会被不当地适用于违纪案件和一般职务违法案件,从而模糊了执纪执法程序本应存在的界限,与正当程序原则和比例原则存在冲突,不利于被审查调查人合法权益的保障。

3."以纪代法"与"以罚代刑"

纪检监察机关对涉及违纪、职务违法、职务犯罪的案件同步审

---

① 詹建红、崔玮:《职务犯罪案件监察分流机制探究——现状、问题及前瞻》,载《中国法律评论》2019年第6期。

查调查后,最终会根据案件情况作出给予党纪处分、政务处分、移送检察机关审查起诉的处置决定。由于纪检监察办案程序的封闭性强,加之,对于纪检监察机关的办案行为和处置决定主要实行系统内部的领导审批与集体研究等监督制约方式,外部监督制约机制建设不够成熟,因此实践中出现了一些失范现象。

其一,以纪代法,即对于经审查调查确认构成职务违法的党员干部仅仅定性为违反党纪,并以党纪处分代替政务处分,从而有违法治原则,损害反腐败的效能。举例而言,根据《公职人员政务处分法》第 34 条的规定,"收受可能影响公正行使公权力的礼品、礼金、有价证券等财物的,予以警告、记过或者记大过;情节较重的,予以降级或者撤职;情节严重的,予以开除"。然而,现实中常见媒体报道有公职人员虽然违背此规定但并未被处以政务处分的案例。比如,李某某任珲春市林业局副局长期间,在每年年节时,违规收受管理服务对象给予的土特产、酒水礼品、礼金,共计价值约人民币 9.26 万元,仅受到开除党籍处分和收缴违纪所得的处理。[①] 又如,广安职业技术学院原党委书记王某某收受某中学副校长所送充值金额 1.1 万元的消费卡 1 张,受到党内严重警告处分。[②] 还如,云南曲靖市政协原二级调研员冯某某违规操办婚庆事宜、借机敛财,收受管理服务对象所送礼金 6.77 万元,受到党内警告处分。[③] 这些都是近两年媒体报道的案例,其中的公职人员违规收

---

① 参见《延边州纪委监委公开曝光 2 起违规收受礼品礼金典型问题》,https://www.163.com/dy/article/GCC47R7D0514DKOE.html,2021 年 7 月 22 日访问。

② 参见《四川通报 4 起违反中央八项规定精神问题》,https://www.ccdi.gov.cn/yaowenn/202209/t20220929_221352.html,2022 年 10 月 3 日访问。

③ 参见《云南通报 5 起违反中央八项规定精神典型问题》,https://www.ccdi.gov.cn/yaowenn/202209/t20220922_219722.html,2022 年 10 月 3 日访问。

受可能影响公正行使公权力的礼品、礼金,仅仅被给予党纪处分,根据《公职人员政务处分法》第34条来看可能是不妥当的。

其二,以罚代刑,即以党纪处分、政务处分代替刑事追诉,对已经涉嫌构成职务犯罪的党员或监察对象只给予党纪、政务处分,不移送检察机关审查起诉。具体而言,一些纪检监察机关在"四种形态"转化运用过程中存在随意性和宽严失度现象,个别纪检监察干部错误认为"四种形态"可以超越党纪国法,对应当移送司法机关的严重职务违法犯罪行为也可以用"四种形态"转化"兜底";①还有一些纪检监察机关出现了通过消解刑法的刚性而追求所谓"极极少数"的政策效果的现象,不少被查处的官员收受"礼金"的行为明明已经符合受贿的特征,却被人为地改变行为的性质,将其作为一般收受"礼金"的违纪行为处理。② 比如,江西省安义县戴某违纪违法犯罪案件中,县纪委监委综合考虑戴某违纪违法的行为后果、主动投案认错悔错态度和一贯表现等因素,经集体研究并征求上级纪委监委意见,对戴某收受两瓶"剑南春"酒和两条"青花瓷"香烟(价值共计3260元)以及现金5万元的行为,决定由移送检察机关审查起诉转为开除党籍、政务撤职、降为二级科员处分。③ 再如,宁波工程学院计财处原处长蔡某违规收受礼品礼金共计13.09万元,2022年1月受到开除党籍、政务撤职处分。④ 正如有学者

---

① 参见佘建康、周玉龙:《浅析如何提升"四种形态"转化运用的精准度》,载《中国纪检监察报》2018年7月4日第8版。

② 参见孙国祥:《反腐败刑事政策时代转型的逻辑与法治化思考》,载《社会科学辑刊》2021年第5期。

③ 参见黄金花:《一封举报信背后的'四转三'形态转化》,https://baijiahao.baidu.com/s? id=1664002781734221608&wfr=spider&for=pc,2021年12月17日访问。

④ 参见《浙江通报7起违反中央八项规定精神问题》,https://www.ccdi.gov.cn/yaowenn/202209/t20220902_215473.html,2022年10月3日访问。

指出的,作为公职人员,"非正常人情交往中用于'感情投资'的礼金显然是不能收受的"①,"感情投资"在本质上就是行贿受贿行为,是将"受财"与"谋利"隔离开来的权钱交易行为,②因此,上述案例中对于公职人员违规收受礼金数额较大的行为只是给予党纪处分、政务处分,是否妥当值得探讨。

四、纪法衔接问题的应对思路

(一)完善纪法规范

科学的党纪和法律规范是促进纪法有序衔接、提升反腐败质效的基本前提。经过长期的探索和建设,有中国特色的党内法规体系和法律规范体系已经初步形成,但如前所述,涉及纪法衔接的规范条文中还存在一些模糊性、重复性、差异化乃至矛盾性的地方。为此,应当从实现反腐败规范体系的内在协调性出发,清理《监督执纪规则》《纪律处分条例》等党内法规与监察法律规范体系不相协调的规定,优化纪法衔接的内容,消除党纪与法律规定之间的不合理差异和矛盾,促进二者的深度融合和有机统一。

着眼长远,党内法规和法律规范的制定还需要注意以下几方面:一是党内法规制定部门应当强化党规与国法的衔接协调思维,

---

① 刘艳红:《〈监察法〉与其他规范衔接的基本问题研究》,载《法学论坛》2019年第1期。
② 参见李琳:《论"感情投资"型受贿犯罪的司法认定——兼论受贿罪"为他人谋取利益"要件之取消》,载《法学论坛》2015年第5期。

加强党内法规制度体系的建设和规划,不断提升党内法规制度建设的科学性和规范性。① 二是探索中央纪委国家监委联合制定党内法规的方式。②《中国共产党党内法规制定条例》第12条规定,中央纪律检查委员会经党中央授权,可以就应当制定中央党内法规的有关事项先行制定党内法规。第13条进一步规定,"涉及两个以上部委职权范围的事项,有关部委应当联合制定党内法规或者提请党中央制定中央党内法规。制定党内法规涉及政府职权范围事项的,可以由党政机关联合制定"。可见,国家监委并不属于上述规定中纪委可以联合制定党内法规的两类主体。但从现实中看,随着国家监察体制改革的不断深化,为实现纪法有序衔接协调,需要尽快赋予国家监委与中纪委联合制定党内法规的主体资格。三是及时将纪法衔接的成功实践法律化。中央纪委国家监委可以不断总结提炼实践中纪法衔接的成功经验和做法,待时机成熟时联合出台纪法衔接的实施细则,确保纪检监察机关在履行监督、调查、处置职责时有充足的法律规则供给。③

(二)强化纪法界限意识

在推进纪法衔接工作中,之所以出现了"以纪代法""以罚代刑"等失范现象,与纪检监察机关办案人员"在履行纪检监察双重职责时,对如何把两者贯通起来,还存在认识不清、理解不深的问

---

① 参见马丽:《执政党建设视域下党内法规与国家法律衔接协调的机制探析》,载《理论学刊》2021年第2期。
② 参见蒙慧、胥壮壮:《监察体制改革背景下纪委监委合署办公体制的构建》,载《中州学刊》2020年第7期。
③ 参见蒋凌申:《论监察体制改革中的纪法协同》,载《南京大学学报(哲学·人文科学·社会科学)》2020年第3期。

题,不能正确厘清纪法边界"①存在密切关联。当案件同时涉及违纪与职务违法犯罪时,一些纪检监察人员尚未完全摆脱原有单一的执纪思维模式,没有准确理解党纪和国法在监察体制改革中的属性、定位和功能,忽视纪法之间的界限,将党纪作为首要乃至唯一的依据,对被审查调查对象仅处以党纪处分。

实现党纪与国法的有序衔接,纪检监察办案人员必须明晰党纪与国法之间不同的适用标准和程序,强化纪法界限意识。党纪是指引、约束党组织和党员纪律行为的规范集合,国法则是调整一般性社会关系、具有普遍适用性的规范体系。对于同时违反党纪和国法的腐败分子,纪检监察机关应当根据其腐败行为的不同,给予相应的党纪处分、政务处分和刑事处罚。党纪处分、政务处分和刑事处罚是三种不同的责任形态,具有党员身份的公职人员的腐败行为严重到一定程度,就应当同时受到党纪处分、政务处分乃至刑事处罚。《纪律处分条例》第35条规定:"党员依法受到刑事责任追究的,党组织应当根据司法机关的生效判决、裁定、决定及其认定的事实、性质和情节,依照本条例规定给予党纪处分,是公职人员的由监察机关给予相应政务处分。"据此,党纪处分与政务处分、刑事处罚不能相互混淆、彼此取代。纪检监察机关在办案工作中应当"坚决转变重纪轻法或重法轻纪的单一性思维,牢固树立纪法双施双守的交互性工作理念"②,既不能把本应处以纪律处分的违纪行为"拔高"认定为职务违法行为,也不能以纪律处分代替政务处分,更不能将本应移送检法机关追究刑事责任的职务犯罪案

---

① 李张光:《让贯通衔接更顺畅》,载《中国纪检监察报》2021年8月31日第7版。

② 李张光:《让贯通衔接更顺畅》,载《中国纪检监察报》2021年8月31日第7版。

件直接以党纪处分和政务处分予以消化。

(三)坚守法治原则

反腐应当标本兼治,预惩协同,既要追求效能,又要依法进行。监督执纪的"四种形态"是我国腐败治理的理想目标和实践指引,但被一些纪检监察机关误认为是必须立即达成的现实状态,以致在办案过程中混淆纪法界限,硬性改变某些腐败人员的行为性质,作出不当的处置。

鉴于此,纪检监察机关在"四种形态"的转化运用中必须重视对法治原则的坚守。要者有三:一是罪刑法定原则。我国《刑法》第3条规定:"法律明文规定为犯罪行为的,依照法律定罪处刑;法律没有明文规定为犯罪行为的,不得定罪处刑。"纪检监察机关在调查处置环节,对于经调查确认贪贿数额严重超出该类犯罪的法定起刑点(比如,高达十多万甚至更高数额)的公职人员,在不具备《刑事诉讼法》第16条规定的六种"不应追究刑事责任"情形时,不能仅仅基于政策的实施需要就对该公职人员的行为做"出罪化"处理。二是程序法定原则。纪检监察机关在监督执纪"四种形态"的运用特别是从"第四种形态"向"第三种形态"的转化上,应当严格依照《宪法》《监察法》等法律法规的规定。要清醒地认识和把握腐败治理规律以及目前腐败案件办理的现实情况,不能急于求成,违背法律规定,突破纪、法、刑的界限,将职务违法作为违纪处理,甚至将职务犯罪作为职务违法或违纪来对待。未来应当研究制定纪检监察工作中贯通运用"四种形态"的指导意见,特别是适用"四转三"的制度规定,明确硬性标准和禁止性条款①,确保"四转三"的法治化运行。三是适用纪法一律平等原则。《纪律处分条例》第4条规定"党纪面前一律平等";《公职人员政务处分法》第4条规定"坚持法律面前一律平等,以事实为根据,以法律为准绳,给予的政务处分与违法行为的性质、情节、危害程度相当";《监察法》第5条也规定"在适用法律上一律平等,保障当事人的合法权益"。据此,在纪检监察机关行使处置权力的过程中,一方面要贯彻"严而不厉"的政策理念和惩前毖后、治病救人的工作原则,另一方面要注意不能以政策架空法律,纪检监察政策的实施应当运行在法律的轨道上。相应地,对于已经有确实充分证据证明且依法应当追究刑事责任的职务犯罪案件,纪检监察机关不能单纯以落实纪检监察政策、提高反腐败的社会效果为由予以出罪,除非通过修法,增设类似《刑事诉讼法》第182条的条款,授权纪检监察机关在特殊情形下可以不追究监察对象的刑事责任;否则,有可能会"重蹈纪法不分、以纪代刑的覆辙"②,损害反腐败工作的长远效果。

(四)适度分离立案审查调查程序

如前所述,在目前的一元化纪检监察立案框架下,纪检监察机关对于违纪、职务违法和职务犯罪案件的处置具有较大的自主权力和伸缩空间,被调查人和其他机关很难对纪检监察案件中强制性调查措施的适用以及"四种形态"的转化运用构成有效的制衡,

---

① 参见《如何把四种形态运用到监察工作中》,载《中国纪检监察报》2020年11月19日第6版。

② 孙国祥:《反腐败刑事政策时代转型的逻辑与法治化思考》,载《社会科学辑刊》2021年第5期。

存在一定的制度风险。因此,应当对纪检监察机关的立案审查调查程序进行适度分离,促进审查调查程序运行的理性化和审查调查措施适用的法治化。对于程序分离的实现形式,有学者主张将审查调查室细化设置为立案室、纪律审查室、政务调查室与职务犯罪调查室,对同时涉及违纪、职务违法和职务犯罪的案件,同步立案、分别调查;①也有学者主张,在案件审查调查室组建职务犯罪案件调查组,专门负责职务违法和职务犯罪案件的调查,待时机成熟时,将案件审查调查机构分为并行的纪律调查机构和刑事调查机构,由纪律审查机构行使党纪、政纪调查权,刑事调查机构行使刑事调查权;②还有学者主张,将执纪审查部门分为职务犯罪调查和违纪违法调查两类,当问题线索同时涉及违纪违法和职务犯罪时,只有职务犯罪调查部门才能管辖。③

笔者认为,较之于违纪案件和职务违法案件,职务犯罪案件在立案标准、调查手段强制性、证明标准以及处置结果等方面具有特殊性,因而更具有独立设置立案调查程序的必要性和紧迫性。为此,笔者主张,在纪检监察机关内设的审查调查机构中进行分工,成立单独的职务犯罪调查室或者职务犯罪调查局,专门负责职务犯罪案件的调查,形成职务犯罪调查部门与违纪违法调查部门并立的格局。纪检监察机关根据对腐败问题线索的初核结果,进行二元化立案,实现违纪违法调查程序与职务犯罪调查程序的分离。

---

① 参见陈伟、宋坤鹏:《国家监察权规范运行的实践反思与有序推进——以纪检监察机关合署办公为视角》,载《广西社会科学》2021年第10期。
② 参见詹建红、崔玮:《职务犯罪案件监察分流机制探究——现状、问题及前瞻》,载《中国法律评论》2019年第6期。
③ 参见江国华、何盼盼:《国家监察纪法贯通保障机制研究》,载《中国高校社会科学》2019年第1期。

一是当被调查人只涉嫌违纪违法或只涉嫌职务犯罪时,纪检监察机关直接进行违纪违法立案或刑事立案,然后按照相应的程序规范展开调查。二是当腐败问题线索经过初步核实后发现同时涉及违纪违法和职务犯罪时,纪检监察机关同时进行违纪违法立案与职务犯罪立案,而且遵循"职务犯罪调查部门主导、违纪违法调查部门辅助"的原则展开协同调查活动。三是纪检监察机关先进行违纪违法立案,审查调查过程中又发现被调查人涉嫌职务犯罪线索的,违纪违法调查部门应当将此线索及时移交职务犯罪调查部门进行刑事立案调查,对违纪违法的评价和处理原则上应当在职务犯罪调查终结后一并作出。四是纪检监察机关先进行职务犯罪立案,调查过程中又发现被调查人涉嫌其他违纪违法线索的,职务犯罪调查部门应当将此线索及时移交违纪违法调查部门进行违纪违法立案。

纪检监察案件中,对现行的立案审查调查程序进行适度分离,增设独立的职务犯罪立案程序,纪检监察机关审查调查终结后拟对被审查调查人进行"四转三"的话,在操作上就会受到严格的限制,必须履行刑事撤案程序。这无疑强化了制约和监督,降低了纪检监察处置权力恣意行使的风险,有助于防范"以纪代法""以罚代刑"的现象,保障纪法适用的公正性,实现纪法效果、社会效果和政治效果的有机统一。

后 记

本书是我承担的国家社科基金一般项目《基于犯罪嫌疑人权利保障的监察委员会调查权研究》(项目批准号:17BFX055)的结项成果。

该课题立项于2017年7月。其时,国家监察体制改革刚刚在北京市、山西省、浙江省启动试点(中共中央办公厅2016年11月印发《关于在北京市、山西省、浙江省开展国家监察体制改革试点方案》),全国性的试点工作还未开始(2017年11月4日全国人大常委会通过《关于在全国各地推开国家监察体制改革试点工作的决定》),《监察法》尚未颁布。在此背景下,如何称谓监察委员会立案调查的对象?监察委员会立案调查的对象具有哪些程序权利以及应当承担何种程序义务?诸如此类的问题,均缺乏法律的明确规范。因此,在申报课题时,对于作为监察调查对象的涉罪公职人员仍然沿用了刑事诉讼领域中"犯罪嫌疑人"的表述。不过,由于2018年3月第十三届全国人民代表大会第一次会议通过的《监察法》使用了"被调查人"这一概念来统一指称监察委员会立案调查的涉嫌违纪、职务违法或职务犯罪的监察对象,加之,监察委员会与党的纪律检查机关实行合署办公模式,监察委员会的调查活动依据《监察法》的规定来开展,并不适用《刑事诉讼法》的规定,因此,对作为监察调查对象的涉罪公职人员也就不宜再称为"犯罪嫌疑人"。概而言之,根据《监察法》的规定和精神,本书将立项课题中"犯罪嫌疑人"的表述统一修改为"涉罪被调查人"。

本书是合作研究的成果。由我与同事冯俊伟教授(山东大学法学院副院长、博士生导师)、山东大学法学院博士生韩晗(现已博士毕业,任山东师范大学法学院讲师)共同完成。书中的许多内容已经在《法律科学》《法学论坛》《行政法学研究》《山东大学学报(哲学社会科学版)》《浙江工商大学学报》《云南大学学报(社会科学版)》《烟台大学学报(哲学社会科学版)》等期刊上发表,在此谨向这些期刊及编者表示衷心的感谢!

监察法学的研究在我国可以说刚刚起步,相对于当下实践中正在如火如荼地开展的纪检监察办案活动及其遇到的众多崭新的理论课题和实务难题,监察法学研究的跟进相当不足,研究成果也颇为有限,对监察实务中面临问题的回应亦不够有力和到位。其中,尽管有监察机关办案活动秘密性、程序封闭性较强等方面的原因,甚至与监察机关整体而言对学界的相关研究持有一定的排斥态度具有内在的关联性,但这显然不能成为学界怠于关注和研究监察调查实践的理由或者借口,尤其是当我们考虑到全面依法治国战略的实施以及反腐败法治化的需要时,更是如此。质言之,监察法学的研究特别是对职务犯罪监察活动及其法治原理的研究,亟待深化和加强。

本书从涉罪被调查人的权利保障视角对监察调查法治逻辑的探求,是在这方面做出的初步努力。期望本书的点滴思考能够有助于推进职务犯罪监察理论研究的深化,引发学界对职务犯罪监察实务的更多关注和更深入的探讨,进而裨益于职务犯罪监察的立法和实践。当然,监察调查是一个关涉监察法学、刑事诉讼法学、宪法学、行政法学、证据法学、党内法规学等多学科的跨学科研究主题,限于我们的认识水平和分析视角,书中的一些观点和论证肯定存在这样那样的不足,敬请各位方家和读者不吝指正。

周长军

2023 年 4 月 6 日于青岛